近代日本思想 (20世紀〜) ●日本的な近代的 自我を追求した。	和辻哲郎　倫理学　「（　⑬　）的存在」
	●「人間とは「世の中」であるとともにその世の中...」 判し、「社会なき個人」も「個人なき社... あるとした。 ●人間は倫（社会性）と理（自我）のバ... ●人と人との間柄から「人間の学として...（じんかん）

近代合理主義 の再検討(20 世紀〜) ●全体主義を生み 出した大衆民主 主義を反省し、 多様性を認め合 う公共性と新た な民主主義の 確立を目指した。	アーレント　（　⑭　）主義を批... ●人間の活動力を、生存維持のための...　他者とかかわる「活動」に分類した。「活...も重視した。 ●（　⑭　）主義の起因を、近代社会の画一的な経済活動が「活動」の領域に浸食し、公的領域を支配した結果であると分析した。
	ハーバーマス　（　⑮　）的理性 ●1つの価値観に固定された理性を批判的に捉え、（　⑮　）的理性の活用を重視した。 ●（　⑮　）的理性に基づき、対等な立場による自由な議論によって合意を作り出すことや、目標が共有されることで公共性が確立されると主張した。

現代公共思想 (20世紀〜) ●現代における 「公正な社会」 や「正義」を問い 直した。	ロールズ　公正としての（　⑯　）　「無知のヴェール」 ●功利主義ではマイノリティ(少数者)の権利が無視されやすい。 ●社会契約説を用いて、人々が自らの地位・名誉などに関係のない原初状態(「無知のヴェール」)で納得できる社会を正義とする。 ●第1原理「平等な自由の原理」：すべての人が自由を平等に持つ。 ●第2原理「公正な機会均等の原理」：格差が正につながる不平等(格差の原理)のみを許容する。
	サンデル　（　⑰　）主義(コミュニタリアニズム)からの（　⑯　） ●人は様々な共同体に属している「状況の中に位置づけられた自我」であると捉えた。 ●共同体としての個別の正義を考察し、ロールズの個人像は「負荷なき自我」であると批判した。
	アマーティア=セン　（　⑱　）能力(ケイパビリティ) ●貧困や富の偏在という問題に経済学の立場から取り組み、どのような立場の人でも生き方の幅としての「（　⑱　）能力(ケイパビリティ)」を高められるようにすることが福祉の目標であるとした。

功利主義と義 務論(18世紀 〜)	功利主義		義務論
●「功利主義」：行 為の正しさは、 その行為からも たらされる善さや 幸福などの結果 によって決まると いう立場である (帰結主義)。 ●「義務論」：結 果にかかわりな く守るべき義務 に従う行為が正 しいとする(動機 説)。他者を何 らかの目的のた めに手段として 利用してはなら ないとする立場 である。	ベンサム （　⑲　）的功利主義 ●「最大多数の最大幸福」： 「社会全体の幸福＝個人 の幸福の総和」と考え、 これを最大化することが道徳 的に善であり、個人や政府 の行為の原理となるとした。 ●「（　⑳　）的制裁」：個人 の利己心を抑えるために4 つの制裁(自然的・政治的・ 道徳的・宗教的)による 強制を主張した。	J.S.ミル （　㉑　）的功利主義 ●「満足した豚よりも、不満足 な人間の方がよい」：肉体 的快楽よりも精神的快楽を 重視し、他者のために働くよ うな献身的な精神的快楽の 方が質が高いとした。 ●「（　㉒　）的制裁」：義務 に反した時に感じる良心の 痛みが制裁となるとした。 ●「他者危害の原則」：自由の 追求は、他者の利益を害さな い範囲で認められる。他者を 害しない限り、愚かな行為を選 択する自由がある(愚行権)。	カント （　㉓　）法則 （　㉔　）意志　人格主義 ●「人格のうちなる人間性を、常に目 的として扱い、決して単に手段と してのみ扱わないように行為せよ」 ●「汝の意志の格率が、常に同時 に普遍的な法則として妥当し得る ように行為せよ」：（　㉓　）法 則(理性から自己立法された、誰 にでもあてはまる行為の規則)に 従う意志を（　㉔　）意志と呼び、 無条件に善いものとした。これに 基づく自律的行為が「自由」であ ると捉え、行為の主体である人格に人 間の尊厳を見出した(人格主義)。
	①「功利主義」と「義務論」は、思考実験など概念的な枠組みを用いて考察する際や、現代にお ける諸課題を考察する際に手がかりとなる(「トロッコ問題」、トリアージにおける「命の選別」の 是非など)。 ②J.S.ミルの愚行権は、自由とは何か、自由の限界を問う際に手がかりとなる。		

空欄の 答え	① 善く生きる　② 魂　③ 問答　④イデア　⑤ 観想　⑥ 中庸　⑦ 友愛　⑧ 仁　⑨ 無為 自然　⑩ 帰納法　⑪ 演繹法　⑫ 弁証法　⑬ 間柄　⑭ 全体　⑮ 対話　⑯ 正義　⑰ 共 同体　⑱ 潜在　⑲ 量　⑳ 外　㉑ 質　㉒ 内　㉓ 道徳　㉔ 善

大学受験　一問一答シリーズ

倫理 一問一答【完全版】

東進ハイスクール・東進衛星予備校　講師

清水雅博
しみずまさひろ

 東進ブックス

はしがき

　共通テストをはじめとした公民科目「倫理」で高得点を狙うには、単なる事項羅列型「一問一答集」では不十分！　**哲学・思想のキーポイントを含めた入試本番実戦型の「一問一答集」**でなければ、飛躍的な得点力アップは望めません。

　このようなコンセプトにおいて、予備校の現場で数多くの合格者を輩出してきた著者の信念から編集・改訂された**全1,148問**の「一問一答集」、それが本書です。

　特に、重要な思索テーマについて、古今東西の思想家の考え方を、幅広く横断的に問うという共通テストの出題傾向を踏まえ、共通テストやセンター試験の過去問、東進模試で出題された問題などを改めて分析し、そこに予想オリジナル問題を加えた、厳選された「一問一答」集になっています。特に注力したのは、「受験生の弱点になりやすいもの」という観点です。そのようにしてテーマ別に問題を分類してあります。このような〝合格メソッド〟が集約されているがゆえに本書は【完全版】なのです。

「確かに共通テストでは、ここが問われる！」
「この重要テーマは出題されそうだ！」
「こうすれば覚えられる！　理解できる！」

といった学習の成果を本書では実感できることでしょう。受験生の皆さん、「実戦力と得点力は、こうやってアップするんだ！」という実感を味わってみませんか？

◎新テーマ〈「公共」と倫理〉掲載

　さらに、本書では新課程で新設される「公共，倫理」にも対応できるよう、**「公共」分野で出題される倫理的問題を完全予想**し、巻頭の「第０章」で特集しています。**倫理的な視点から「公共」的な課題をどう考えるか**ということを、一問一答だけでなく会話文の問題を交えながら演習することによって、今後の出題傾向を知ることは、高得点を得るための必須条件となるでしょう。

◎**本書の特長**

　入試本番での実戦力と得点力が効率的にアップする本書の大きな特長は、以下の通りです。

①**基本事項と時事問題・テーマの融合**

　基本事項を過去問などからピックアップし、まずは、頻出度　★★★　と　★★　を

中心に、重要なポイントを押さえていくとよいでしょう。また、過去問などをもとに、共通テストで求められる力を想定した完全予想問題として改題または新作しています。特に、現代社会分野について、「新たな出題傾向や時事的なテーマには対応できないのでは……」という不安は無用です。試験に問われるであろう「基礎」から「最新テーマ」まで一気に学習することができます。

②時代の流れの中で思索テーマを理解

　源流思想、中世・近代・現代と、それぞれの時代の思索テーマがあり、その解決を目指す哲学が生まれています。まず、歴史的な流れに即したタテの理解を図っていきます。

③1つの思索テーマを比較

　「自由」「愛」「道徳」「責任」「正義」「義務」「宗教」など、1つのテーマを、時代を超えて、また洋の東西を超えて横断的に比較することが大切となります。古今東西の思想家によって同じテーマについて共通する考え方、あるいは異なる考え方が主張されています。特に、共通テストでは、類似点や相違点を比較させる出題が、大きな得点差となります。

　本書では、西洋・東洋・日本の思想を時代の流れに即して、わかりやすく理解していくとともに、古今東西の思想を比較するという視点を重視しています。

④共通テストでの「得点差」となる理由・問題点・対策など背景や流れを重視

　従来型の「一問一答集」では完全に対応し切れない最大の理由は、背景と流れがわからずに、単なる事項の暗記に陥ってしまうことです。現在に至るまでの歴史的なつながりや、グローバル化の視点から地理的な広がりも理解しておく必要があります。加えて、人間社会の諸現象（文化的・宗教的・倫理的な背景）の理解も重要となります。そうした背景や流れにこだわって問題選びをしています。この点に、共通テスト攻略のカギとなるという筆者の考えが込められているのです。

本書刊行によせて

清水 雅博

本書の使い方

　本書は、一問一答形式の「倫理」問題集です。赤シートやしおりで正解を隠す基本的な学習だけでなく、問題文の赤文字を隠す（正解は隠さずに見る）という使い方も可能。右ページにある「スパイラル方式」の学習法もオススメです。自分に合ったやり方で効率的に用語の知識を固めていきましょう。

◼ 正解を隠して学習する

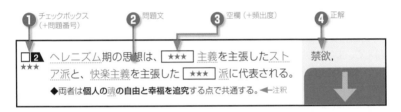

❶ チェックボックス（＋問題番号）　　**❷** 問題文　　**❸** 空欄（＋頻出度）　　**❹** 正解

◼ 問題文の赤文字を隠して学習する

赤シートで消えた赤文字を答える　　　　　　　　　正解は隠さずに見る

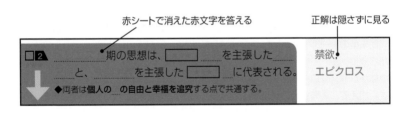

―――〈 凡 例 〉―――

❶＝**チェックボックス**。間違った問題に ✔ を入れ、反復演習に活用してください。

❷＝**問題文**。大学入試問題などをテーマごとに一問一答式に再編し収録しています。◆印では、上記の問題に関する「補足事項」や「より深く理解するための知識」などを記しています。

❸＝**空欄（＋頻出度）**。重要な用語や知識が空欄になっています。空欄内の★印は、大学入試における頻出度を３段階で示したものです。

※同じ用語で★の数が異なるものは、その用語の問われ方の頻度の違いによるものです。

※チェックボックスの下にも★印で頻出度を表示しています。問題文中の空欄と同じ★の数になっているので、「まず、どの問題から解くか、覚えるか」を選ぶ際に参照してください。

❹＝**正解**。原則、空欄と「同じ行の位置」に正解が掲載されるようにしています。別称や別解はカッコ書き（　）で示しています。

◎「頻出順」とスパイラル方式学習

　本書の問題は、その重要度や頻出度を徹底的に分析した重要頻度を3段階に分けました。

 ▶ 最頻出レベル

　星3個の問題は、これらの知識が頭の中に入っていないと、入試で痛い目にあう（絶対に必須の）最頻出のものです。まずは星3個の問題だけでもやってみてください。なお、時事問題をはじめとして、今後の出題の可能性が極めて高いものも含まれます。星3個のものすべてが"基本中の基本"の知識となります。

頻出度2
★★ ▶ 頻出レベル

　星2個の問題は、確実に合格点を取るために頭の中に入れておかなければならない知識です。星3個が完璧になったら、次はこの星2個の問題にチャレンジしてみましょう。時間があれば、星3個の問題を解きながら解いてください。時間がなければ、星2個の問題だけピックアップして解いても構いません。

頻出度1
★ ▶ 標準レベル

　星1個の問題は、限りなく満点に近い点数を取るために不可欠となる知識です。時間があれば、星3または2個の問題を解きながら取り組んでみてください。

　さらに、本書の特長として、空欄以外の問題文にも、**キーワードとなる語句**は赤文字になっています。付属の赤シートをかざすと消えて見えます。新たな「空欄」問題として取り組んでみましょう。
　一方、**理解のカギとなる語句やフレーズ**などは**太文字**にしています。赤文字、**太文字**いずれも空欄になっている重要語句とともに頭の中に入れてください。
　また、本書では、最近の入試で繰り返し問われている出題傾向（トレンド）も1つの「時事」として捉え、「時事問題」のポイントをさらに凝縮しています。一気に解き進めましょう。

　このように、下のレベルの問題を解く際に上のレベルの問題も解いていく、という学習をすることによって、**重要頻度の高い用語から順にバランス良く強化・復習（星3個の問題は最大3回復習）**することができます。
　これが、本書を含めた**東進ブックス**「一問一答」シリーズの最大の特長であるスパイラル（らせん）方式の学習法です。ぜひ実践して、その効果を味わってみてください（「一問一答」シリーズについては**右のQRコードからアクセス！**）。

目 次

IX 現代社会分野

◆ 現代社会の課題

巻頭特集

SPECIAL SECTION

「公共」と倫理

□**1**　次の先生と生徒A・Bの会話を読み、空欄（　a　）・
★★　（　b　）に入る語句の組合せとして最も適当なもの
　　　を、後の①〜⑥のうちから１つ選べ。

ANSWERS □□□

　　先　生：イギリスの哲学者フィリッパ=フットが提示し
　　　　　た思考実験の１つである「トロッコ問題」を知ってい
　　　　　ますか？

　　生徒A：制御不能になったトロッコの先に５人の作業
　　　　　員がいて、分岐先には１人の作業員がいるという話
　　　　　ですよね。

　　先　生：そうです。自分だけが線路の分岐器を操作で
　　　　　きる状況にあると仮定して、分岐器を操作して線路
　　　　　の切り替えをすべきか、あるいは操作しないままに
　　　　　すべきかという問題です。みなさんだったら、どち
　　　　　らを選択しますか？

　　生徒B：それは究極の選択ですね。難しい判断です。

　　生徒A：（　a　）の立場に従えば、１人の命より、５
　　　　　人の命を助ける方が幸福の量を増やすことができる
　　　　　んじゃないでしょうか。私だったら分岐器を切り替
　　　　　えて、５人の命を助ける方を選ぶかもしれません。

　　生徒B：でも、自然に任せれば、５人の作業員が命を
　　　　　落とし、１人の作業員は助かるんですよね。私は、人
　　　　　の運命を変えるほどの勇気はありません。それに、命
　　　　　を秤_{はかり}にかけて、助かる運命にあった１人の命を奪う
　　　　　判断って、動機が不純じゃないでしょうか。犠牲に
　　　　　なる１人の作業員には、その死を悲しむ家族や友人
　　　　　がたくさんいるかもしれないし。この考え方は
　　　　　（　b　）の立場から導き出される結論ではないで
　　　　　しょうか。

①	a	ミル	b	ヘーゲル
②	a	ヘーゲル	b	ミル
③	a	ベンサム	b	カント
④	a	カント	b	ベンサム
⑤	a	エピクロス	b	サルトル
⑥	a	サルトル	b	エピクロス

③

◆極限状況において、どちらを選択するのが正義なのかという思考実験についての会話である。生徒Aは、量的功利主義者のベンサムの立場で結論を導いている。ベンサムは快楽計算説に立ち、「最大多数の最大幸福」という彼の言葉に示されるように**幸福の量を最大化することを重視**している。その結果、5人死ぬよりも1人死ぬことにとどめる方が妥当だという持論を導き出している。これに対して生徒Bは、命の尊厳に数の差はないと考え、5人の命を助けるために1人の命を犠牲にすることはカントの人格主義に反するのではないか、ひいては**多数者の利益のために少数者の人権を無視することは妥当なのか**、と疑問を呈している。また、正義だけではなく、残された家族の感情など、他にも考慮する要素があるのではないかなど、様々な視点から苦慮していることがうかがえる。

◎功利主義……**ベンサム**：量的功利主義→快楽計算説
　「最大多数の最大幸福」：多くの命を救済することが幸福の最高善
　∴　5人の命を救うために、分岐器を切り替えるべきである。
◎ドイツ観念論……**カント**：道徳論→結果より動機**の正しさを尊重**
　本来なら救われる1人の命を奪う判断は不純な動機
　∴　分岐器を切り替えるべきではない。

□**2**
★★
大災害や感染症の拡大などで大勢の患者が同時発生した緊急の医療現場では、傷病者に治療の優先順位を付けて「**命の選別**」を行う　★★　が実施される。助かる命を可能な限り救うという点で　★★　の量的功利主義の価値観を重視する考え方となる。

トリアージ，
ベンサム

◆トリアージの区分は、**命の選別**になるので慎重かつ繊細な判断となる。「助けられる命をすべて助ける」という目標である。一般にトリアージ区分は、**0（黒）、Ⅰ（赤）、Ⅱ（黄）、Ⅲ（緑）**の「トリアージタッグ」を患者に貼り付けていく。**0（黒）**は、死亡もしくは回復見込みのない状態と判断し、人工呼吸や心臓マッサージなどの蘇生術を行わない。**Ⅰ（赤）**は、最優先で緊急治療を行う。**Ⅱ（黄）**は、赤タッグの患者の措置を終了次第、治療する。**Ⅲ（緑）**は、軽症で医師以外の手当ても可能な患者である。

□**3**
★★
命の選別などが行われる際には、正義論や功利主義の観点だけでなく、治療を後回しにされた患者や治療を施してもらえなかった家族の心の　★★　を大切にしないと、正当性が失われるおそれがある。

ケア

□**4**　次の先生と生徒A・Bの会話を読み、空欄（　**a**　）・
★★　（　**b**　）に入る語句の組合せとして最も適当なもの
　　　を、後の①〜④のうちから１つ選べ。

　　先　生：原子力発電所やごみ処理場など、人々の暮ら
　　　　　しには必要があるが、それらが立地される場所の住
　　　　　民としては受け入れたくない施設について、建設場
　　　　　所はどのようにして決定されると思いますか？

　　生徒A：民主主義のプロセスによると、（　**a**　）が害
　　　　　され、どうしても過疎地か、政治参加や意思表示に
　　　　　熱心な人の少ない地域に決定されるのではないで
　　　　　しょうか。

　　生徒B：政治判断として、地域環境への負荷や万が一
　　　　　の事故が発生した場合、影響が少ない場所が選択さ
　　　　　れる可能性もあります。

　　先　生：少数者に犠牲を強いるというのは、真の民主
　　　　　主義といえるのかも考えないといけないでしょうね。

　　生徒A：確かに、多くの人々が利益を得るのなら、犠
　　　　　牲を強いられる少数者には、何らかの対価や利益が
　　　　　ないと公正とはいえないような気がします。

　　生徒B：そういえば、アリストテレスが分類した正義
　　　　　の１つに（　**b**　）がありました。何らかの補償がな
　　　　　いと、正義とはいえないですよね。だから、政治決
　　　　　定する時には、受け入れてくれる地域に国から財政
　　　　　援助や社会資本の整備などが行われているのではな
　　　　　いでしょうか。

　　① 　a　多数者の人権　　　b　配分的正義
　　② 　a　多数者の人権　　　b　調整的正義
　　③ 　a　少数者の人権　　　b　配分的正義
　　④ 　a　少数者の人権　　　b　調整的正義

④

□**5**　次の先生と生徒A〜Cの会話を読み、空欄**イ**〜**ホ**にあ
★★★　てはまる適語を答えよ。

　　先　生：今日は「自由」とは何かを考えてみましょう。
　　　　　近代になって、中世の制度化された人間から、自由
　　　　　な人間性というものが追求されることになりました。

でも、自由というのは何をやっても許されることなのでしょうか。

生徒A：確かに、市民革命で国家からの自由が求められて、政治的な自由が保障されましたよね。それを支えたのが**イ** ★★★ 説を唱えた思想家ですよね。

イ 社会契約

生徒B：それって、自由権の保障という意味ですよね。その後、自由の本質を考察する思想家が登場したと思います。例えば、カントは、全人格のあらわれである善意志に従う自由を自由の本質と捉えたはずです。カントの自由とは**ロ** ★★★ に従う自由ということであり、反**ロ** ★★★ 的な行為を選択する自由を認めていません。

ロ 道徳

生徒C：そういえば、現代の実存主義者サルトルは、自由とは**ハ** ★★★ を果たす自由だと主張していましたね。自由を選択することは、非常に重大なことであり、社会的**ハ** ★★★ を負う覚悟の下で自らの行動を選択することであり、その意味で人間は「自由の刑」に処されていると表現しました。

ハ 責任

先　生：「自由」とは、利己心に基づいた自分勝手な「自由」ではなくて、**ロ** ★★★ や**ハ** ★★★ を果たすための自由選択ということが、先哲によって繰り返し主張されてきたのです。

生徒A：功利主義者のJ.S.ミルも『自由論』という著書を書いていますよね。彼は、自ら愚かな行為を選択することも自由として認めました。

生徒B：その一方で、**ニ** ★★★ の原理を主張し、あくまで他者に危害を与えない範囲での自由を認めました。つまり、自由とは、他者を害して不幸にしてまで自分勝手な自由を認めることはできないということですね。

ニ 他者危害

生徒C：自由放任主義を唱えたアダム=スミスも、弱肉強食による経済的自由競争を主張したのではなくて、**ホ** ★★★ の得られる範囲内でのフェアプレーにおける自由放任を正当化していました。この考え方は、現代の公共的な問題を解決する糸口となるかもしれません。

ホ 共感（シンパシー）

先　生：例えば、こんな問題が考えられます。

・環境を破壊してでも開発をする自由があるのかという世代間の環境倫理の問題

・喫煙する自由と嫌煙権の衝突の問題

・禁止薬物の使用の自由化を許すか、厳しく規制するかの問題

・主にアメリカで問題になっている銃規制の問題

・カジノの開帳を認めるか、賭博罪として規制すべきかの問題

他にもいろんな問題があると思います。考えてみてくださいね。

◆自由をめぐる問題を、この会話中で取り上げた思想家たちは次のように論じた。

◎**社会契約説**（ホッブズ、ロック、ルソー）
　政治的自由＝国家からの自由→**自由権**

◎**ドイツ観念論**（カント）
　道徳的自由＝善意志に従う意志の自律→**人格主義**
　　　　　　　　　　↑
　　　　　　ただし、**動機の正しさを求められる**（動機説）

◎**実存主義**（サルトル）
　責任的自由＝社会的責任を果たす自由
　　→全人類に社会的責任を果たすという自由選択
　　　（「**自由の刑に処せられている**」）

◎**功利主義**（J.S. ミル）
　愚行権（愚かな行為を選択するのも本人の自由）
　ただし、自由には限界あり
　＝他者を害さない範囲内での自由（他者危害の原理）

□ **6**
★★★
「公共とは何か」について交わした次の先生と生徒Ａ・Ｂの会話を読み、空欄**イ～ト**にあてはまる適語を、後の語群よりそれぞれ選べ。

先　生：人々が社会における関心事について、誰もが自由かつ平等な立場で参加し、議論できる空間のことを**イ**　★★★　といいます。政治哲学者のハンナ＝アーレントは、古代ギリシアの都市国家（ポリス）で市民たちが政治や哲学に関する共通の関心事を討論した事実や内容のことを**ロ**　★★★　という言葉で示しています。

イ　公共的空間

ロ　公的領域

生徒Ａ：このような環境が保障されれば、異なる価値観の**ハ**　★★★　が認められ、個人の尊厳や人格も守られますよね。

ハ　多様性

生徒B：これって、二 ★★★ の基本的な考え方を示している気がします。討論の過程ではホ ★★★ 意見を尊重することが大切なんですね。

二　民主主義
ホ　少数

生徒A：私もその意見には賛成です。他人の多数意見にただ従うとか、権力者のいっていることを鵜呑みにしたり、マス=メディアの論調を無批判に受け入れたり、SNSで流れてきた情報を確認もしないで信じたりすることって、自分のヘ ★★★ を失ってしまう気がします。

ヘ　アイデンティティ

先　生：そうですね。自分の価値観を持つこと、自らが自らの意思をもって選択することは大切です。でも、討論もすごく大切で、自分の判断の誤りや独断に気づかせてくれることもあります。討論する中で、自分の考え方がより高まっていくことがあるのです。

生徒B：対話って、やはり大切なんですね。

生徒A：そうか。ト ★★★ がコミュニケーションによる対話が対立を調整し、問題解決の意識を共有させる合理性を持つことを述べていました。これが「公共性をはぐくむ」ということなんですね。

ト　ハーバーマス

【語群】
イ ★★★	私的空間	公共的空間
ロ ★★★	私的領域	公的領域
ハ ★★★	多様性	共通性
二 ★★★	民主主義	社会主義
ホ ★★★	少数	多数
ヘ ★★★	アイデンティティ	パーソナリティ
ト ★★★	カント	ハーバーマス

□**7**
★★★ 次の文章**A**〜**D**は、人と社会とのかかわり方に関する哲学者の思想について述べたものである。それぞれに該当する人物を、後の語群より選べ。

A　「家族→市民社会→国家」の存在を弁証法で証明し、市民社会は欲望の体系であるが、国家の下に人倫が確立され、真の自由が実現されると考えた。

A　ヘーゲル

B　民主主義が全体主義を生み出した歴史的事実を反

B　ハーバーマス

省し、言葉による対話的コミュニケーションにより
人々が問題意識を共有することの大切さと対立の調
整の可能性を追求して、コミュニケーションによっ
て結び付く社会の回復と構築を主張した。

C 民主主義を政治のあり方としただけでなく、様々
な問題解決を導くための道具であり、連帯的な共同
経験と捉え、民主主義教育の大切さを主張した。

C デューイ

D 「人間は自由の刑に処せられている」と述べて、自
分の行動を選択する責任を自覚すること促した。自
らの責任を非現実的な空想ではなく現実的な社会参
加（アンガージュマン）によって、社会的責任として
自覚するという実践原理を主張した。

D サルトル

【語群】 ニーチェ　ヘーゲル　カント　ハーバーマス
　　　　デューイ　デリダ　サルトル　レヴィナス

□**8** 次の先生と生徒A・Bの会話を読み、空欄**イ〜ニ**にあ
★★★ てはまる適語を、後の語群より選べ。

先　生：人と社会のあり方を探求した考え方は、古今
東西に存在しています。何か思い浮かぶものはあり
ますか？

生徒A：古代ギリシアの三大哲学者に数えられるアリ
ストテレスではないでしょうか。「人間はポリス的動
物である」と述べて、社会性や公共性を重視するこ
とを説いてます。彼が愛の本質を友愛（**イ** ★★★ ）
と考えたのは、人間はみな仲良くして友愛の精神を
持つべきことを主張したのだと思います。

イ フィリア

先　生：極端を避けて中庸の精神を持つ**ロ** ★★★ の
主張は、ある意味で社会的な調和をポリス市民に求
めたのでしょうね。

ロ メソテース

生徒B：そういえば、日本でも聖徳太子が「**ハ** ★★★
をもって貴しとし」と述べていました。これって、同
じ考え方なんでしょうか。

ハ 和

先　生：確かに似ています。直接的には中国の儒教の
考え方を十七条憲法の中で示したものですね。

生徒A：東洋の儒教にも似た考え方があったんですね。

孔子は愛の本質を**ニ** ★★★ と考えていました。親愛の情を人の倫理の基準としていましたが、アリストテレスの**イ** ★★★ の本質である友愛とすごく似ていると思います。

生徒B：もともと儒教は政治権力を持った為政者の心のあり方を求めた倫理でしたよね。それが広がって、人間が社会の中で生きるための倫理観となっていきました。**ニ** ★★★ の心をもって「礼」を尽くすことの大切さは、人間と社会のかかわり方を示していたんですね。

先　生：2人とも、いいところに気づきました。人間はひとりでは生きていけません。社会とのかかわり合いの中で、人間がどう生きていくべきかは、昔から洋の東西を超えて考えられてきたのです。

【語群】 エロース　フィリア　メソテース
　　　　アタラクシア　誠　和　慈悲　仁

二　仁

□**9** ドイツ生まれでユダヤ人の政治学者ハンナ゠アーレント
★★ は、ユダヤ人の迫害を正当化した**ナチス゠ドイツの全体主義（ファシズム）を批判**し、人間は表現や行動によって自分が唯一の存在であることを確認し、共通な世界に他者とも存在するという多様性を尊重し合う社会の実現を目指した。このような**表現や行動によって人と人とがかかわり合うこと**を ★★ と呼び、これによって ★★ が開かれ、多様性ある人間社会が実現されるべきだと主張した。

活動,
公的領域

◆ハンナ゠アーレントは、人間の活動を「労働」「仕事」「活動」の3つに分け、労働とは生計を維持するための行為、仕事とは道具や作品を生み出すこととしたのに対し、活動とは社会において他者とかかわる表現活動や行為のこととした。その上で、**全体主義**とは公的領域に**国家が介入して国家や特定民族の利益に誘導することによって発生した**歴史的悲劇であると分析した。

□**10** 人間の本姓の捉え方と国家や法・道徳の関係について
★★★ 交わした次の先生と生徒A・Bの会話を読み、空欄**イ**～**ホ**にあてはまる適語を、後の語群より選べ。

先　生：人間の本来の性質をどう考えるかによって、国家や法・道徳のあり方に何らかの影響があるのかど

うかを考えてみましょう。

生徒A：人間の本来の性質は「悪」であると考える性悪説に立った場合、社会秩序を守るためには強い国家や法による罰則などを強化しないといけないと考えるのではないでしょうか。社会契約説に立つ **イ** ★★★ も、この立場から人々は契約を結び、結果的に絶対君主制を正当化することになりましたね。

イ ホッブズ

生徒B：古代中国の諸子百家に数えられる韓非子（かんぴし）などの **ロ** ★★★ も、刑罰による法の強化を主張していました。

ロ 法家

生徒A：逆に、人間の本来の性質を「善」であると考える性善説に立った場合、法や道徳による規制を重視する必要がないような気がします。例えば、**ハ** ★★★ は徳に基づく徳治政治について述べていました。これは、人はもともと徳を備えているという性善説に立っているのだと思います。

ハ 儒教（儒家）

先　生：確かに、一般的にはそういえるかもしれません。しかし、性善説であっても法や道徳の大切さを述べる思想家もいます。例えば、**ニ** ★★★ は善意志による理性的命令に基づく道徳を行為の基準とすべきと主張しています。

ニ カント

生徒B：そういえば、現代国家の刑罰の考え方である **ホ** ★★★ も、犯罪者を矯正して社会復帰させるという人道的な考え方だと思います。

ホ 「犯罪者にも人権あり」という自由主義刑法の考え方

生徒A：それって、犯罪者には相応の刑罰を与えるという単純な応報刑の発想とは違うような気がします。ある意味、性悪説ではなく性善説的な価値観に立っていると思います。

【語群１】（空欄イ〜ニ）
　　ホッブズ　ロック　デカルト　カント
　　儒教（儒家）　道家（道教）　法家

【語群２】（空欄ホ）
　　「目には目を、歯には歯を」という同害復讐（タリオ）的な考え方
　　「犯罪者にも人権あり」という自由主義刑法の考え方

□ **11** 次の文章A〜Fは、幸福に関する哲学者の思想について
★★★ 述べたものである。それぞれに該当する人物を、後
の語群より選べ。

A　様々な問題を思索する観想的生活であるテオリア
　　自体を幸福と考え、思索することを人生の価値とし
　　て重視した。

B　快楽主義を主張したが、快楽の本質を享楽的・肉
　　体的快楽と捉えたのではなく、精神の平静・安定で
　　あるアタラクシアと捉えた。

C　快楽は一瞬であり、永続しないものであるから、快
　　楽が最高善であるとは限らないと疑問を呈し、自然
　　に従って生きることが幸福であると考えた。

D　アパテイア（不動心）による禁欲主義を主張した
　　が、禁欲といいながらも邪念を捨て去るストイック
　　な生き方自体に幸福を見出した。

E　精神的な満足感を重視し、キリスト教の黄金律で
　　ある隣人愛の実践としての利他主義的な奉仕の心に
　　幸福を見出した。

F　快楽を計算し最大化すべきであるとして、外面的
　　制裁による行為規制の下での快楽追求を幸福のある
　　べき姿と捉えた。

A　アリストテレ
　　ス

B　エピクロス

C　セネカ

D　ゼノン

E　J.S. ミル

F　ベンサム

【語群】　プラトン　アリストテレス　エピクロス
　　　　　ゼノン　セネカ　ベンサム　J.S. ミル

◆幸福を追求する考え方には、主に3つの局面があることに注目
　してみる。第1に、**個人の内面において幸福とは何かを探求す**
　る局面である。第2に、**個人の幸福追求と社会との調和を考え**
　て公共的な幸福を探求する局面である。第3に、**国家が政策実**
　現の指標・目標として幸福とは何かを探求する局面である。こ
　の問題で第1の局面に属するのは、アリストテレス（**A**）、エピ
　クロス（**B**）、セネカ（**C**）、ゼノン（**D**）である。ただし、アリ
　ストテレスはポリス市民としての生き方を探求した点では、第
　2の局面に入りつつあった。

◆この問題で第2の局面に属するのは、功利主義者の J.S. ミル
　（**E**）とベンサム（**F**）である。J.S. ミルは、**精神的な幸福を追求**
　する自由を重視したが、**他者に危害を与える自由は制限される**
　として、隣人愛に根ざした良心による**内的制裁**を認め、幸福追
　求の自由と社会との調和を図った。一方、ベンサムは、**快楽の**
　最大化を幸福追求の本質と考えたが、**外面的制裁として快楽追**
　求も制限されることを認め、幸福追求と社会との調和を図った。

◆第3の局面として、現代国家における政策実現の指標として幸福を具体的に数値化する動きがある。例えば、経済学者ケインズの主張は福祉国家の実現を国家目標としたが、幸福の指数として**国民総生産（GNP）、国内総生産（GDP）、１人あたりGDP、国民純福祉（NNW）、「世界幸福度」**なども考案されている。これらは市場の価格や福祉を金銭的な価値に換算したものである。しかし、精神的・内面的な幸福を金銭評価することは厳密には困難であり、人それぞれで相対的なものである。そうであっても、国家の政策目標として一応の指標を掲げることは、目標達成への政治努力を期待するという点で無意味ともいえない。

□**12** 正義とは何かについて交わした次の先生と生徒Ａ・Ｂ
★★★ の会話を読み、空欄**イ～ヘ**にあてはまる適語を、後の語群よりそれぞれ選べ。

> **先　生**：今日は「正義」とは何かについて考えてみましょう。「正義」は、古代ギリシア以来、現在も議論されているテーマです。
>
> **生徒Ａ**：プラトンは、四元徳として知恵・勇気・節制・正義を掲げ、国家の徳としては正義の実現を最も重視していました。
>
> **生徒Ｂ**：アリストテレスも全体的正義と部分的正義を挙げて、後者には**イ** ★★★ という配分的正義と**ロ** ★★★ という調整的正義があると考えていました。
>
> **先　生**：現代の私たちも「正義」を実現することが正しい行為だと考えていますが、「正義」とは善か悪か、犯罪にかかわる違法行為か否かというだけでなく、公平や公正、妥当性という広い意味で用いられていると思いませんか？
>
> **生徒Ａ**：私もそう思います。例えば、ロールズの「正義」の捉え方は**ハ** ★★★ でした。性別や人種といった立場などを排除した"無知のヴェール"から、「公正としての正義」を唱えました。みんなが納得できる合理的差別を正義として正当化したのは、実質的公平の実現を「正義」と考えたのではないでしょうか。
>
> **生徒Ｂ**：インドの経済学者アマーティア＝センは、ロールズと同じリバタリアンの立場ながらも、ロールズの唱える「正義論」を批判しました。彼は「正義」という言葉は用いませんでしたが、不利な人々を平等に扱うには不平等な扱いが必要な時があることを認

イ 努力した者に相応の対価や地位や名誉が与えられるべきだ

ロ 不正な方法で利益を得た者には刑罰や賠償責任を与えるべきだ

ハ 社会契約説的な立場から最も不遇な人々が救われる差別を認めること

めていましたが、ニ ★★★ が大切であると述べていました。これって、公正な社会を実現する条件を整えることが「正義」と考えていたと理解できるのではないでしょうか。

先　生：いい点に気づきましたね。実質的公平・平等を実現するための合理的差別といえば、どのような例がありますか？

生徒B：例えば、近年、ホ ★★★ が注目されています。社会的弱者を守るには機会の平等だけでなく、結果の平等を実現することが必要です。例えば、女性の保護や障がいのある人を保護する場合です。

生徒A：確かにそうですね。ただ、その合理的差別が正当性をもって「正義」といえるのは、その社会共同体の特性によって考えないといけないと思います。

先　生：なるほど。君のように共同体の中の共通善を「正義」と考えた現代の哲学者に**へ** ★★★ がいます。

生徒B：「正義」とは何かを考えるには、いろんな具体例を様々な社会の中で検討していく柔軟性が求められるんですね。

ニ 潜在能力（ケイパビリティ）を開発し、発揮できる教育や社会環境を整えること

ホ ポジティブ=アクション（アファーマティブ=アクション、積極的差別是正措置）

へ サンデル

【語群1】（空欄**イ**・**ロ**）
ポリス（都市国家）の法や道徳などの社会規範を守るべきだ
努力した者に相応の対価や地位や名誉が与えられるべきだ
不正な方法で利益を得た者には刑罰や賠償責任を与えるべきだ

【語群2】（空欄**ハ**・**ニ**）
潜在能力（ケイパビリティ）を開発し、発揮できる教育や社会環境を整えること
功利主義的な立場から多くの人々の幸福追求を認めること
社会契約説的な立場から最も不遇な人々が救われる差別を認めること

【語群3】（空欄**ホ**）
ポジティブ=アクション（アファーマティブ=アク

ション、積極的差別是正措置）

ノーマライゼーション（共生化、等生化）

【語群４】（空欄へ）　ノージック　サンデル

□ **13** 紛争や戦争、様々な対立を回避して多様な価値観を認
★★★ め、共存していくためには、18世紀フランスの啓蒙
思想家ヴォルテールが述べていたように　★★★　な心
でお互いを認め合うとともに、「連帯」の心を持つこと
が大切である。16世紀のモラリストであるモンテー
ニュも「　★★★　」（「私は何を知っているのか？」）と
述べて、独断を避けて常に吟味することや、自分自身
を内省する態度の重要性を述べていた。

寛容

ク＝セ＝ジュ

◆ヴォルテールの主著は『**寛容論**』『哲学書簡』など。モンテーニュ
の主著『**エセー**』の「エセー」とは「吟味」を意味する。宗教戦争
の愚かさを批判した。

□ **14** フランスの文化人類学者レヴィ＝ストロースは、いかな
★★★ る文化も他の文化の道徳的・知的価値を批判できる基
準を持たないと述べて、　★★★　主義を唱え、自民族を
中心と考える自民族中心主義（　★★★　）を克服すべき
と主張した。このような考え方によって、多元的文化
の　★★★　が可能となり、多様な価値観を認める**多文
化共生社会**の可能性が開かれる。

文化相対,
エスノセントリズ
ム
共存

◆フランスの哲学者レヴィナスも人間の責任として他者の痛みに
無条件に反応する応答可能性が共生の必要条件であると捉えた。

□ **15** 利害の異なる複数の人々が両者に利益相反する問題を
★ 公正かつ公平に解決する方法には、次のような方法が
ある。仮に2人の場合、1人が提案し、もう1人がそ
の提案を受け入れるか否かを決定する権限を持つとい
う方法である。前提条件として、提案が拒否されれば、
両者とも利益は得られないとする。この方法は
　★　　と呼ばれる。

最後通牒ゲーム

◆最後通牒ゲームの理論に則れば、例えば、1万円を2人で公平に
分ける際に、1人が自分に不利な金額はそもそも提案せず、自
分に有利な金額を提案しても、もう1人に拒否されることが予
想される。そこで、公平な金額となる5,000円を提示し、もう
1人もその金額を受け入れると考えられる。かつて、議会に二
院制を導入する案を提案した17世紀イギリスの政治思想家ハ
リントンは、第一院を提案の院、第二院を議決の院とする案を
出したことがある。

□**16** 誰でも自由に利用できる共有財産がある場合、協力し
★★★　合うことなく自らの利益を追求し、自分勝手に共有財
　　　産を乱用することによって、最終的に共有財産が失わ
　　　れ、みんなが損失を被ってしまうおそれがある。アメ
　　　リカの生態学者ハーディンは、この仮説を ★★★ と
　　　呼んだ。**持続可能な社会**を実現するために、乱用を防
　　　ぐ自制や規制が求められ、これが現在世代の将来世代
　　　に対する責任であり ★★★ 倫理のあり方といえる。

共有地の悲劇

世代間

　　　◆環境倫理における「**持続可能な開発**」という考え方は、世代間倫
　　　　理の典型例である。

□**17** ★★ とは、女性同性愛者 (Lesbian)、男性同性愛
★★　者 (Gay)、両性愛者 (Bisexual)、心と体の性が一致
　　　しないトランスジェンダー (Transgender) の頭文字
　　　を組み合わせた、性的少数者の総称である。

LGBT

　　　◆性的指向や性自認が定まっていないクエスチョニング
　　　　(Questioning) またはクイア(Queer) と合わせて「LGBTQ」と
　　　　いう言葉もある。近年、性の多様性 (ダイバーシティ) を尊重す
　　　　べきであるという考え方から、日本では地方自治体で同性カッ
　　　　プルを結婚に相当する関係と認める**パートナーシップ証明書**を
　　　　発行する例が増えつつある。2022年11月には東京地方裁判所
　　　　が同性パートナーと家族になる法制度が存在しないことは同性
　　　　カップルの人格的生存に対する重大な脅威、障害であるとして、
　　　　憲法第24条に対する「**違憲状態**」と判断した。また、アメリカ
　　　　では同年12月にバイデン大統領が同性婚についてすべての州
　　　　で権利として保護する「**同性婚保護法**」に署名、成立させるなど、
　　　　権利拡大の動きも起きている。

□**18** 2023年6月、世界経済フォーラム (WEF) が発表した
★★　**「ジェンダー・ギャップ指数」**(経済・教育・医療への
　　　アクセス・政治参加の4つの分野で男女の格差を数値
　　　化したもの) について、日本は先進7ヶ国 (G7) の中
　　　で第 ★★ 位、世界146ヶ国の中で第125位で
　　　あった。

7

　　　◆2023年発表の指数で、**日本は経済 (第123位) と政治参加 (第**
　　　　138位) で男女間の格差が大きく、順位も低かった。一方、教
　　　　育 (第47位) や医療へのアクセス (第59位) では男女平等に近
　　　　づいていると評価されている。なお、世界第1位は14年連続
　　　　でアイスランドで、ノルウェー (第2位)、フィンランド (第3
　　　　位)、ニュージーランド (第4位)、スウェーデン (第5位) と続
　　　　く。G7ではドイツが第1位 (総合第6位)、アジア地域ではフィ
　　　　リピンが第1位 (同・第16位) である。

I

青年期
SPECIAL SECTION
特徴と課題

1 青年期の特徴

□**1**
★★★
　 ★★★ とは、子どもから大人への過渡期である。この時期には、 ★★★ が自覚・確立され人格が徐々に形成されていくが、**身体と** ★★★ **の成熟の度合いにはズレがあり、心の揺らぎのある不安定な時期**でもある。

青年期,
自我,
精神

　◆青年期は、おおむね12〜13歳頃から22〜23歳頃までを指すが、現代では青年期が延長される傾向にあり、25歳頃までともいわれる。また、青年期の終わりから30歳頃までをプレ成人期(前成人期)という。

□**2**
★
青年期には、感情の動揺が激しく、 ★ 感(自己陶酔)と ★ 感(自己嫌悪)が交互に訪れる。

優越,
劣等

　◆劣等感は自己向上の力となり、優越感は自我確立の達成感、すなわち自信やプライドとして現れる。

□**3**
★★
青年期の心理には権威や秩序、大人への反抗も見られ、「 ★★ 反抗」となることもある。

理由なき

□**4**
★★★
古代ギリシアの哲学者アリストテレスは友愛(★★★)、すなわち人と人との間の**愛情**を重視した。

フィリア

□**5**
★★
一般社会とは異なる言葉や服装、行動などに見られる**青少年層に支持されている文化的形態や活動**を若者文化(★★)という。

ユースカルチャー

□**6**
★★★
次のイメージ図のように、青年期は大人にも子どもにも属しない中間的な立場にあり、大人と子どもの二面性を併せ持つ ★★★ であると指摘したのは、アメリカの心理学者 ★★★ である。

境界人(周辺人,
マージナル=マン),
レヴィン

　◆青年期は、子どもから大人に成長しアイデンティティ(自我同一性)を確立する一方、肉体は大人に変化するが精神的には子どもであるという二面性を併せ持った不安定な時期である。

□**7** アメリカの心理学者ホリングワースは、子どもが両親
★★★ から精神的に分離、独立することを ★★★ と呼んだ。

心理的離乳

□**8** 親への依存度が高い子ども時代には意識されない
★★★ ★★★ が、青年期になると**他者の認識**とともに意識
されるようになる。こうして**親との距離**が離れていき
心理的離乳が進むが、フランスの思想家ルソーは、著
書『エミール』の中でこれを「 ★★★ 」と呼んだ。

自我

第二の誕生

□**9** 著書『隠者の夕暮』で知られるスイスの教育家 ★
★ は、ルソーの自然主義の影響を受けて人間教育や民衆
教育に取り組んだ。

ペスタロッチ

□**10** 20世紀フランスの歴史学者 ★ は、著書『〈子供〉
★ の誕生』で、近代以前のヨーロッパでは「子ども」とい
う概念が確立されておらず、中世では7歳以降の人間
は「小さな ★ 」とみなされていたと指摘した。

アリエス

大人

□**11** 「自分が自分である」という意識を ★★★ と呼ぶが、
★★★ アメリカの心理学者 ★★★ は、自分自身の存在意義
を確立することが、**青年期の重要な課題**であるとした。

アイデンティティ
（自我同一性）、
エリクソン

◆主著に『幼児期と社会』『アイデンティティとライフサイクル』が
ある。

□**12** エリクソンが提示した ★★ において、青年期以前
★★ の段階では、自発性や勤勉性を獲得することが目指さ
れ、青年期には「 ★★ らしさ」を模索する中で、一
貫した自己を確立することが課題となっている。

ライフサイクル

自分

□**13** エリクソンによれば、乳児期に育つ基本的 ★ が、
★ 自分自身や将来に対する ★ 的な感覚を持つ基礎
となり、一生を通じて安定した人格の下地となる。

信頼、

肯定

◆青年期の不安や混乱も基本的信頼が土台になることで、自らの
力で乗り越えていけるようになる。

□**14** ★★★ の拡散とは、**自分は自分である**という主観的
★★★ 感覚およびその連続性が**持てない状態**であり、 ★★★
に陥り何も意欲がわかないこともある。

アイデンティティ
（自我同一性）、
アパシー（または
アノミー）

◆アイデンティティという言葉は、民族文化やサイバー文化（サイ
バー＝カルチャー）のような歴史的に、または仮想的に形成され
た固有で独自な文化への**帰属意識**についても用いられることが
ある。

☐ **15** エリクソンは、人間が**自己を形成し確立していく過程**
★★★ には ★★★ つの**段階**があり、各段階には達成すべき
心理的・ ★★★ 的課題が設定されていると考えた。

8,

社会

◆エリクソンの提唱した「**ライフサイクル**」論

発達段階	発達課題
①乳児期	基本的信頼
②幼児期	自律性
③児童期	自主性
④学童期	生産・勤勉性
⑤青年期	自我同一性
⑥成人期	親密さ
⑦壮年期	世代性
⑧老年期	自我の完全性

☐ **16** エリクソンは、社会で自立するための**準備期間**である
★ 青年期の自己探求において、それまでに経験したことの
ない様々な役割を実際に行ってみることを「 ★ 」
と呼び、自分の可能性を模索する意義について説いた。

役割実験

☐ **17** 親からの心理的離乳が進む青年前期は、依存心と
★★★ ★★★ の間で揺れ動く葛藤に悩む時期であり、この
時期は特に親に対して**反抗的な態度**が見られることか
ら、 ★★★ とも呼ばれる。

独立心

第二反抗期

☐ **18** 青年期には、大人の男性または女性としての身体的変
★★★ 化が現れる。これを ★★★ といい、それが現れる青
年期の時期は ★★★ とも呼ばれる。

第二次性徴,

思春期

☐ **19** 青年中期は主に10代後半の時期だが、自意識過剰に
★★ なったり、他人との比較の中で ★★ を抱いたりし
て、感情的に大きく揺れ動く。この時期を、アメリカ
の心理学者ホールは「 ★★ の時代」と呼んだ。

劣等感

疾風怒濤（シュ
トゥルム=ウント=
ドランク）

◆成長するにつれて、**現実と自己の調和**が図られ、**価値観が確立**
されていくと同時に、**社会の中の自分**という意識も確立されて
いく。この時期が青年後期にあたる。

□**20**
★★
 ┌ ★★ ┐ は自分が一人の存在であるという自我意識の
あらわれであるが、多くの場合、自我の確立は ┌ ★★ ┐
や恋愛の中で試みられる。

孤独感,
友情

◆「友は第二の自己」といわれ、友人どうしで自我の確立を目指し
ていることが多い。アリストテレスは、フィリア（友愛）＝友人
の人格を認め合う友情を重視した。また、恋愛は親から守られ
た「愛される自己」から、自立して主体性を持った「愛する自己」
への変化のあらわれであり、自我の確立の一面といえる。

□**21**
★★★
 主に先進国では教育期間が比較的長く、青年期も長く
なる傾向にある中で、職業や結婚など将来にわたる永
続的な選択を先延ばしする傾向も見られる。このよう
に青年が社会的役割を引き受けるようになるまでの猶
予期間を ┌ ★★★ ┐ という。

モラトリアム（心
理・社会的モラト
リアム）

◆モラトリアムとは、もとは支払いの猶予（支払期日を延期するこ
と）を示す経済用語である。青年期の存在は、地域や時代によっ
て異なる。例えば未開社会やヨーロッパ中世の子どもたちは青
年期を迎える前に生活に必要な知識や技術を身に付け、大人の
仲間入りをする。青年期のような猶予期間はあまり見られない。

□**22**
★★★
 自己選択ができない現代青年を指す ┌ ★★★ ┐ 人間、心
がいつまでも夢見る子どものままである ┌ ★★★ ┐ ＝シ
ンドロームや ┌ ★★★ ┐ ＝コンプレックスなどは、すべて
アイデンティティの ┌ ★★★ ┐ の例にあたる。

モラトリアム,
ピーターパン,
シンデレラ,
拡散（危機）

◆モラトリアム人間は、大人への準備期間としてのモラトリアム
をいつまでも続けようとしてしまう現代人の心理のことで、精
神分析学者の小此木啓吾が提唱した。ピーターパン＝シンドロー
ムは、アメリカの心理学者ダン＝カイリーが命名し、これを小此
木が日本に紹介した。モラトリアム人間の概念に近い。

□**23**
★
 目的もなく社会に出ることを避けている青年期の心的
状態を ┌ ★ ┐ 的モラトリアムという。

消極

◆学校にも通わず、仕事も行わず、職業訓練も受けていない若者の
ことをニートと呼ぶが、これも消極的モラトリアムの例である。
日本では厚生労働省がニートを15〜34歳の職にも就かず、求
職活動もせず、家事・通学もしていない若者と定義している。

□**24**
★★★
 出生や死などの人生の節目に行われる ┌ ★★★ ┐ を、フ
ランスの民俗学・民族学者**アルノルト＝ファン＝ヘネッ
プ**は、世界各地の事例をもとに体系的に論じた。

通過儀礼（イニシ
エーション）

□**25** 　　★★★　　 により明確に大人と子どもが分離されていた
★★★
前近代社会と異なり、現代の社会は大人になるまで身
に付けるべき知識や技術が増えたため、「見習い期間」
としての 　★★★　 期が**長期化**している。

◆現代は、社会が複雑化し、社会の中での責務を果たすための高
度な知識や技術が多く求められるようになり、一人の人間とし
て自立するために長い準備期間が必要になったため、青年期は
長くなっている。

通過儀礼（イニシ
エーション）

青年

□**26** アメリカの心理学者 　★★　 は、成熟した社会人とし
★★
ての人間像について、感情をコントロールするための 　★★　 の安定や、自己を 　★★　 視すること、統
一した人生観や他者との温かい人間関係、ユーモアの感
覚などをその基準として挙げている。

◆オルポートは、パーソナリティを単に「刺激－反応」の要素の集
合体ではなく、「自己」を中心に変化し得るものと捉えた。

オルポート

情緒, 客観

□**27** アメリカの教育学者 　★★　 は、青年期における10
★★
の発達課題を掲げ、同年齢の洗練された交際を学ぶこ
と、両親や大人からの情緒的独立、社会的責任のある
行動、行動指針としての 　★★　 や**倫理体系の獲得、職
業選択の準備**などを挙げた。

ハヴィガースト

価値観

□**28** 生物学的な性に対して、社会的・文化的に作られた性
★★★
は 　★★★　 と呼ばれる。第二次性徴を含め、自らの心
身に生じてくる性的な変化をいかに受け止め、どのよ
うに社会的・文化的な性を形成していくのかという問
題は、ハヴィガーストが提唱した青年期の 　★★★　 に
挙げられている。

ジェンダー

発達課題

□**29** 　★★　 はナチスのアウシュヴィッツ強制収容所での
★★
体験を記録した『夜と霧』の中で、 　★★　 とは、**自分
が生きる意味への意志**（生への意志）を持つことだと指
摘した。

フランクル,
生きがい

□**30** 　★★　 はハンセン病患者の療養所での勤務体験をも
★★
とに著した『生きがいについて』の中で、生きがいと
は 　★★　 感を持つことから生じる**精神的満足**である
と述べた。

神谷美恵子

使命

□**31** 青年期の課題である**生きがいや職業選択**について、フ
★★★　ランスの実存主義者サルトルは「社会参加」を意味する
　　　 ▢***▢ を重視し、まず活動することで**自己の存在意
義**（「▢***▢ ある実存**」）が見つかるとした。

アンガージュマン,
責任

□**32** 自分の行いを正当化する価値を自明のものとして見出
★★　 すことのできない状況について、サルトルは「**人間は
▢**▢ の刑に処せられている**」と述べている。

自由

□**33** **管理社会**の中で既成のレールに乗って成長した青年の
★★　 中には、自己の主体性を欠いたまま大人になっていく
　　　 ため、勉学をはじめ学生生活全般に意欲がわかず無力
　　　 感の状態、つまり ▢**▢ や「▢**▢ 主義」（無気力、
無責任、無関心、無感動）に陥る者がいる。

スチューデント=
アパシー, 四無

□**34** 学校卒業後も長く親と同居して衣食住の生活費を負担
★　　 してもらい独身生活を続ける、いわゆる ▢*▢ =シン
グルの増加は、晩婚化や非婚化の要因とされる。

パラサイト

□**35** いじめや不登校などとともに ▢*▢ が社会問題化し
★　　 ている。これは学校卒業後も継続したり、卒業後に新
たに起こったりするもので、自宅や自室を物理的に一
歩も出ない状態だけでなく、人との交流をほとんどせ
ず ▢*▢ **参加をしない状態**が続くことも含まれる。

ひきこもり（社会
的ひきこもり）

社会

2 人間の特質／適応と個性の形成

□**1** 人間は思考力を持つ点で他の動物と区別される。人間
★　　 の属性は、ホモ=サピエンス（**知恵ある人、英知
人**）、▢*▢ （**工作する人、工作人**）、▢*▢ （**遊ぶ人、
遊戯人**）などと表現される。

ホモ=ファーベル,
ホモ=ルーデンス

　　 ◆「**知恵のある人**」という意味の現生人類の学名を命名したのは、
　　　 18世紀スウェーデンの博物学者リンネである。他の動物と比較
　　　 して理性的な思考をするところに、人間の人間たる特質がある
　　　 とする人間観を提唱した。

□**2** 20世紀フランスの哲学者 ▢*▢ は、人間を自然に
★　　 働きかけて物を作り、環境を変えていく存在として
　　　 ▢*▢ （**工作する人**）と呼んだ。

ベルクソン

ホモ=ファーベル

27

□3 20世紀オランダの歴史学者 ★ は、 ★ を人
★ 間存在そのものにかかわるものとして捉え、そのよう
な人間が文化を創造する点を指して、人間を<u>ホモ=ルー
デンス</u>（**遊ぶ人**）と呼んだ。

ホイジンガ，遊び

□4 20世紀ドイツの哲学者 ★ は、人間を ★
★ （象徴）を介して世界を理解し、芸術や宗教を創り出す
存在と捉えた。

カッシーラー，シ
ンボル

◆人間は目の前にある現実の事物だけでなく、複数の事物や、存
在しない事物が持つイメージを象徴として扱うことで、幅や深
みを持った高度な思考を手に入れた。<u>カッシーラー</u>は、このよ
うな側面に着目した人間観を**ホモ=シンボリクス**（アニマル=シ
ンボリクム）と呼んだ。

□5 20世紀ルーマニアの宗教学者<u>エリアーデ</u>は、人間の
★ 特質は<u>宗教</u>であるとし、神による救済を信じ、祈りを
捧げるという行為を行う人間を「 ★ 」（**宗教人**）と
呼んだ。

ホモ=レリギオー
スス

□6 <u>アリストテレス</u>は、人間を本来的に他者とともに善く
★★★ 生きるための社会を作る存在と考えて「 ★★★ 動物」
と表現した。

ポリス的（社会的、
国家的）

□7 アメリカの心理学者 ★★★ は、人間の欲求には睡眠
★★★ や飲食などの単に ★★★ 的なものだけでなく、その
上位に位置づけられる、愛情や集団への帰属意識など
の ★★★ 的**欲求**もあるとして**欲求の段階説**を唱えた。

マズロー，
生理

精神

◆<u>マズロー</u>は、欲求は「<u>生理的</u>**欲求**→<u>安全の欲求</u>→<u>社会的</u>**欲求**（所
属と愛の**欲求**）→<u>自我</u>（承認・自尊）の**欲求**→<u>自己実現</u>**の欲求**」と
高まっていくものと捉えた。なお、マズローの著書『人間性の心
理学』には、このようなピラミッド型の図は描かれていない。

成長欲求　　自己実現の欲求

自我（承認・自尊）の欲求

社会的欲求
（所属と愛の欲求）

欠乏欲求

安全の欲求

生理的欲求

□**8**　人間には行動を駆り立てる様々な<u>欲求</u>があるが、主に
★★★　　**食欲や睡眠欲、性欲**などを満たそうとする ★★★ 欲
　　　　求と、愛情や集団への**帰属**、**自己実現**などを求め
　　　　る ★★★ 欲求とに分けられる。これらが満たされな
　　　　い時に ★★★ に陥る。

一次的（生理的）

二次的（社会的），
欲求不満（フラス
トレーション）

□**9**　人間の心の中には多くの**両立しない欲求**が**対立**するこ
★★★　　とがあるが、このような状態を ★★★ と呼ぶ。

葛藤（コンフリクト）

□**10**　葛藤のタイプについての具体例として、「歴史と伝統の
★★　　あるＡ大学に進学したいが，新進気鋭の指導者がいる
　　　　Ｂ大学にも進学したい」というのは、「 ★★ –
　　　　★★ 」型である。

接近，
接近

□**11**　葛藤のタイプについての具体例として、「学校のテスト
★★　　をサボって大好きなアイドルグループのライブに行き
　　　　たいが、テストで赤点はとりたくない」というのは、
　　　　「 ★★ – ★★ 」型である。

接近，回避

□**12**　葛藤のタイプについての具体例として、「これ以上、勉
★★　　強したくないので進学はしたくないが、かといって仕
　　　　事で責任も負いたくない」というのは、「 ★★ –
　　　　★★ 」型である。

回避，
回避

□**13**　 ★★ とは、相手に接近したい気持ちと、お互いが
★★　　傷つくことへの恐れとが ★★ を起こし、適度な距
　　　　離を見出しにくい状況を表す。これは、**ショーペンハ
　　　　ウアーの寓話**に由来するものである。

やまあらしのジレ
ンマ，
葛藤

□**14**　同一の対象について、愛情と憎しみや従順と反抗など
★★★　　の**正反対の感情を同時に持つこと**を ★★★ という。

アンビヴァレンス

□**15**　人間は<u>欲求不満</u>に陥ると精神的に不安定になるが、
★★★　　オーストリアの精神医学者 ★★★ はそのような状態
　　　　の人間は ★★★ のうちに<u>欲求不満</u>を解消し、**自我の
　　　　崩壊を防ごうとする心的メカニズム**があることを指摘
　　　　した。このような心的メカニズムを ★★★ という。
　　　　◆<u>欲求不満</u>に耐えられる自我の強さを<u>耐性</u>（<u>トレランス</u>）という。

フロイト，
無意識

防衛機制（適応機
制）

□**16** **防衛機制**には、衝動の<u>抑圧</u>、現実からの ★★ 、発
★★　達以前の段階に逆戻りする<u>退行</u>、理屈で失敗を理由づ
ける<u>合理化</u>、他人の功績を自分に重ねる<u>同一視</u>、自分
の認めがたい感情を他人のせいにする ★★ 、欲求
を代わりのもので満たそうとする<u>代償</u>、欲求を社会的
に価値のあるものに求める ★★ などがある。

逃避

投影 (投射)

昇華

　◆<u>昇華</u>の典型例は、失恋した人が突然絵画を描いたり、音楽に取
　り組んで気を紛らしたりするような、**文化的価値の高いもの**に
　代替を求めるケースである。

□**17** <u>欲求不満</u>の解消方法のうち、**欲求を無意識のうちに抑**
★★　**え込み思い出さない**ようにすることを ★★ 、口実
をつけて**失敗を正当化**することを ★★ 、**正反対の**
行動をとって欲望の表出を防ぐことを ★★ という。

抑圧,
合理化,
反動形成

　◆イソップ童話にある「**すっぱいブドウ**」の理論は、<u>合理化</u>の典型
　例の１つ。キツネが高い所に実っているブドウの実が食べられ
　なかったのを、「どうせあのブドウの実はすっぱいに違いない」
　と思って自らを納得させたという寓話である。

□**18** <u>欲求不満</u>の解消方法のうち、問題から逃げることを<u>逃</u>
★★　<u>避</u>といい、空想の世界で欲望を満たす ★★ 、発達
の前の段階に戻って欲求を満たそうとする ★★ 、
ある物語の主人公になったつもりで自己欲求を満た
す ★★ などがある。

白日夢 (白昼夢),
退行

同一視

□**19** <u>欲求不満</u>の解消方法のうち、得られなかった本来の欲
★★　求よりも低次なもので満足することを ★★ という。

代償

□**20** <u>防衛機制</u>の１つに ★★ があるが、これは自身で認
★★　めがたい自らの感情が、相手が持っていると思い込む
ことを指す。

投影 (投射)

□**21** 芸術家や発明家が、寝食を忘れて創作活動や開発に没
★★　頭し、創造力を発揮しようとするのは、低次の<u>欲求</u>が
強制的に ★★ された場合や、低次の<u>欲求</u>を自ら放
棄した場合でも ★★ の<u>欲求</u>が現れる事例である。

抑圧,
高次

30

□22 葛藤や欲求不満が生じた時の対処に関する次の記述A
★★ ～Dについて、それぞれにあてはまる防衛機制の種類
を、後の語群から選べ。

A やらなければならない宿題があるのに、関係の
ない遊びなどに時間を費やしてしまう。

B 教室で親しくなりたい相手から話しかけられる
と、その気持ちとは裏腹に、思わず冷淡な態度を
とってしまう。

C あこがれている先輩の髪型やファッション、言
葉づかいなどを取り入れて、似たように振る舞っ
てしまう。

D 希望する職業には就けそうにないとわかった時、
もし就いていたならば職場の人間関係が煩わし
かっただろうと思ってしまう。

A 逃避

B 反動形成

C 同一視

D 合理化

【語群】 同一視 合理化 逃避 昇華 反動形成

□23 葛藤や欲求不満に適応することの1つとして、目標達
★ 成や問題解決に向けて努力や工夫を行うなど**筋道を立
てて行動**することを ★ という。

合理的解決

□24 葛藤や欲求不満に適応することの1つとして、努力や
★ 工夫で問題を解決するのではなく、見当違いに他人へ
八つ当たりをするなど**衝動的に行動**すること ★
という。

近道反応

□25 葛藤や欲求不満が続き、**心理的な緊張や重圧を感じる**
★ ことを ★ という。

ストレス

□26 ★ とは、戦争や災害、事故や事件、監禁や虐待
★ など**生命の危機**に瀕した時に深く心を傷つけ、後々ま
で苦しむことになる、精神に永続的に影響を与えるも
のを指す。

心的外傷（トラウ
マ）

◆ PTSD（Post Traumatic Stress Disorder：心的外傷後スト
レス障害）とは、死の危険に直面した後、その体験の記憶が自分
の意志とは関係なく**フラッシュバック**（再体験症状）のように思
い出されたり、悪夢に見たりすることが続き、不安や緊張が高
まったり、つらさのあまり現実感を失ったりする状態を指す。

□27 フロイトは、人間の心は ★★ 、自我、エス（イド）
★★ の**三層構造によって構成**されると捉えた。

超自我（スーパー
エゴ）

□ **28** フロイトによると、人間のエネルギー源は ★★★ と
★★★ いう性衝動であるが、この**エネルギーが蓄えられる**無
意識部分を ★★★ という。これは、衝動を満足させ
て快楽を得ようとするが、これを ★★★ が調整する。

リビドー

エス (イド),
自我 (エゴ)

◆フロイトの「心の構造」理論

□ **29** 人間の心のエネルギーが向かう方向によって性格を分
★★★ 類したのはスイスの心理学者 ★★★ である。彼は、社
交的でリーダーシップをとる一方で飽きっぽい人間
を ★★★ 型、社交性はないがじっくりと考え慎重な
行動をとる人間を ★★★ 型とした。

ユング

外向,
内向

◆ユングは、これに「思考」「感情」「感覚」「直観」の4つのタイプ
を重ね合わせた8つのパターンの性格類型を提唱した。

□ **30** ユングによると、**人間の心には**無意識の**領域がある**
★★★ が、 ★★★ 的無意識は個人的無意識よりも深い層に
あり、そこには ★★★ という神話的性格を帯びた**普
遍的イメージ**が生まれながらに備わっているとされる。

集合,
元型 (アーキタイ
プス)

◆ユングによると、人間の心には「個人的無意識＋集合的無意識」
の2つがある。集合的無意識は、人類が太古の昔に経験した蓄
積が、いわば遺伝子的に組み込まれたものであり、共通して個
人的無意識の前に持つ普遍的な無意識とされる。

□ **31** オーストリア出身の精神科医・心理学者の ★★ は、
★★ 人間は誰でも身体的または能力的に**他人より劣った部
分**があり、それに対する ★★ 感を克服するために
理想の自分を思い描き、より良くなろうと努力する
★★ の働きを主張した。

アドラー

劣等

補償

□**32** 個人が持っているその人らしい考え方や行動の仕方を
★★ 個性と呼ぶが、これは知能や技能のような ★★ 、生
まれつきの感情の傾向である気質、経験や人間関係の
中で培っていく ★★ の3つの要素からなる。これ
らを踏まえた人間の全体的な特徴を ★★ （人格）と
いう。

能力

性格,
パーソナリティ

□**33** パーソナリティ（人格）は、遺伝的な要因を基礎にしつ
★★ つ、後天的な経験を積み重ねて形成されていく。その
過程には、**自分らしさを獲得していく** ★★ **化**と、**社
会の文化や規範を身に付けていく** ★★ **化**がある。
　◆人の個人的特徴の形成は、遺伝と環境の両方に影響される。例
　えば、学力は生来の資質か学習環境かだけでは決まらない。

個性,
社会

□**34** アメリカの文化人類学者 ★★ は、**サモア島**の通過
★★ 儀礼などの研究と調査から、歴史的・地域的な状況が
★★ の形成に大きく影響すると考えた。

マーガレット=
ミード,
個性

□**35** アメリカの社会心理学者ミードによれば、子どもは
★★ 「ごっこ遊び」の中で ★★ というものを理解し始め
るが、さらに成長し、組織化されたゲームに参加する
と、チームのような社会集団も目的や態度を共有する
「**一般化された** ★★ 」とみなせるようになる。

他者

他者

□**36** スイスの児童心理学者 ★ は、子どもが**自己中心
★ 的なものの見方から脱却**し、他者の視点を獲得する過
程を「 ★ 」と呼び、思いやりの発生基盤とした。

ピアジェ

脱中心化

□**37** ドイツの社会学者ホネットは、他者から ★★ され
★★ る喜びの感情に着目し、理性的な相互 ★★ にかか
わる身体的な契機に目を向ける必要性を説いている。

承認,
理解

□**38** ドイツの精神医学者 ★★ は、人間の体型と性格が
★★ 相関するという観点から、 ★★ 型には循環（躁う
つ）気質が、筋骨（闘士）型には粘着（てんかん）気質
が、やせ（細長）型には ★★ 気質が見られるとした。

クレッチマー,
肥満

分裂

□**39** ドイツの心理学者 □★★ は、人々の人生を方向づけ
★★　る様々な価値観を整理して、□★★ **型**、経済**型**、審美
型、宗教**型**、□★★ **型**、社会 (社交) **型**に**類型化**した。

◆ 理論**型** (理屈っぽい)、経済**型** (利益追求)、審美**型** (芸術に関心)、
宗教**型** (神霊に興味)、権力 (政治) **型** (支配者になりたがる)、社
会 (社交) **型** (福祉や奉仕に意義を見出す)。

シュプランガー,
理論,
権力 (政治)
※順不同

□**40** シュプランガーは、「青年ほど、深い □★★ のうちに、
★★　触れ合いと理解を渇望している人間はいない」と述べ、
青年期は自我に目覚めて成熟した □★★ を形成する
時期であると論じた。

孤独

人格

□**41** **特性論**に立つパーソナリティ理論の１つとして、
★　 □★ は、外向性、情緒安定性、責任感のある誠実
性、他者との調和性、知的な関心の開放性の**5つの因
子の組み合わせ**から、人の個性や性格を捉える。

ビッグファイブ

□**42** イギリスの精神科医ボウルヴィは、他者との間に信頼
★　 関係が築けるようになるには、乳幼児期に子どもと養
育者との間で □★ が形成されることが重要である
とする理論を提唱した。

愛着 (アタッチメ
ント)

□**43** アメリカの心理学者 □★ は、**道徳性**の発達におい
★　 て、人権や正義といった現実の社会の規則を超えたよ
り普遍的な道徳原理を基準に、道徳的な判断ができる
ようになるという理論を提唱した。

コールバーグ

源流思想
ETHICS
ギリシア・ローマの思想

1 ギリシア神話の世界

□1 古代ギリシアでは、 **★★** という**都市国家**が各地に
★★ **分立**し、ソクラテス、プラトン、アリストテレスなど
の哲学者が **★★** **市民**としての生き方を探究した。

ポリス

ポリス

　◆ポリス（都市国家）では**市民による討論・対話**が行われた。その
　会場となった広場はアゴラと呼ばれる。

□2 古代ギリシアは、正規の構成員たる「 **★★** 」によ
★★ って自立的に運営される**共同体**（ポリス）からなってい
た。そのポリスにおいて人類史上初めて「 **★★** 」と
いう政治形態がとられた。

市民

民主制（民主政治）

　◆古代ギリシアのポリスでは、現代の典型である間接**民主制では**
　なく直接**民主制が行われていたが、**奴隷**も存在**した。

□3 市民が **★** （閑暇）を持ったことが、古代ギリシア
★ において哲学が発達した土台であると考えられている。

スコレー

　◆奴隷に労働を行わせることによって、自由人たる市民はスコ
　レー（閑暇）を持つことができた。このスコレー（閑暇）が哲学を
　生み出す環境を作り出したとされる。

□4 ギリシア語で **★** とは「**秩序・調和・宇宙・世界**」
★ などを意味し、これに対して **★** とは「**混沌**」を意
味し、万物が生じる前の神秘的な原初状態を指す。

コスモス,
カオス

□5 利害関係にとらわれず理性によって**客観的に物事を考**
★★ **え、真実を探究**しようとするギリシア人の精神的特徴
と態度を **★★** （観想）という。

テオリア

　◆観想的生活の中で哲学という営みが行われた。

□6 現実世界における現象や天地創造を神々の力によって
★ 説明する物語を **★** （神話）という。

ミュトス（ミュートス）

　◆ミュトス（神話）に登場する神々の超自然的な働きによって、世
　界や人間の出来事や運命を理解しようとする世界観を**神話的世**
　界観という。

□**7** 最高神ゼウスをはじめとするオリンポス12神が世界
★★ を支配するという世界観を示したのは、 ★★ 神話
である。

ギリシア

□**8** 古代ギリシアの ★★ は、『イリアス』や『オデュッ
★★ セイア』などの英雄叙事詩の作品で有名である。

ホメロス

◆これら一連の作品は、トロイア (トロヤ) 戦争の様子を神々の意
思や英雄の行動の視点から描いた**一大叙事詩**である。

□**9** 古代ギリシアの ★ は、神々が天地創造を行った
★ 流れを体系的に明らかにした『 ★ 』や、農民たち
の教訓詩である『労働 (仕事) と日々』を著した。

ヘシオドス,
神統記

□**10** ギリシア三大悲劇作家のうち、『縛られたプロメテウ
★ ス』は ★ 、『オイディプス王』は ★ 、『メ
ディア』は ★ が著した。

アイスキュロス,
ソフォクレス,
エウリピデス

◆悲劇に対し、**喜劇**は政治や風俗を痛烈に風刺した。アリストパネ
ス (アリストファネス) は同時代の政治家や長引く戦争やソフィ
スト、アイスキュロスやエウリピデスについて作中で風刺した。
代表作に『平和 (女の平和)』などがある。

2 自然哲学

ANSWERS □□□

□**1** 紀元前6世紀、小アジア (イオニア地方) の**ギリシア植**
★★★ **民都市**で生まれた自然哲学は、万物の根源、すなわ
ち ★★★ を探究する哲学である。

アルケー

◆自然哲学の学派として、イオニア系のミレトス**学派**と、イタリア
(ラテン) 系のピタゴラス**学派**、エレア**学派**などが挙げられる。

□**2** 自然を探究の対象とし、万物のアルケー(根源)の解明
★★ に努めた自然哲学者たちは、 ★★ もまた自然の一
部であると考え、その根源的なあり方についての探究
も深めた。

人間

◆万物のアルケー(根源)を探究する自然哲学は、人間の生き方を
探究する人間哲学によって批判が継承されていく。

□**3** 世界の秩序がミュトス(神話)で説明された**神話的世界**
★★★ **観**の時代を経て、紀元前6世紀のギリシアに生まれ
た ★★★ 哲学は、 ★★★ によって自然や物事の本
質や法則を探究するものである。

◆ロゴスとは、「**言葉**」「**論理**」「**理法**」を意味するギリシア語であ
る。自然哲学は、自然現象を神話ではなく法則や理法によって
説明した (**合理的世界観**)。この点で哲学の始まりといえる。

自然，ロゴス (理
性)

□**4** **哲学の祖**といわれるタレスは、万物のアルケー(根源)
★★★ は ★★★ であると考えた。

水

□**5** アナクシメネスは、万物のアルケー (根源) を ★★
★★ と考え、それが濃くなったり薄くなったりすることで
万物の生成を説明した。

空気

□**6** アナクシマンドロスは、万物のアルケー (根源) を
★ 「 ★ 」と考え、万物はそこから生まれ、再びそこ
に向かって回帰するという無限の循環を繰り返すと説
明した。

無限なるもの(ト=
アペイロン)

□**7** ★★★ は、万物のアルケー(根源)は火であると考え、
★★★ すべてのものは絶えず動き変化しているとし、「万物
は ★★★ する」と説いた。

ヘラクレイトス

◆ヘラクレイトスは永遠の実体を火と捉え、**世界は生成と消滅を
繰り返し変化する**ことによって安定していると唱えた。

りゅうてん
流転

□**8** ★★ は、「万物の根源は ★★ である」と考え、数
★★ 学の有名な定理でも知られている。

ピタゴラス，数

◆ピタゴラスは、この世界には調和的な秩序が実現されていて、そ
こには**調和を支える数的な関係**があると考えた。また、輪廻転
生を説いたが、霊魂**は不滅** (不変) であるとした。

□**9** 万物の根源を ★★ 、水、 ★★ 、空気 (風) であ
★★ ると捉え、この4つの要素によって世界が形成される
と考えたのは ★★ である。

土，火 ※順不同

エンペドクレス

□**10** デモクリトスは、**それ以上分割できない** ★★ (原
★★ 子)と、 ★★ (空虚)によって世界が構成されている
と考えた。

アトム，
ケノン

◆あらゆる現象はアトム (原子) がケノン (空虚) の中を運動する
ことによって生じると考えた (原子論)。

□**11** 「有るものはあり、有らぬものはあらぬ」と説いた哲学
★　　者　★　は、球体（スパイロス）を完全な存在とした。

パルメニデス

◆あるものが突然消えたり、ないものが突然生じたりすることは
　あり得ないので、本当に実在するものには、生成消滅などの変
　化が起きることはないと考えた。

3 ソフィスト

ANSWERS □□□

□**1** 紀元前5世紀になると、ギリシアには　★★　と呼ば
★★　れる知識人が現れた。

ソフィスト

◆ソフィストとは教養を備えた者で、その知識などを教授する役
　割を果たしていた。

□**2** 「人間は万物の尺度である」と述べたソフィストの
★★★　　★★★　は、あらゆる人に共通の普遍的・絶対的判断
　　　基準は存在しないという相対主義を唱えた。

プロタゴラス

◆古代ギリシアのソフィストたちは、自らに知識があると思って
　いたため、いわば自らがすべての尺度であると思い込んでいた
　（相対主義、主観主義）。

□**3** プロタゴラスと並ぶソフィストの代表的思想家に、シ
★★　チリア島出身の　★★　がいる。

ゴルギアス

□**4** ソフィストたちは、　★★★　と　★★★　を対立的に捉
★★★　え、人間的な事柄に関しては人々の取り決めだけで決
　　　着するとした。そのため、人々を説得し自説を認めさ
　　　せる　★★★　こそが、人間の身に付けるべき大切なも
　　　のだと考えたのである。

ピュシス（自然），
ノモス（人為、法）
※順不同
弁論術

◆ソフィストは真理を探究することよりも、いかに議論の相手を
　論破するかに力を注いだため、詭弁（虚偽を真理のように見せか
　けて相手をだますための弁論）に陥ることが多かった。

4 ソクラテス

ANSWERS □□□

□**1** 「倫理学の創始者」と呼ばれる　★★★　は、ソフィスト
★★★　たちが個人主義的な考え方を主張したのに対し、人間
　　　の生き方の普遍的な原理を探究した。

ソクラテス

◆ソフィストを批判したソクラテスは、自分を尺度とする相対主
　義や主観主義に立つソフィストの生き方に対し、普遍の原理を
　探究した点で絶対主義に立つ。

□**2** 人は、自らが生きる上で最も重要な事柄について<u>無知</u>
★★★　**であることを自覚**すること（　★★★　）によって、初め
　　　て謙虚に真の知恵を探究する　★★★　の態度を手に入
　　　れることができるとソクラテスは説いた。

無知の知,
愛知（フィロソフ
ィア）

□**3**　「<u>ソクラテス</u>**にまさる賢者はいない**」という<u>神託</u>を解明
★★★　することで、<u>ソクラテス</u>は　★★★　を発見するに至っ
　　　た。この<u>神託</u>を　★★★　という。

無知の知,
デルフォイの神託

　　◆<u>ソクラテス</u>は自分が<u>無知</u>であることを知る点で、それを自覚しな
　　　い<u>ソフィスト</u>よりも優れていると理解した。その<u>神託</u>に基づきソ
　　　フィストに<u>無知</u>を知らしめる**対話活動**を始めることになる。

□**4**　<u>ソクラテス</u>は、「　★★★　を知れ」という古代ギリシア
★★★　の格言を、自らが無知であることの自覚を促す言葉と
　　　して受け取り、この自覚を出発点として自分を知ろう
　　　とし、**善く生きる**ための　★★★　の**探究**へと向かった。

汝自身

アレテー（徳）

□**5**　対話相手に自らの　★★★　を自覚させるために<u>ソクラ</u>
★★★　<u>テス</u>が用いた方法は、相手との　★★★　を通して、**相
　　　手の考えの矛盾を明らかにする**というものである。

無知,
問答

□**6**　<u>ソクラテス</u>は　★★★　**法**により、人々に<u>無知</u>**の自覚**（<u>無
★★★　知の知</u>）を促したが、これは　★★★　**術**とも呼ばれる。

問答（対話）,
助産（産婆）

　　◆<u>ソクラテス</u>は<u>ソフィスト</u>たちと対話して問答を行うことによ
　　　り、彼ら（自称<u>ソフィスト</u>たち）が、いかに無知であるかを知ら
　　　しめる活動を行った。しかし、この活動が害悪を流布した罪に
　　　問われ、後に**毒杯を仰ぐ**という死刑判決を受けることになる。

□**7**　<u>ソクラテス</u>のいう「<u>無知</u>」とは、「<u>善</u>」や「<u>美</u>」のように
★★　**人間の**　★★　**にとって大切なもの**について何も知ら
　　　ないことであり、単に知識が乏しいことではない。

プシュケー（魂）

□**8**　<u>ソクラテス</u>は、自己の<u>魂</u>ができるだけ**善く**なるように
★★★　　★★★　**を欠かすべきでない**と説き、　★★★　が何で
　　　あるかを探究した。

配慮, アレテー
（徳）

□**9**　<u>ソクラテス</u>は「<u>善</u>」や「<u>美</u>」に**配慮**して<u>魂</u>**の卓越性**を目
★★★　指して生きることを「　★★★　」と表現し、この生き方
　　　を最も重視した。

善く生きる

□**10**　<u>ソクラテス</u>は、人間にとっての　★★★　は「<u>善く生き</u>
★★★　<u>る</u>」ことであるとし、「うまく世渡りする」こと、つま
　　　り　★★★　を批判した。

アレテー（徳）

処世術

□**11** 真の幸福は<u>アレテー</u>(徳)のある生活によって可能とな
★★　るとする<u>ソクラテス</u>の考え方は　★★　と呼ばれる。

福徳一致

□**12** 魂の備えるべき<u>徳</u>が何であるかを知れば、正しく生き
★★★　ることができる　★★★　**主義**の考えに立つ<u>ソクラテス</u>
　　　の考え方は　★★★　と呼ばれる。

主知,
知徳合一

□**13** 晩年、裁判にかけられた<u>ソクラテス</u>が陪審員に対し自
★★★　らの信念を述べた「対話篇」は、『　★★★　』という著
　　　作として<u>ソクラテス</u>の弟子である　★★★　によってま
　　　とめられた。

ソクラテスの弁明,
プラトン

　　　◆<u>ソクラテス</u>**の死**は、<u>対話</u>を行っただけで彼を告訴した当時のア
　　　テネ (アテナイ) の権力者や死刑判決を下した民衆がいかに愚か
　　　であるかを示すものとされ、<u>ソクラテス</u>は逃走せずにあえて**毒**
　　　杯を仰いで自ら死を選んだと伝えられている (<u>プラトン</u>『**クリト**
　　　ン』)。ソクラテスの最期からは、「<u>善く生きる</u>」ことに従って「<u>悪</u>
　　　<u>法も法なり</u>」と述べて、刑死に臨んだという彼の信念が窺える。
　　　また、彼の刑死の日に弟子たちと獄中で対話したことをまとめ
　　　た<u>プラトン</u>の**『パイドン』**では、**魂が永遠不死であること**の論証
　　　が試みられている。

5 プラトン

□**1** <u>ソクラテス</u>**の弟子**であった　★★★　はその思想を受け
★★★　継いで、　★★★　が主張する**相対主義に反対**する一方
　　　で、この感覚的世界における相対性と可変性を深く自
　　　覚し、**永遠不変の**　★★★　の存在を説いた。

プラトン,
ソフィスト

イデア

□**2** <u>プラトン</u>は、事物の理想形である　★★★　を追究し、理
★★★　想的な自己になりたいと思慕する<u>魂</u>**の働き**を　★★★
　　　と捉えた。

イデア,
エロース(エロス)

□**3** **神の愛である**　★★★　が上から下への愛であるのに対
★★★　し、<u>プラトン</u>が想定した愛である　★★★　は、美しさ
　　　(美) や正しさ (善) の<u>イデア</u>を求める「**あこがれの愛**」
　　　である。

アガペー,
エロース(エロス)

　　　◆<u>エロース (エロス)</u>とは、理想の自分を追究する気持ちであり、
　　　自分を理想に近づけたいと思いこがれる気持ちのことである。

□**4**
★★★
プラトンは、世界を**現実の世界である** ★★★ と、**理性**によって捉えられる完全かつ真の存在の世界である ★★★ によって説明した。このような考え方は ★★★ **論**と呼ばれる。

現象界

イデア界 (英知界),
イデア

◆イデア論は、世界を2つに分けて捉える点で**二元論的世界観**ともいわれる。プラトンは、感覚によって捉えられ変化・消滅する現象界と、理性が捉える理想的なイデア界 (英知界) の2つの世界を想定し、イデア界こそが**不変の真実在**であるとした。

□**5**
★★★
プラトンは、**人々が感覚されたものを実在だと思い込んでいる**ことは、洞窟の壁に向かって鎖につながれている囚人が壁に映った背後の**事物の影を実物だと思い込んでしまう**姿と似ているという「 ★★★ **の比喩**」を用いて、**感覚的世界から** ★★★ へと魂を向け変える必要があると説いた。

洞窟,

イデア

◆プラトンは**現象界**を暗い洞窟に、イデア界を太陽が輝く外の世界にたとえ、イデアへの思慮であるエロースを説いた。

□**6**
★★
プラトンは、「 ★★ **のイデア**」を最高のイデアとし、これを知ることで、**個人や国家の秩序と** ★★ **が保たれる**と考えた。

善,
正義

◆プラトンは、すべてのイデアを秩序づけ、統一するものとして「**善のイデア**」を捉えた。

□**7**
★★
プラトンは、人間の魂が肉体に宿る前に天界で眺めていたイデアを ★★ することによって真理を認識すると説いた。

想起 (アナムネーシス)

□**8**
★★★
プラトンは、**人間の魂を** ★★★ 、気概 (意志)、 ★★★ **の3つに分けた**。これを「**魂の** ★★★ 」と呼ぶ。

理性, 欲望, ※順不同
三分説

□**9**
★★★
「**魂の三分説**」によると、**理性に** ★★★ **の徳**が、**気概 (意志) に** ★★★ **の徳**が備わり、これらが欲望を正しく導く時、 ★★★ **という徳**が生まれる。

知恵,
勇気,
節制

◆理性が命令し、意志がそれを助け、欲望がそれに従うと、人間の魂は全体として秩序づけられ、徳**を実現**できる。

□**10**
★★★
「**魂の三分説**」によると、不正な行為が生まれてしまうのは、魂の ★★★ **的部分**が理性的部分と ★★★ **的部分を支配**してしまうことに原因がある。

欲望, 気概

□**11**
★★★
「魂の三分説」は国家にもあてはまる。プラトンは、統治（支配者）階級が ★★★ の徳、戦士（防衛者）階級が ★★★ の徳、労働に従事する生産（生産者）階級が ★★★ の徳によって、それぞれの役目を果たす時、国家の正義が**実現される**と考えた。

知恵,
勇気,
節制

◆プラトンは国家のイデア（理想）を正義の実現であると捉え、各階級が各々の徳を果たすことによって、**理想国家**は作り上げられると考えた。

□**12**
★★★
知恵、勇気、節制**の３つの徳が調和する**時、 ★★★ の**徳が生まれる**が、これら４つの徳は ★★★ と呼ばれ、ギリシア人が守るべき基本的な徳とされた。

正義,
四元徳 (しげんとく)

□**13**
★★★
プラトンは著書『国家』において、優れた知恵を備えた哲学者が ★★★ のイデアを認識して国を治めるという ★★★ を理想国家のあり方であると説いた。

善,
哲人政治

◆善のイデアを求める気持ちエロース（エロス）の思想を記したプラトンの著書は『饗宴』である。

6 アリストテレス

□**1**
★★★
理想主義の哲学を説いたプラトンに対し、 ★★★ は**実証的な** ★★★ **主義**の哲学を説き、「**万学の祖**」といわれる。

アリストテレス,
現実

□**2**
★★★
プラトンが**哲人を養成**するために設立し、アリストテレスが入学した**アテネ郊外**の ★★★ では、深い思索と盛んな議論が行われていたという。

アカデメイア（学院）

□**3**
★
アリストテレスは、アレクサンドロス大王の教育係を務め、アテネに ★ という学園を開いた。

リュケイオン

◆アリストテレスの学派は、学園周辺の散歩道を歩きながら講義を行ったとされることから**逍遙学派**と呼ばれる。彼の主著は『形而上学』『ニコマコス倫理学』『政治学』。のちに、それらがイスラーム世界で研究されて中世ヨーロッパに入り、諸学問に大きな影響を与えた。

□**4** プラトンに学んだアリストテレスは、プラトンの主張
★★★ した**二元論的世界観**であるイデア論を**批判**する形で、

　★★★ と ★★★ が合体して現象が発生するという
一元論的世界観を展開した。

ヒュレー（質料），
エイドス（形相）

※順不同

◆個々の事物を離れて存在するイデアを真の知の対象としたプラトンを批判したアリストテレスは、個々の**具体的な事物**こそ探究の対象とすべきだと主張した。

□**5** ヒュレー（質料）とエイドス（形相）を具体的な事物に
★★★ あてはめると、家屋について、その構造そのものは

　★★★ 、家屋の素材となる木材などは ★★★ となる。

エイドス（形相），
ヒュレー（質料）

◆アリストテレスは、**形や性質の本質**を示す設計図であるエイドス（形相）と、**現実の素材**であるヒュレー（質料）との結合によって個物（実体）が具現化すると考えた。彼は、事物を生み出す4つの原因を挙げている（**四原因説**）。建築物を例にとれば、設計図（＝形相因）に従って、木材や石などの材料（＝質料因）を動かし変形して組み合わせる大工の腕（＝始動因）があり、そこに住むこと（＝目的因）である。

□**6** アリストテレスのいう ★ とは、ヒュレー（質料）
★ の中にエイドス（形相）**が可能性として含まれている状
態**である。したがって、**現実**とは、エイドス（形相）に
よってヒュレー（質料）が ★ から ★ へと移
行し、自らを実現していく過程である。

可能態（デュナミス）

可能態（デュナミス），現実態（エネルゲイア）

□**7** アリストテレスは、人間にとっての究極の目的である
★★ 　★★ は、他の目的のために追求されるものではな
く、それ自体で自足する**最高善**であるとした。

幸福（エウダイモニア）

□**8** アリストテレスは、 ★★★ を理性に従わせるために
★★★ は、理性がそう命じるだけでは不十分で、実際に

　★★★ を制御できる性格の形成が必要であるとした。

欲望

欲望

□**9** アリストテレスは、徳を ★★ **的徳**（習性**的徳**）と
★★ 　★★ **的徳**（理論**的徳**）の2つに分け、前者は**行為に
よる**習慣づけによって身に付くものであるとし、行為
の際には思慮（フロネーシス）を働かせて、感情や欲望
の過大と過小という両極端を避ける、 ★★ を保つ
訓練を通して修得されるとした。

倫理，
知性

中庸（メソテース）

◆アリストテレスは、**極端を避ける**中庸（メソテース）の精神を重視した。この哲学観が**調和や公共性**を重視する考え方に結び付いている。

43

□**10** アリストテレスによると、人間の幸福とは**真理を求め**
★★　るアレテー（徳）に従った魂の活動であり、**最高善の幸**
福とは「　**★★**　**生活**」によって求められるという。

観想的 (テオリア的)

　◆アリストテレスは、真理を求める観想的生活 (テオリア的生活)
　こそが幸福 (エウダイモニア) であるとし、倫理**的徳** (習性的徳)
　は中庸 (メソテース) を習慣化することによって形成されるとし
　た。

□**11** アリストテレスの著書のうち、倫理**的徳** (習性**的徳**) と
★★　知性**的徳** (理論**的徳**) の分類と徳を備えた生き方につい
て説いたものは『　**★★**　』、ポリスの政治制度につい
て考察したものは『　**★★**　』である。

ニコマコス倫理学,
政治学

□**12** アリストテレスは、著書『政治学』において、人間を
★★★　「　**★★★**　」であるとし、その中で重視されるべきもの
は　**★★★**　と　**★★★**　であると説いた。

ポリス的動物,
正義, 友愛 (フィ
リア) ※順不同

　◆人間はポリスという共同体の中に生きることで、**自らの本性を**
　完成させていくとした。なお、「ポリス的動物」を「**社会的動物**」
　「**国家的動物**」などと呼ぶ場合もある。

□**13** アリストテレスは、愛すなわち友愛 (フィリア) を通じ
★★　て人と人が和合する時、個人も**善く生きることができ**
ると考えた。したがって、　**★★**　において、**より善く**
生きるためには　**★★**　だけでは十分でなく、友愛
(フィリア) の心が必要だと主張した。

共同体,
正義

　◆ポリス市民の優越性は、相手のために善を願い、為すという友
　愛 (フィリア) の精神による**社会性と公共性**にあるとした。

□**14** 富と権力が公平に分配された社会を正義が実現した社
★★★　会であると考えたアリストテレスは、法を守るという
全体的正義に対して、部分的正義には各々の**成果や能**
力に応じた報酬を配分する　**★★★**　**的正義**と、対人関
係における**利害関係を公平に裁く**　**★★★**　的正義の
２つがあると説いた。

配分,
調整

　◆配分的正義とは、働いた者にそれに応じた報いが与えられるこ
　と。調整的正義とは、悪い行いをした者にはそれに応じた**制裁**
　が与えられること。

□**15** アリストテレスは、政治制度を君主政治、貴族政治、共
★★　和政治の３つに分類し、　**★★**　を最も望ましい政治
の形としたが、これは徳のある人々によって行われな
ければ　**★★**　に陥るおそれがあると警告した。

共和政治

衆愚政治

　◆衆愚政治とは、大衆迎合的な腐敗した政治のことを意味する。

7 ヘレニズム期の思想

II
源流思想
7 ヘレニズム期の思想

□**1** ★★★ 　 ★★★ 文化とは、オリエント的要素とギリシア的要
素が融合し、ギリシア語で集大成された文化である。

◆ヘレニズムとは、19世紀ドイツの歴史家ドロイゼンによる造
語。**アレクサンドロス大王の東方遠征**によって成立した、民族
的な枠組みを超えた世界市民主義的な文化である。

ヘレニズム

□**2** ★★★ 　 ヘレニズム期の思想は、 ★★★ 主義を主張したスト
ア派と、**快楽主義**を主張した ★★★ 派に代表される。

◆両者は個人の魂の自由と幸福を追究する点で共通する。

禁欲,
エピクロス

□**3** ★★★ 　 ギリシア人の ★★★ 重視の傾向は、 ★★★ が自然に
あまねく世界に行き渡っているという考えを生み、そ
こから自然に従って生きる ★★★ 派の主張が形成さ
れた。

◆ストア派のゼノンは、**自然法思想を最初に述べた思想家**である。
自然法思想は、後に中世においてカトリックにより「**神の法**」、
近代自然法思想によって「**理性の法**」として正当化される。

理性, 理性

ストア

□**4** ★★★ 　 ストア派の説く ★★★ とは、**自然に従って生きるこ
と**で、魂が完全に理性的で ★★★ したものとなり、情
念 (パトス) によって動かされない状態のことをいう。

◆禁欲主義に立つゼノンは、**心を安定**させ、情念に惑わされるこ
となく社会の中で自分に与えられた役割を果たすことが幸福な
生き方であると捉えた。

アパテイア (不動
心),
調和

□**5** ★★★ 　 ストア派は、 ★★★ とは万物の根源が自らの**理法に従
い自己展開したもの**であるから、その一部である人間
も ★★★ に従い**理法と一致した生き方**をすべきであ
ると捉える中から、 ★★★ (世界市民主義) を唱えた。

◆ストア派は、部分社会であったポリス (都市国家) が崩壊したヘ
レニズム期において、ポリスとしての優秀性ではなく世界市民
(コスモポリタン) としての優秀性、生き方を追求し、世界市民
法 (世界万民法) を理想の法とした。

宇宙

理性,
コスモポリタニズム

□**6** ★ 　 ローマ時代のストア派の人物には、『友情について』な
どを著した ★ 、『幸福論』『倫理論集』などの著作
がある ★ 、奴隷出身の哲学者で『語録』などを残
した ★ 、「哲人皇帝」の異名を持つ『自省録』で
有名なローマ皇帝マルクス=アウレリウス=アントニヌ
スがいる。

キケロ,
セネカ,
エピクテトス

□**7** エピクロスは、**精神的** ★★ が人間にとって**幸福**で
★★ あるとみなしたが、それは自然で必要な欲望を節度あ
る仕方で満たし、**身体の** ★★ や魂の動揺から解放
された状態のことであると考えた。

快楽

苦痛

◆エピクロスは精神的快楽を求めた快楽主義に立ち、禁欲主義に
立つストア派のゼノンと異なる。しかし、エピクロス派における
最高善となる快楽が、自然かつ必要な欲求（食事や衣服など）の
みを追求し平安の境地で生きるという精神的快楽である点で、
両者は近似している。

□**8** エピクロスが理想の境地として追求した快楽の状態と
★★★ は、**情緒的**の平穏の境地である ★★★ であり、これ
は**自然かつ必要な欲望**を満たすことで得られる。

アタラクシア

□**9** エピクロスは、肉体的快楽の追求や世間との必要以上
★★★ の接触が ★★★ の平静な状態を乱すと考え、質素な
自足生活を最高善とし「 ★★★ 」と述べた。

心,

隠れて生きよ

◆エピクロスは快楽主義に立つが、その快楽とは肉体的・享楽的
なものではなく、**心静かな平穏の境地**であるアタラクシアの中
に思い出される精神的安定のことである。彼はアテネの郊外に
「エピクロスの園」という学園を開き、彼を慕う友人や信奉者と
の友愛で結ばれた共同生活を送った。

□**10** エピクロスは、死への恐れを取り除くために、デモク
★★ リトスなどが唱えた説を受け継ぎ、死とは人間などの
生物（有機体）を構成する ★★ の分解に過ぎないと
説いた。

原子（アトム）

□**11** ★ などのキュニコス派（犬儒派）は、富や権力、
★ 名誉などの外面的なものや社会規範を軽蔑し、自然に
与えられたものだけで満足して生きる生活を理想とし
た。

ディオゲネス

□**12** 新プラトン主義に立つプロティノスは、あらゆるもの
★ は超越的な**一者**（ ★ ）である神から流出し、神へ
と帰する流出説に基づく**一元論的世界観**を唱えた。

ト＝ヘン

□**13** ヘレニズム期に**懐疑論**を唱えた人々（**懐疑派**）は、あら
★★ ゆる判断を保留することによって、**心の** ★★ を得
ようとした。

平静

源流思想
ETHICS
キリスト教とイスラーム教

1 旧約聖書〜ユダヤ教の成立

□1 ユダヤ人（イスラエル人）の民族宗教である ★★★ は
『 ★★★ 』を聖典とするが、後に『 ★★★ 』を聖典
とするキリスト教が民族の枠を越えた ★★★ 宗教と
して発展した。

ユダヤ教,
旧約聖書, 新約聖
書,
世界

□2 ユダヤ教における天地創造主であり唯一絶対の人格神
は ★★★ である。

ヤハウェ（ヤー
ウェ）

◆『旧約聖書』の「創世記」には、神が最初に創造した人間として
アダムが登場する。アダムは神の似姿として土から作られた男
性で、その肋骨から女性のイヴが作られた。

□3 ユダヤ教の聖典『旧約聖書』は、世界の創造者（造物主）
である神 ★★★ の啓示の書とされ、後にユダヤ人と
呼ばれるイスラエル人に対して課された宗教、倫理、儀
式にわたる戒律である ★★★ を守ることで、苦難か
らの救いと民族の繁栄が約束されるという ★★★ の
思想が表されている。

ヤハウェ（ヤー
ウェ）
律法（トーラー）,
契約

□4 『旧約聖書』は主に ★★★ 語で書かれている。「旧約」
とは本来、「旧い契約」を意味し、唯一神 ★★★ と
★★★ との預言者 ★★★ を通じた契約を意味して
いる。

ヘブライ,
ヤハウェ（ヤー
ウェ）,
イスラエル人,
モーセ

◆ヤハウェ（ヤーウェ）は、律法（トーラー）を守る者を助ける「救
いの神」という人格神であったはずだが、律法主義が形式化する
につれ、律法に対する「裁きの神」とイメージされていく。なお、
『旧約聖書』の「旧」とは、あくまでキリスト教徒の視点から「旧
い」と表現され、ユダヤ教徒は聖典を『タナハ』と呼んでいる。

□5 メソポタミアの遊牧民であった ★ 人は、やがて
西へと移動し、地中海沿岸の ★ （パレスチナ）の
地に定住した。

イスラエル,
カナン

◆アブラハムは、イスラエル人の祖先で、信仰の父とされる伝説
上の人物。神ヤハウェは彼とその子孫にカナン（パレスチナ）の
地を与える約束をし、彼が民族の父となり、子孫は繁栄するだ
ろうと語った。

□**6** エジプトへ渡った一部のイスラエル人が、迫害から逃れ
★★　**預言者**モーセとともに約束の地である　★★　（パレ
スチナ）を目指した**苦難の旅**を　★★　といい、この
途中にモーセは**シナイ山**で**神**から　★★　を授かった。

カナン,
出エジプト,
十戒（じっかい）

◆**預言者**とは神の**声や言葉を預かった**、いわば神の声の代弁者で
ある。神ではないし、予言者（未来を予測する者）でもない。十
戒は、モーセが神の言葉を預かってイスラエル人と約束した契
約である（『旧約聖書』「**出エジプト記**」）。

□**7** **モーセの十戒**に関する次の文章の空欄 **A** ～ **E** にあて
★★★　はまる適語を答えよ。

【**モーセの十戒**】（一部、要約）

① 「汝、われの他何ものをも **A** ★★★　とするべから
ず」

A　神

② 「汝、己のために、何の偶像をも刻むべからず」
　→これは **B** ★★★　を禁止したものである。

B　偶像崇拝

③ 「汝、汝の神ヤハウェの名をみだりに口にあぐべか
らず」

④ 「**C** ★★★　を覚えて、これを聖とせよ」

C　安息日

⑤ 「汝の**父母**を敬え」

⑥ 「汝、**D** ★★★　なかれ」

D　殺す

⑦ 「汝、姦淫（かんいん）するなかれ」

⑧ 「汝、**E** ★★★　なかれ」

E　盗む

⑨ 「汝、その隣人に対して偽りの証を立つるなかれ」

⑩ 「汝、その隣人の家をむさぼるなかれ」

◆ユダヤ教では、**モーセの十戒**を中心に数多くの律法（トーラー）
が定められている。第1 (①) から第4 (④) の戒律は宗教律を、
第5 (⑤) から第10 (⑩) の戒律は道徳律を示している。

□**8** 『旧約聖書』のうちの最初の五書を「　★　」といい、
★　「　★　」、「**出エジプト記**」、「**レビ記**」、「**民数記**」、
「　★　」の順に構成されている。

モーセ五書,
創世記,
申命記

□**9** ユダヤ教は、イスラエル人が神から選ばれた民である
★★★　とする　★★★　思想をその特徴とすることから、世界
宗教とはなり得ず、　★★★　宗教にとどまった。

選民,
民族

◆神から選ばれた民族であるゆえに、イスラエル人は自身の優位
性、優秀性を意識するようになる。

□**10** カナンの地に建てられたイスラエル王国は、ダヴィデ
★ 王と ★ 王の時代に繁栄したが、やがて王国は南
北に分裂し、多くのイスラエル人が ★ への移住
を強いられた（前586～前538年）。この出来事を
「 ★ 」といい、こうした民族的苦難の中で『旧約
聖書』とユダヤ教が成立していった。

ソロモン,
新バビロニア

バビロン捕囚

□**11** ユダヤ教ではイスラエル民族を苦難から救う指導者待
★★ 望論を ★★ 思想といい、選民思想、 ★★ と並ぶ
ユダヤ教の大きな思想的特徴である。

メシア（救世主）,
終末観（終末思想）

◆終末思想に立つユダヤ教においては、この世の終わり（終末）に
最後の審判が下され、メシア（救世主）によって**イスラエルの民
族が救済**される。後のキリスト教も同じ思想に立つが、すべて
の人類はメシアであるイエスによって救われるとする。

□**12** 『旧約聖書』に登場する預言者の ★ やエレミアな
★ どは、異民族による支配が多神教の影響による宗教的
な堕落や貧者を虐げる社会的不正に対する神の
★ であるとして、神の裁きと救済を説いた。

イザヤ

罰

2 イエス（イエス＝キリスト）の教え～キリスト教の成立

ANSWERS □□□

□**1** イエスが生まれた当時のパレスチナは ★★ によっ
★★ て支配されており、人々はメシア（救世主）を待ち望ん
でいたが、ユダヤ人の中では ★★ を厳格に守ろう
とする ★★ 派やサドカイ派の勢力が強かった。

ローマ帝国

律法（トーラー）,
パリサイ

◆ユダヤ教には、律法（トーラー）を**厳格かつ形式的**に守ろうとす
るパリサイ派と、儀式を重んじる**司祭階級中心**のサドカイ派な
どがある。

□**2** 預言者である ★★ は、**終末が近づいていて**、メシ
★★ ア（救世主）の到来は間近であるとして、人々に**悔い改
め**を求め、**罪**を告白した者にヨルダン川での ★★
を施した。

ヨハネ

洗礼（バプテスマ）

□3 イエスは30歳の頃、洗礼者(バプテスマ)の ★★★ から洗礼を受け、後に ★★★ 主義と呼ばれたパリサイ派の思想を批判し、形式的に律法(トーラー)を守ることよりも神**を信じる内面的な**信仰心**が大切**であると説いた。

ヨハネ,
律法

> ◆イエスは、律法(トーラー)をただ守るだけの**形式主義を批判**したが、律法を否定したわけではなく、それは心からの信仰に基づいて行わなければならないとし、律法**の内面化**を図り、完成させていった。

□4 洗礼の後、イエスは ★★ としての自覚を持ち人々に神の教えを説いたが、その中でもイエス自身が最初に行った説法は山上の ★★ と呼ばれる。

メシア(救世主)

垂訓(説教)

> ◆山上の垂訓は預言ではなく、『新約聖書』の「マタイによる福音書」の第5章3から第7章27に記されたイエス自身の説教である。「心の貧しい人たちは幸いである。天国は彼らのものである」という群衆への祝福の言葉が示されている。

□5 キリスト教が説く道徳の最高の教えは ★★★ と呼ばれ、「マタイの福音書」の山上の垂訓の一節にある「**己の施するところを人に施せ**」という言葉に示されている。

黄金律

□6 イエスが人々に説いた教えは、良き訪れのしるしである ★★★ と捉えられ、これは後に『 ★★★ 』に編纂され世界へと広がっていった。

福音, 新約聖書

> ◆イエスに従った人々にとって、彼は単に神と隣人の愛を説く「師」以上の存在であった。彼らは、師との出会いのうちに神の愛そのものを見た。こうして彼らが師を慕い、想起すべくその事跡を語り継いでいくうちに、福音書が成立していった。なお、『新約聖書』には**4つの福音書**(「マタイによる福音書」「マルコによる福音書」「ルカによる福音書」「ヨハネによる福音書」)が収められている。

□7 イエスは、人はみな生まれながらに ★★★ であるとし、キリスト教はこれを ★★★ と呼び、すべての人は自らの罪を悔い改め**なければならない**と説いている。

罪人,
原罪

> ◆ヨハネは「**悔い改めよ。天国は近づいた**」と宣教し、イエスもまた「**悔い改めて、福音を信ぜよ**」と説いた。

□**8** ユダヤ教の神は**裁く神**であるが、イエスの説く神はすべての人を**平等に愛する神**である。この ★★★ という**愛の思想**が、 ★★★ 思想を持ったユダヤ教が民族宗教にとどまったのに対し、キリスト教が ★★★ 宗教へと発展した要因といえる。

アガペー,
選民,
世界

□**9** アガペーとは**神の愛**を指し、**神への愛**と ★★★ もアガペーと呼ばれ、そのうち ★★★ は**創造主**である**神**が**被創造物**である**人を愛する**ように、**隣人**に対して無差別・平等に ★★★ の**愛を降り注ぐ**ことである。

隣人愛,
隣人愛

無償

□**10** キリスト教では、**様々な状況**において出会い、**神の愛の下でともに生きる**人間のことを ★★★ としている。

隣人

◆神への愛は「心をつくし、精神をつくし、思いをつくして、主なるあなたの神を愛せよ」、隣人愛は「自分を愛するように、あなたの隣人を愛せよ」という**2つの戒め**の言葉に示されている。また、「悪人に手向かうな。誰かがあなたの右の頬を打つなら、左の頬をも向けよ。」として、「目には目を、歯には歯を」という**同害復讐（タリオ）的な制裁を禁じた**のも、隣人愛のあらわれである。

□**11** イエスの説く「神の国」とは、自らの ★★ を悔い改め、互いに ★★ 合う人々の間に精神的な出来事として実現するものである。

罪,
愛し

□**12** ★★★ 主義を批判された伝統的な ★★★ 教の指導者から怒りを買ったイエスは、神を冒瀆したとして ★★★ への反逆者として捕らえられ、**ゴルゴタの丘**で ★★★ の刑に処された。

律法, ユダヤ

ローマ帝国,
十字架

□**13** イエスは、神から与えられた ★★★ に形式的に従うのではなく、その精神に立ち返る必要を説いた。また、「 ★★★ を愛し、迫害する者のために祈れ」といい、隣人を愛することが自分と共に生きている同胞に限定されてはならないと説いた。

律法（トーラー）

敵

◆「あなたがたも聞いている通り、『隣人を愛し、敵を憎め』と命じられている。しかし、私はいっておく。敵を愛し、自分を迫害する者のために祈りなさい。」（『マタイによる福音書』）

3 キリスト教の発展

□1 十字架上で処刑されたイエスは、**3日後に** ★★★ し
★★★ たといわれるが、このことによってイエスこそが ★★★
であるという信仰が生まれ、 ★★★ 教が始まった。

復活,
メシア (救世主),
キリスト

◆ヨハネから洗礼 (バプテスマ) を受けて預言者となったイエスこ
そが、神の子、すなわちキリストであり、メシア (救世主) であ
るとし、「イエス=キリスト」を信仰するキリスト教が布教されて
いった。つまり、「イエスはキリストである」という意味であり、
キリストは名前ではない。

□2 イエスによって批判された ★★★ 派のユダヤ教徒で
★★★ あった ★★★ は、ある時不思議な光に打たれてイエ
スの声を聞き、**キリスト教に**回心した。

パリサイ,
パウロ

□3 深刻な罪の意識に苦しんだパウロは、神の命令に背い
★★ て楽園追放の罰を受けた ★★ の罪が、生まれなが
らの罪としてすべての人間に引き継がれていると考え
た。

アダム

□4 パウロは、人々が自分を中心に考え ★★ のままに
★★ 生きてしまう ★★ だからこそ、キリストに従って
生きるべきだと説いた。

欲望,
罪人

□5 イエスの十字架の刑による死は、**人類が背負っている**
★★★ 原罪を償う ★★★ の死であると考えられている。

贖罪
(しょくざい)

◆『ヨハネによる福音書』にある「一粒の麦は、地に落ちて死なな
ければ、一粒のままである。だが、死ねば、多くの実を結ぶ。」
という言葉は、イエスの十字架の死が全人類のための贖罪とい
う大きな実を結んだことを暗示している。イエスが処刑後3日
目に復活して昇天したことは、イエスが神の子、すなわちキリス
トである証だと考えたパウロは、イエスの十字架の処刑は、す
べての人間の原罪を背負って身代わりになってくれた贖罪の死
であるとして、キリスト教を広く伝道・布教していった。

□6 パウロはイエスこそを ★★ として信じることで人
★★ 間は救われると説いた。この当時のキリスト教を
★★ という。

神の子

原始キリスト教

□7 イエスの教えを伝道したパウロは、 ★★ を行いた
★★ いのに ★★ を行ってしまう人間のあり方を罪と呼
び、律法が人間にその罪を自覚させるきっかけになる
と考え、そこから人間は ★★ へ導かれると説いた。

善,
悪

福音

□**8** パウロは、「もはや、ユダヤ人もギリシア人もなく、奴
★★★ 隷も自由な身分の者もなく、男も女もありません。あ
なたがたはみな、イエスにおいてひとつだからです。」
と述べて、 ★★★ （エスノセントリズム）を乗り越え
ようとした。

自民族中心主義

◆もとはユダヤ教徒であったパウロは、**キリスト教に**回心したこ
とで、ユダヤ民族が優秀であるとする自民族中心の考え方を否
定した。

□**9** イエスの死後、キリスト教は ★★ などの ★★
★★ と呼ばれるイエスの**直弟子**たちによって各地に伝えら
れた。また、パウロも ★★ とされる。

ペテロ，使徒

使徒

□**10** イエスは救世主であり、彼の復活を信じる人々の集ま
★ りのことを ★ といい、のちに信者たちの礼拝の
場を指すようになった。

エクレシア（教会）

□**11** 使徒ペテロの後継者を自認する ★★ が、東方のコ
★★ ンスタンティノープル教会と首位権を争った。

ローマ教会（ロー
マ＝カトリック教
会）

◆首位権とは、ローマ教会の最高位である教皇が、全司教の頂点
にあることを指す。ペテロの後継者として、教皇はすべての司
教とその下の信徒に対し、完全かつ普遍的な至上の権威を持つ
とされる。

□**12** 当初、キリスト教はローマ帝国で過酷な弾圧にさらさ
★ れていたが、313年にコンスタンティヌス帝らによ
る ★ の**発布**で公認され、4世紀末にはローマ帝
国の ★ として認められた。

ミラノ勅令，
国教

□**13** キリスト教の正統な教義の確立に努めた教会の指導者
★★★ を ★★★ と呼ぶが、その代表的人物でプラトンの哲
学を神学に導入したのは ★★★ である。

教父，
アウグスティヌス

◆アウグスティヌスは、マニ教を信仰していたが、後に**キリスト
教に**回心し「**最大の**教父」と呼ばれるに至った。教父とは、キ
リスト教を異教からの批判から守るために哲学を用いて教義を確
立する人物であり、このような考え方を教父哲学という。

□**14** アウグスティヌスは、プラトンが重視した四元徳に対
★★★ し、キリスト教の三元徳として ★★★ 、 ★★★ 、
★★★ を挙げている。

信仰，希望，
愛 ※順不同

□**15**
★★★

アウグスティヌスは、著書『 ★★★ 』の中で、自らの
母の死そのものよりも、むしろ ★★★ によって母が
犯した罪が贖い得ないものであることを深く悲しむ一
方で、そのような罪でさえも神からの憐れみという
★★★ によって裁きを免れ得ると信じている。

告白,
原罪

恩寵（恩恵）

◆アウグスティヌスは、救いとは人の自由意志に基づくとするペ
ラギウス派を批判した。人は神の永遠の善と美の世界を求めな
がらも、自由意志により高慢な欲望で紛争や悪事を繰り返して
しまう。この矛盾を救ってくれるのは、無償の愛を降り注ぐ神
の恩寵（恩恵）だけであり、救いは神によって永遠に予定されて
いるとした（恩寵予定説）。

□**16**
★★

異教徒であったアウグスティヌスがキリスト教に回心
するまでの人生を描いた著書は『 ★★ 』、キリスト
教の神の摂理に基づいて人類の歴史を考察した著書は
『 ★★ 』である。

告白

神の国（神国論）

◆アウグスティヌスは、原罪を持つ人間は自らの意思によってで
はなく、ただ神の恩寵（恩恵）によってのみ救われると考えた。
そのように神の国と地上の国とを仲立ちするのがカトリック教
会であるとした。

□**17**
★★★

アウグスティヌスが到達したキリスト教の教義である
★★★ 説は、父なる ★★★ 、神の子たる ★★★ 、
イエスの霊である聖霊は３つの面を持ちながらも神性
において唯一神であるという考え方からなり、イエス
は神か人間かという問題を調整するための理論である。

三位一体, 神, イ
エス

□**18**
★★★

13世紀に中世のキリスト教哲学である ★★★ を大
成させた ★★★ は、その著書『 ★★★ 』でカトリッ
ク神学の体系を確立した。

スコラ哲学,
トマス=アクィナ
ス, 神学大全

◆スコラとはラテン語で「学校」の意。中世の教会や修道院で説か
れた哲学をスコラ哲学という。キリスト教の教義をギリシアの
アリストテレス哲学を用いて正当化した。

□**19**
★★★

トマス=アクィナスは、信仰と理性の区別を体系的に論
じて、 ★★★ の優位の下で両者の統合を試み、自然的
徳は神の ★★★ によって完成されるとした。

信仰,
恩寵（恩恵）

◆トマス=アクィナスは、神が世界を支配する法は自然界をあまね
く貫き、一方で理性を持つ人間は、神の被造物でありながら、そ
の法を自然法として捉えることができると考えた。

□**20** □ **★★★** の哲学を導入した<u>トマス=アクィナス</u>は、キリ
★★★　スト教の教義を哲学によって体系化したが、自然の光
に基づく理性による真理よりも恩寵の光に基づく
□ **★★★** の優位を説いて、両者の**調和**を導いた。

◆<u>トマス=アクィナス</u>は、人間が至福の状態へと向かうためには**知性的徳や倫理的徳だけでは不十分**で、**恩寵（恩恵）として神から授けられる徳**が必要であると説いた。また、<u>アリストテレス</u>哲学を用いて、自然の事物は<u>質料</u>と<u>形相</u>の結合によって形成されるが、神の内に存在する<u>形相</u>としての「設計図」によって、<u>質料</u>が姿を変えて被造物となっていると捉えた。

アリストテレス

信仰

□**21** <u>トマス=アクィナス</u>は、<u>理性</u>に基づく哲学的真理である
★★★　自然の光（<u>理性</u>）と神の啓示によって与えられる神の光
（<u>信仰</u>）の2つを区別し、「□ **★★★** は □ **★★★** の侍女
である」として、<u>哲学</u>に対する<u>信仰</u>の優位を認めた。

哲学，神学

□**22** □ **★** とは、実在するものは**具体的な個物**か（<u>唯名</u>
★　論）、**普遍的な概念**か（<u>実在論</u>）という中世の神学者の
論争である。

普遍論争

□**23** <u>唯名論</u>の立場に立つ □ **★** は、信仰と理性の明確な
★　分離を主張し、近代合理論の出発点となった。

◆<u>ウィリアム=オブ=オッカム</u>は、イギリスのスコラ学者でフランチェスコ会修道士。<u>唯名論</u>を主張し、信仰と理性、神学と哲学、さらに教皇権と世俗の権力も厳格に区別すべきだと説いた。

ウィリアム=オブ
=オッカム

4 イスラーム教

ANSWERS □□□

□**1** **7世紀前半**に<u>アラビア半島</u>で □ **★★★** によって開かれ
★★★　た<u>イスラーム教</u>は、『□ **★★★** 』を聖典とする。

◆<u>イスラーム</u>はアラビア語で「絶対的帰依、服従」を意味する。

ムハンマド，
クルアーン（コー
ラン）

□**2** □ **★★** 教徒や □ **★★** 教徒は、<u>イスラーム教徒</u>と同
★★　じく唯一神を信仰し、その神の<u>啓示</u>による**聖典を持つ**
民として、イスラーム世界では「□ **★★** 」と呼ばれる。

◆<u>仏教</u>、<u>キリスト教</u>、<u>イスラーム教</u>は**世界三大宗教**と呼ばれる。なお、イスラーム教は神の啓示として『旧約聖書』と『新約聖書』を認めているが、『<u>クルアーン</u>』が完全なる啓示となる書である。

ユダヤ，キリスト
※順不同
啓典の民

□**3** <u>ムハンマド</u>は、ヒラー山の洞窟で**天使ガブリエル**を通
★★　じて唯一神 □ **★★** の<u>啓示</u>を受け、□ **★★** としての
自覚を持った。

アッラー，預言者

□**4** 人間は神の前では ★★ であるという点で、アッ
★★ ラーもヤハウェ（ヤーウェ）も共通している。

平等

◆アッラーは、唯一絶対神であり創造の神。人間の言葉で人間に
語りかけてくれる人格神でもあり慈悲深いが、終末には最後の
審判を下し、人間の来世を天国と地獄に振り分ける。

□**5** 『 ★★★ 』は、唯一神が預言者ムハンマドを通じて人
★★★ 間に与えた言葉であり、ムハンマドの役割とは神の
★★★ をそのまま人々に伝えることであった。

クルアーン（コー
ラン）

啓示

□**6** イスラーム教によると、神は様々な民族や人々に神の
★★★ 言葉を伝える ★★★ を遣わしたが、アブラハム、モー
セ、イエスなど一連の預言者の最後に ★★★ を送った。

預言者,

ムハンマド

◆ムハンマドは最大にして最後の預言者であり、以後に預言者は
出現しないとしている。イスラーム教はユダヤ教やキリスト教
の預言者を否定しているわけではないが、ムハンマドを最大の
預言者だとしている。

□**7** ムハンマドが ★★ で布教を始めた当時、アラブ世
★★ 界では部族中心の多神教が広く信仰されていたため、
一神教であるイスラーム教は迫害を受け、ムハンマド
は ★★ へ移住した。これを ★★ という。

メッカ

メディナ, ヒジュ
ラ（聖遷）

◆ヒジュラ（聖遷）が行われた622年がイスラーム暦の元年となる。

□**8** ヒジュラ（聖遷）の後、ムハンマドは大軍を率いてメッ
★★ カを奪回した際、 ★★ を厳しく禁じて ★★ の
偶像を破壊し、後に聖域となった。

偶像崇拝, カーバ
神殿

◆イスラーム教ではすべての現象や存在がアッラーそのものであ
るから銅像も十字架のようなものもなく、偶像化できない。

□**9** イスラーム教徒はアラビア語で ★★ とも呼ばれる
★★ が、全生活は『クルアーン（コーラン）』に基づいて営
まれ、部族や民族の枠を越えて開かれた宗教と政治と
が一体となった信仰共同体である ★★ を形成して
いる。

ムスリム

ウンマ

◆「すべてのムスリムはみな兄弟である」（『クルアーン』）とするイ
スラーム教の連帯感は強固である。歴史上、政治と宗教が一体
化する政教一致も見られる。

□**10** ★★★ とは、①唯一神 ★★★ 、②天使、③『クル
★★★ アーン（コーラン）』、モーセ五書、イエスの福音書など
の ★★★ 、④預言者、⑤来世、⑥天命の6つを信仰
することをいう。

六信, アッラー

啓典

□**11** 六信と並び『クルアーン (コーラン)』が定める宗教的
★★★ 務めとして **★★★** があり、アッラーへの**信仰告白**、1
日5回の **★★★** 、貧者への喜捨、ラマダーン月の
★★★ 、一生に1度の聖地メッカへの**巡礼**からなる。

五行,
礼拝,
断食

□**12** イスラーム教では、巡礼月に行われる **★** と呼ば
★ れる聖地メッカへの巡礼が重要であり、一生に1度は
それを行うことが五行の1つとされる。

ハッジ

□**13** イスラーム教において、**★★★** はしばしば「聖戦」と
★★★ 訳されるが、もともとは「(神の道において) 奮闘努力
する」ことを意味し、六信・五行を全うする際に生じ
る**葛藤との心における戦い**のことである。

ジハード

◆近年のイスラーム教原理主義的なテロ集団は、異教徒との戦い
をジハードとしてテロ行為を正当化する例もあるが、本来はそ
のような意味ではない。

□**14** イスラーム教では、ザカートと呼ばれる **★★** が義
★★ 務とされるが、これは宗教税とも呼ばれ、信者の相互
扶助や **★★** などに用いられる。

喜捨

貧民救済

◆喜捨 (ザカート) とは、自らの財産を貧しい兄弟姉妹 (イスラー
ム教徒=ムスリム) に対して提供することをいう。彼らの苦しみ
を知るためにラマダーンの月の断食があると捉えることもでき
る。

□**15** **★** 法とは、『クルアーン (コーラン)』などに基づ
★ き、宗教的儀礼から日常生活までイスラーム教徒の守
るべき掟を体系化したもので、**★** ともいう。

イスラーム

シャリーア

◆日常生活では、豚肉を食べることや酒を飲むことを禁じるなど
食生活に様々な制限を設けている。そのような戒律を守った料
理をハラールという。また、シャリーアでは利子をつけることが
禁じられており、これらのようなムハンマドの伝えたイスラー
ムの社会規範のことをスンナ、それを信奉する者をスンナ派 (ス
ンニ派、スンニー) という。その他、イスラームでは礼拝堂をモ
スク、都市の街区をハーラ、市場をスーク (バザール) という。

□**16** ムハンマドが説いた唯一神の教えは、アラブの部族制
★★ に基づいた多神教を否定し、**★★** の前ではすべて
の人間が **★★** であることを主張することで**部族の
枠を越えた共同体 (ウンマ)** の形成を促した。

アッラー,
平等

◆六信・五行においてイスラーム教徒はアッラーの前ではみな平
等であり、聖職者と一般信徒の区別も、戒律の差異も存在しな
い。

III

源流思想

4

イスラーム教

57

□**17** イスラーム教においては、アッラー以外に神性を認め
★★★　ず　★★★　を禁じている。したがって、預言者ムハン
　　　　マドは　★★★　であり、神格化の対象とされてはなら
　　　　ず、イスラーム教徒は　★★★　信と　★★★　行を実践
　　　　することで、天国か地獄かというアッラーの**最後の審**
　　　　判に備えている。

　　　◆この点で、キリスト教における三位一体の教義は否定される。

偶像崇拝,
人間,
六, 五

□**18** イスラーム教では、　★★★　により**最後の審判**が下さ
★★★　れ、正しい信仰を守り、　★★★　を遵守したと判断され
　　　　た者は**楽園**に赴き、**至福**を享受することができるとさ
　　　　れる。

アッラー,
戒律

□**19** イスラーム教は瞬く間に広大な帝国として広がりを見
★★　せ、9世紀には　★★　の指揮の下で、ギリシアの文
　　　　献が　★★　に翻訳された。

　　　◆こうしてウンマは民族や国家の枠を越えて拡大し、イスラーム
　　　　教は世界**宗教へと発展**した。

カリフ,
アラビア語

□**20** イスラーム教は、ムハンマドの後継者とされる　★
★　たちによって広められ、　★　以後はヨーロッパま
　　　　でイスラーム哲学**が伝播**し、新しい学問の発達に貢献
　　　　した。

カリフ,
十字軍

□**21** 第4代正統カリフであるアリーの死後、イスラーム教
★★　は多数派の　★★　と、アリーとその子孫のみをウン
　　　　マの指導者として認める少数派の　★★　に分かれた。

　　　◆スンナ派は、教団が選んだカリフをムハンマドの後継者として
　　　　認め、ウンマの分裂を避け、その団結と預言者のスンナ（言行）
　　　　に従うことを重視し、イスラーム教徒のおよそ9割を占める。

スンナ派（スンニ
派）, シーア派

IV

源流思想

ETHICS

インド・中国の思想

1 古代インドの思想と仏教

□ **1** 古代インドの**アーリヤ人**によって広く信仰されてい
★★★ た ★★★ は ★★★ 制度により秩序づけられていた。
仏教の開祖である ★★★ は、この制度を批判した。

バラモン教, カー
スト,
ブッダ (仏陀)

◆ カースト制度とは、バラモン (僧侶)、クシャトリヤ (武人)、ヴァ
イシャ (平民)、シュードラ (奴隷) という身分階層 (ヴァルナ)
に出身や血縁、職業などの区分 (ジャーティ) が加わってできた
身分制度である。バラモン教は、最高位に位置するバラモンの
司祭階級によって正当化されていた。

□ **2** 古代インドのバラモン教の聖典は『 ★★★ 』であり、
★★★ その根底にある哲学は ★★★ 哲学と呼ばれる。

ヴェーダ,
ウパニシャッド

□ **3** ウパニシャッド哲学など古代インドの思想は、生命が
★★★ **永遠無限に繰り返す**という ★★★ の思想に立脚する。

輪廻転生

□ **4** ★★★ では、輪廻を脱した境地について、**自己の根**
★★★ **源を示す我である** ★★★ と、**宇宙的原理を示す梵で**
ある ★★★ が同一であることを悟り、それによって
永遠性を獲得した境地として説明している。

ウパニシャッド
(「奥義書」),
アートマン,
ブラフマン

◆ アートマンとは我 (自我) を意味する。ウパニシャッド哲学では
人間存在を規定する根本原理であり、真にあるものと捉える。

□ **5** ウパニシャッド哲学では、**宇宙の根本原理と自己の本**
★★★ **質とは同一である** ★★★ を自覚することを重視した。

梵我一如

◆ 梵と我が同一であることは、出家、苦行などの厳しい修行と禁
欲によって自覚され、その自覚によって輪廻の苦しみから解脱
できると説いた。

□ **6** ブッダ (★★★) は、後に出家して苦行に励むが、35
★★★ 歳の頃に ★★★ の菩提樹の下で悟りを開いた。

ガウタマ=シッダル
タ(ゴータマ=シッダ
ッタ),
ブッダガヤ

◆ ブッダは釈迦、釈迦牟尼、釈尊、世尊などとも呼ばれる。なお、
四門出遊の伝説とは、ブッダが出家する以前に、王城の東西南北
の4つの門から郊外に出かけ、それぞれの門の外で、老人、病
人、死者、修行者に出会い、その苦しみを目のあたりにして出
家を決意したというものである。

□**7**
★★★
ブッダは、バラモン教が主張していた ［★★★］ 一如を
否定し、**永遠不変の我は存在しない**と考えた。

梵我

◆ブッダと同時代に、バラモン教の伝統である祭祀中心主義にと
らわれない合理的な思想を唱えた6人の代表的な自由思想家た
ちを指して**六師外道**と呼ぶ。仏教から見て外道、すなわち異端の
主張である。バラモン教の祭祀主義を批判し、道徳的戒めを守
り、出家・苦行によって輪廻**から解脱**すべきことを説いて**ジャ
イナ教**を開祖した**ヴァルダマーナ（マハーヴィーラ）**、懐疑論者
の**サンジャヤ**、唯物論を説いた**アジタ**、運命論者の**ゴーサーラ**、
道徳を否定する**プーラナ**、七要素説を唱えた**パクダ**がいる。

□**8**
★★★
仏教は、苦しみの原因は無常・無我の真理を知らずに
この世の事物に執着する ［★★★］ を持つことにあると
し、生きとし生けるものすべてに慈しみと憐れみの心
を注ぐ ［★★★］ が**愛の本質**であると捉えた。

煩悩

慈悲

◆煩悩とは執着心のことであり、人が本質的に持つ貪・瞋・痴の
三毒などや我執を実体とする。

□**9**
★★★
仏教には、あらゆるものは絶えず変化・消滅し、**永久
不変の存在などはあり得ない**という ［★★★］ の考えが
ある。

諸行無常

□**10**
★★★
仏教は、一切の存在は相互に依存し合っているとす
る ［★★★］ 説に立つとともに、**常に変化し永遠の実体
は存在しない**という ［★★★］・無我を本質とした。

縁起,

無常

◆仏教では、すべての存在は色・受・想・行・識の五蘊が集まっ
て構成されるとするが、どれも定まったものとして捉えられず、
我もまたそうであり、我を認めない（無我）。このような無常・
無我の本質のことをダルマ（法）と呼んでいる。

□**11**
★★★
人は苦に満ちた ［★★★］ の中にいると考えられていた
古代インドにあってブッダは、老いを病気や死ととも
に何人も免れ得ない ［★★★］ として捉えている。

輪廻

苦

◆具体的には、生・老・病・死・愛別離苦・怨憎会苦・求不得苦・
五蘊盛苦の四苦八苦が存在している。五蘊盛苦とは、「色」とい
う物質的な要素と「受」「想」「行」「識」という精神的な要素は、
そのものが苦であると捉えることを指す。

□**12**
★★★
ブッダは、人々が**生の一切**が ［★★★］ であることを知
らず、その原因についての**根本的な無知**（［★★★］）か
ら**自己に**執着し ［★★★］ にとらわれるがゆえに、他人
に嘘をついたりしてしまうと考えた。そのため、世界
を貫く真理を知り、自己の姿を正しく認識することが
重要だと説いた。

苦,

無明,

煩悩

□**13** ブッダによると、人は苦の原因を認識し、執着から離 ★★★ れることで ★★★ できるという。

解脱

□**14** ブッダの教えは、 ★★ と呼ばれる４つの真理に ★★ よって表される。そのうちの ★★ では、人生には **生・老・病・死**の四苦に加え、**愛する者との離別の苦 しみ**（愛別離苦）や**憎い者と出会う苦しみ**（怨憎会苦） などに満ちているという真理を説いている。

四諦,
苦諦

◆四諦とは、４つの真理のこと。①苦諦（現実の苦しみ）、②集諦 （苦しみの原因）、③滅諦（苦しみを滅すること）、④道諦（苦し みを止める方法＝八正道）。

□**15** 人間の苦しみは燃え盛る欲望の炎によるものであると ★★ いう真理は ★★ である。**仏教**では、**欲望は人間を 煩わせ悩ませる**ものであることから ★★ ともいう。

集諦,
煩悩

□**16** **欲望**（煩悩）**を消滅**させることで人間は苦しみから解放 ★★ され安らぎの境地があるという真理を ★★ と呼ぶ。 **欲望の炎を消し去り、心に平安が訪れる**ことを ★★ というが、この**一切の苦しみから解放された状態**を ★★ と呼ぶ。

滅諦,
解脱

涅槃（ニルヴァーナ）

□**17** ブッダの教えをまとめた四諦のうち、 ★★ とは快 ★★ 楽にふけることや苦行に専念するという両極端に近づ くことなく、**正しい修行の道を実践する**ことが肝要で あるということを意味する。

道諦

□**18** 八正道の中で、ブッダは極端な快楽や苦行を避ける ★★★ ★★★ を説いた。

中道

□**19** 仏教において、解脱とは ★★★ や無我の真理を悟る ★★★ ことであり、その修行法は ★★★ の精神と ★★★ の実践にある。

無常,
中道, 八正道

□**20** 八正道は、正しい**認識**である ★★ 、正しい**思考**で ★★ ある正思惟（正思）、正しい**言葉**である ★★ 、正し い**行為**である正業、正しい**生活**である ★★ 、正し い**努力**である正精進、正しい**心くばり**である正念、正 しい**精神統一**である正定の８つからなる。

正見,
正語,
正命

□**21** 　★　は、**不殺生戒・不偸盗戒・不邪淫戒・不妄語** ... 五戒
★ 　**戒・不飲酒戒**の５つからなる。

◆これに、ブッダ（**仏**）、仏教の教え（**法**）、僧侶の集団（**僧**）の三宝に帰依するという意味の三帰と合わせて三帰五戒という。なお、守るべき戒律の違いから、五戒を受ける「在家信者」、十戒を受ける出家した「少年僧」、二百五十戒を受けて正式に出家した「修行者」に分かれる。

□**22** 　★★　の１つであり、ブッダが苦について示した ... 四法印,
★★ 　★★　という教えは**この世のすべてが苦しみである** 一切皆苦
という真理をいう。

◆仏教におけるダルマ（法）＝四法印は以下の通り。

□**23** ブッダとほぼ同時代にヴァルダマーナ（マハーヴィー ...
★★ ラ）が開いた　★★　教は、**バラモン教を批判**し、 ジャイナ
『ヴェーダ』やバラモンの祭祀や権威を否認した。輪廻
からの解脱を目指して　★★　・**不盗・不淫・不妄語・** 不殺生
無所有の徹底した苦行主義に立った。

◆ジャイナ教は**バラモンの祭祀を批判**し、霊魂を輪廻から解放して苦しみを断ち切るためには、これら５つの道徳的戒律を守り出家して苦行を積み、業（カルマ）を断ち切る必要があると説いている。初期仏教とジャイナ教では、不殺生をはじめとする**戒律を守ること**によって、欲望にとらわれない境地を目指した。

□**24** ジャイナ教開祖の　★★　は、死に対して人は業（カ ... ヴァルダマーナ
★★ ルマ）によって輪廻を繰り返すが、不殺生などの戒めを （マハーヴィーラ）
守って　★★　を重ね、**悪業をなさないようにするこ** 苦行
とで輪廻から解放されると洞察した。

□**25** 輪廻転生からの解脱法として、ウパニシャッド哲学 ...
★★★ は　★★★　、ジャイナ教は禁欲と苦行、仏教は 梵我一如,
　★★★　・**無我を悟る**ことである。 無常

□**26** 仏教では、世界の創造主というような　★　の存在 ... 超越神,
★ **を認めない**。ブッダは神ではなく　★　だが、真理 人間,
を悟って　★　の原因である無知を滅ぼしたところ 苦しみ
に偉大さがあるとされる。

□27 『　★　』は、ブッダの言葉をその弟子たちがまとめ
★　　た最古の仏教聖典である。

スッタニパータ

□28 ブッダの死後、仏教は2つの異なる教派に分かれて各
★★　地に広まっていった。**スリランカ（セイロン島）や東南
アジア**へと広まったのは　★★　仏教、**中国や朝鮮半
島を経て日本**へと伝わったのは　★★　仏教である。

上座部 (南伝),
大乗 (北伝)

　◆**大乗仏教**は、いわば大きな乗り物（船）に乗って皆が極楽浄土に
　往生できるという考え方であるのに対し、上座部仏教は厳しい
　修行に耐えた者だけが小さな乗り物（船）に乗って極楽浄土に往
　生できると考えることから、大乗仏教側から見て小乗仏教とも
　いわれる。スリランカ、ミャンマー（ビルマ）、タイ、カンボジ
　ア、ラオス、インドネシアのジャワ島などに伝わったことから
　南伝仏教とも呼ばれる。

□29 　★★　仏教はやがてチベットへと広まり、チベット
★★　仏教は　★★　教と呼ばれるようになった。

大乗,
ラマ

□30 チベットでは、　★　と呼ばれる指導者が宗教や政
★　　治など文化全般を統率する。

ダライ=ラマ

□31 　★★　仏教においては、世俗の生活を捨てた**出家僧
★★　侶と在家信者を厳格に切り離し**、修行を積んで　★★
と呼ばれる理想的な修行者となることが目指された。

上座部,
阿羅漢

□32 ブッダの教えを信奉する仏教集団において、在家信者
★　　たちの中には、ブッダの遺骨を納める仏塔（　★　）
に集まり、供養を行う者たちがいた。

ストゥーパ

□33 　★★　仏教では、在家信者を含めた**すべての人に解
★★　脱への道が開かれている**とし、出家や在家の区別なく
慈悲を実践し利他行に励む求道者を　★★　と呼んだ。

大乗

菩薩

□34 大乗仏教の求道者が実践すべき6つの徳目とされる
★　　　★　は、物や教えを与える　★　、戒律を守る**持
戒**、迫害に耐える**忍辱**、努力を継続する　★　、精
神を統一する**禅定**、真の知恵を得る**智慧**からなる。

六波羅蜜, 布施,
精進

□35 大乗仏教における　★★★　とは、生きとし生けるものは
★★★　すべて悟りを開く可能性を持っているという意味である。

一切衆生悉有仏性

　◆すべての人には仏性が備わっており、仏の慈悲によって救われ
　るとする考え方で、**如来蔵思想**と呼ばれる。日本では他力本願
　の易行を基本とする仏教の宗派に影響を与えた。

IV
源流思想

1
古代インドの思想と仏教

□**36** 『中論』で知られる2～3世紀頃の大乗仏教の思想
★★★　家 ★★★ は、この世に**存在するすべてのものは不変**
の実体を持たない（無自性）とする ★★★ の理論を確
立した。

竜樹（ナーガール
ジュナ），
空

　　◆空を示す言葉として色即是空・五蘊皆空がある。この竜樹の思
　　　想を継いだのが**中観派**である。

□**37** 竜樹（ナーガールジュナ）は、あらゆる存在は相互に
★　　 ★ する関係にあることを説く ★ の思想に基
　　づき、過去・現在・未来もまたそのような関係にあると
　　主張し、大乗仏教**の時間論**に1つの方向性を与えた。

依存，縁起

□**38** 無著（**無着、アサンガ**）と世親（**ヴァスバンドゥ**）の兄弟
★　　 は、もののあらわれは唯一の実在である心による無意
　　識の精神作用であるとする ★ 思想を生み出した。

唯識

□**39** 唯識思想では、一切の世界は心が作り出した ★★
★★　 に過ぎないことを知ることで、外的な事物に対する
　　 ★★ を離れることができると説かれた。

表象

執着

□**40** 大乗仏教の代表的な経典の1つである『般若経』は、あ
★　　 らゆる事象には固定不変の ★ がないと説く。

実体

□**41** インドの大乗仏教で説かれた ★★ 教思想は、中国
★★　 を経て、平安時代後期以降の日本で主流をなしたが、こ
　　の思想で説かれる誓願（本願）とは『無量寿経』に説かれ
　　た48の誓願（本願）からなり、 ★★ を信じてひたむ
　　きに称名念仏を称える者は、一人残らず浄土へ ★★ さ
　　せるという内容を中心とする。

浄土

阿弥陀仏，
往生

□**42** バラモン教に民間の信仰や慣習を取り込んだ ★★
★★　 は、徐々にインド社会に定着し、現在のインドにおけ
　　る代表的な宗教となっている。

ヒンドゥー教

　　◆ヒンドゥー教は、破壊と創造の神である**シヴァ神**、世界維持の
　　　神である**ヴィシュヌ神**をはじめとした多くの神々を信仰する多
　　　神教で、仏教の輪廻や解脱の思想なども取り入れた。

2 中国の思想

□**1** 春秋・戦国**時代**の**中国**には、★★★ と呼ばれる多くの
★★★ 思想家たちが登場した。

◆前770〜前221までの約550年間の戦乱の時代である春
秋・戦国**時代**に登場した諸子百家には、儒家や道家、陰陽家、法
家、名家、墨家、縦横家、雑家、農家、兵家などがある。

□**2** 諸子百家の、最も代表的な人物は儒教（儒家）の祖の
★★ ★★ である。儒教の経典となる四書の1つに数え
られる『 ★★ 』は、彼の死後、弟子たちによって編
纂された。

□**3** 孔子の教えの根幹には、家族の間に**自然に生まれる親**
★★★ **愛の心**をすべての人への愛にまで高めることを意味す
る ★★★ という概念がある。これを実践するために
は、親に対する ★★★ や年長者に対する**恭順の心**で
ある ★★★ が必要であるという。

□**4** 儒教の愛は、身近な肉親に対して現れる**自然的愛情で**
★★★ **ある** ★★★ を基本とし、これを**同心円的**に様々な人
間関係に押し広げていく ★★★ を愛の本質とした。

□**5** 孔子の教えによると、**偽りのない純粋な真の心**である
★★ ★★ と、**他人への思いやり**である ★★ を併せ
持つことで初めて仁が完成するという。

◆「己の欲せざるところは人に施すことなかれ」（自分のされたく
ないことは他人にもしてはならない）という言葉は、恕の考え方
を端的に表すものである。

□**6** 孔子の目指した理想的な社会とは、各人が ★★★ と
★★★ ★★★ によって自らを高めることで、**命令や刑罰な**
どを必要としない平穏な社会であった。

◆『論語』によると、仁の実践は、他人の力ではなく自己の力によ
るものであるから、**自己に打ち克ち、礼に立ち返る者が仁を身**
に付けることができるという。克己復礼とは、わがままや私利
私欲を捨て去り、客観的・外面的徳性である礼に自覚的に従う
ことである。

□**7** 孔子は、混乱の中にあった<u>春秋・戦国</u>**時代の中国**にお
★★★ いて、**道徳的な人格を完成させた** ★★★ が政治の指 君子
導者となるべきであると考えたが、このような理想的
な人物が国を治めるべきという考え方を ★★★ 主義 徳治
という。

◆<u>孔子</u>は、「己を修めて以て百姓を安んず」と述べ、**理想的な人格
者**である君子が為政者となって民衆を教化する<u>徳治主義</u>を唱え
た。その教えのポイントをまとめると以下の通り。

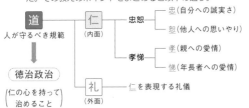

□**8** <u>孔子</u>による「 ★★★ 」とは、国を治める者は民衆が正 修己治人
★★★ しい行いを実践するための手本として、自ら**修養**を積
み、**人格**を磨くべきであるとする考えである。

□**9** <u>孔子</u>は、高い<u>徳</u>を積んだ人格者が ★★★ にあたれば、 政治,
★★★ その<u>徳</u>はおのずから国民を感化して**人倫の** ★★★ が 秩序
保たれ、国家は安寧に統治されると考えた。

□**10** <u>孔子</u>は、<u>仁</u>と<u>礼</u>を備えた人間関係の規範を ★★ と 道
★★ 述べたが、その探究のために学問を重視した。それを
示した言葉が『<u>論語</u>』にある「**朝に** ★★ **を聞**かば、 道
夕に死すとも可なり」である。

□**11** <u>孔子</u>は、「**怪力乱神**」を語らず、神秘的な存在について
★★ 積極的に言及することを避ける一方で、「五十にして
★★ を知る」と述べ、天から与えられた使命を果た 天命
そうとした。

◆『<u>論語</u>』には、「子曰く、吾十有五にして<u>学</u>に志し、三十にして
立ち、四十にして惑わず、五十にして<u>天命</u>を知る、六十にして
耳順う、七十にして心の欲するところに従いて矩をこえず。」と
ある。

□**12** <u>孔子</u>は、「いまだ<u>生</u>を知らず、いずくんぞ ★★ を知 死
★★ らんや」と説き、現実の世界を重視し、<u>仁</u>に基づく
★★ の**実践による社会秩序の構築**を目指した。 礼

□**13**　「故きを温めて新しきを知る」、「巧言令色、鮮なし
★★★　　 ┃ **★★★** ┃」、「孝悌なる者は、それ┃ **★★★** ┃の本たるか」
　　　 は、すべて『┃ **★★★** ┃』にある言葉である。

仁，仁，
論語

□**14**　孔子の教えを受け継いだ┃ **★★★** ┃は、人間の生まれつ
★★★　　 きの本性が善であるとする┃ **★★★** ┃説を唱えたが、こ
　　　 れは惻隠の心、羞悪の心、辞譲の心、是非の心の4つ
　　　 からなる┃ **★★★** ┃という徳の芽生えの心に立脚する。

孟子，
性善

四端

　　◆孟子は、人間は生得的に善悪を知的に判断する良知と、悪を退
　　　けて善を実行する実践的な良能を持つため、生まれながらに良
　　　心を持つという人間観を唱えた。

□**15**　孟子によると、人は四端の心をはぐくむことで仁・義・
★★★　　 礼・智の┃ **★★★** ┃を実現できるというが、この中でも
　　　 孟子は┃ **★★★** ┃と義を重視し、┃ **★★★** ┃の道を説いた。

四徳，
仁，仁義

□**16**　他人を思いやることを孔子は┃ **★★** ┃と呼び、生涯、こ
★★　　 れを実践していかなければならないと説き、また孟子
　　　 は他者の苦しみや悲しみを見過ごすことのできない
　　　 ┃ **★★** ┃の心を養い育てることで仁徳は完成されると
　　　 説いた。

恕

惻隠

　　◆惻隠の心は仁、羞悪の心は義、辞譲の心は礼、是非の心は智へ
　　　の実現につながるとする（四徳）。

□**17**　孟子は、義の実践を積み重ねる中で四端を養い、四徳
★★　　 が充実した者には**おおらかで力強い道徳的心情である**
　　　 ┃ **★★** ┃が満ちあふれてくると説いた。

浩然の気

　　◆孟子は、浩然の気を常に養っている理想的な人物像を大丈夫と
　　　呼んだ。

□**18**　儒教の説く┃ **★★** ┃とは、父子の親、君臣の┃ **★★** ┃、
★★　　 夫婦の別、兄弟の序、朋友の┃ **★★** ┃のことである。

五倫，義，
信

□**19**　孟子は、王が┃ **★★** ┃に反する政治を行うなら、民衆
★★　　 の支持を失い、┃ **★★** ┃を失い、追放され、それが別の
　　　 者に移るという易姓革命を唱えた。

徳，
天命

□**20**　孟子のいう┃ **★★★** ┃とは、理想的な為政者が仁義の徳
★★★　　 をもって人々の幸福を実現する政治の方法を意味する
　　　 が、彼は武力を用いて国を治める方法を┃ **★★★** ┃と呼
　　　 び、横暴な君主を討つことを┃ **★★★** ┃の考え方で正当
　　　 化した。

王道

覇道，
易姓革命

　　◆孟子は王道政治を主張し、覇道政治を批判した。

IV
源流思想

2
中国の思想

67

□**21** 孟子が唱えた ★★★ 政治とは、★★★ による支配
★★★　ではなく、人民の幸福を真に考え、まず生活の安定を
　　　図り、その上で**道徳的教化を目指す政治**のことをいう。

王道，武力

□**22** 孟子の言行を記した『 ★★★ 』は、『論語』と並んで
★★★　儒教の教典とされる。

孟子

□**23** 前漢の儒学者である董仲舒は、孟子の説いた仁・義・
★★　礼・智の四徳に ★★ を加えて ★★ の道とした。

信，五常

　　◆その後、儒教では五倫五常が道徳の基本とされた。

□**24** 孟子の性善説に対し、★★★ は ★★★ 説に立ち、礼
★★★　によって民を治めようとする ★★★ 主義を説いた。

荀子，性悪，
礼治

　　◆荀子は「人の性は悪にして、その善なるものは偽なり」として、
　　孟子とは異なる性悪説に立ったため、礼による**外面からの規制**
　　が必要であると考えた。そのため、礼治主義に立脚した考え方
　　は後の法家の思想に影響を与えた。

□**25** ★★★ は、人は先王によって定められた ★★★ を身
★★★　に付ければ争いを未然に防ぐことができ、各自が**社会**
　　　規範を守れば社会秩序は維持されると考えた。

荀子，礼

□**26** 法家の思想の大成者である ★★ は、人間の善意に
★★　基礎を置く儒教の仁愛の教えを批判し、厳正な法や刑
　　　罰に基づく ★★ によって**利己的な本性を抑止**すれ
　　　ば、国民は罰を恐れて悪事をなさず、安定した国家統
　　　治や社会秩序が実現できるとした。

韓非子

信賞必罰

　　◆韓非子は、徳治主義ではなく法治主義を唱えた。

□**27** 性悪説に立つ韓非子は、**人間は ★★★ 的で打算的な**
★★★　**存在**であるため、社会秩序を志向するようにはできて
　　　いないとし、**道徳によって人間を善へ教化するのは幻**
　　　想に過ぎず、★★★ を旨とする法と ★★★ によっ
　　　て秩序を維持すべきであると考えた。

利己

信賞必罰，刑罰

□**28** 墨家の祖である ★★★ は、特定の人間のみを愛する
★★★　とその人間だけの利益を図るようになり、その結果、争
　　　いが生じるとし、正義を望む ★★★ の意思にかなう
　　　よう、人間は国や身分の違いを超えて**分け隔てなく愛**
　　　し合うべきである ★★★ を説き、その実現には互い
　　　に利益**を与え合う** ★★★ の重要性を唱えた。

　◆墨子は、自他を区別しない平等な愛（**無差別な愛**）を本質とする
　　兼愛を唱えた。一方、孔子の愛を別愛（**差別的な愛**）に過ぎない
　　と批判した。

墨子

天

兼愛,

交利

□**29** 墨子は、 ★★★ の心を持てば**争いや戦いは起きない**
★★★　とする反戦論である ★★★ を唱えた。

　◆墨子の非攻の考え方は侵略**戦争を否定**しているが、自衛**戦争を**
　　否定しているわけではない。

兼愛,

非攻

□**30** ★ を代表とする名家は、名としての言葉とそれ
★　　　が指し示す実体との関係を分析し、その成果を活かし
　　　た**弁論や説得の方法**を説いた。

公孫竜

□**31** ★★★ は、仏教や儒教などを人為的な理屈であると
★★★　批判し、自然と調和する ★★★ を保ち、 ★★★ に生
　　　きることを人間の理想とした。

道家（道教）,

無為自然, 柔弱謙
下

□**32** 道家（道教）の祖である老子によると、無為自然とは
★★★　「上善は ★★★ の若し」という言葉に示され、他の人
　　　よりへりくだりつつ、あらゆる形や物事にとらわれず
　　　作為のない自然な生き方を目指すことである。このよ
　　　うな生き方を ★★★ という。

水

柔弱謙下

□**33** 老子は、無為自然の生き方を実践するための**理想的な**
★★　　**社会を** ★★ とした。これは、**大国ではなく小さな**
　　　共同体の中で、人々が素朴で質素に暮らすものである。

小国寡民

□**34** 孔子は天下に秩序をもたらす ★★ 的な道を説いた
★★　　が、老子はそれを**作為的なものであると批判し、万物**
　　　を生み育てる自然の根源としての ★★ を説いた。

　◆老子にとって道とは、見ることも語ることも不可能な無に等し
　　い自然の道理（原理）を意味する。

道徳

道（タオ）

□**35** 「大道廃れて ★★★ あり、知恵出でて大偽あり、六親
★★★ 和せずして孝慈あり、国家昏乱して忠臣あり」とは
★★★ による、道徳を説く儒教に対する批判である。

仁義

老子

　◆老子は、多くの人が道を忘れたから、仁義をいわれなければな
　らなくなるので、自然に生きれば、そのようなこざかしい仁や
　礼をいう必要もなくなると主張している。

□**36** 老子の思想を受け継いだ ★★★ は、本来自然は善悪
★★★ や美醜という作為的な価値を超えたありのままの世界
であるという ★★★ を唱え、そのような世界と一体
となって生きる者の理想像を ★★★ と呼んだ。

荘子

万物斉同,
真人

　◆荘子は、ありのままの世界には対立も差別も存在しないはずで
　あると捉えた。自分が蝶になった夢を見たのか、蝶が自分になっ
　た夢を見たのかわからなくなるという彼の残した寓話「胡蝶
　の夢」は万物斉同の思想をよく表している。万物斉同を目指し、
　心を空虚にして己を忘れ去る修養法を心斎坐忘という。

□**37** 荘子はすべての物事は同じであるということを万物斉
★ 同と呼び、ありのままの自然の道と一体となって遊ぶ
ように生きる ★ を理想とした。

逍遙遊

　◆荘子は秩序づけられた自然ではなく、混沌としたカオスである
　未分化な自然を受け入れることを生きる上で大切にした。

□**38** 荘子は、人の生は仮の宿のようなものであり、 ★★
★★ から生まれ ★★ へと帰るため、生の長短などの
★★ 価値にとらわれてはいけないと説いた。

無,

無,

相対的

　◆是非善悪は人が決定する人為的な倫理観であり、相対的なもの
　に過ぎないとし、自然に従い、生も死もありのままに受け入れ
　る生き方が理想であると説いた。また、荘子は一見無用とみな
　されているようなものが、実際には大切な役割を果たしている
　ことを「無用の用」と呼んだ。

□**39** 諸子百家には、許行らの農耕中心の平等主義を説く
★ ★ 、蘇秦や張儀らの諸国を対抗させたり連合さ
せたりする外交的なかけ引きを行った ★ 、鄒衍
らの陰陽五行説を唱えた ★ などがある。

農家,
縦横家,
陰陽家

□**40** 兵家の代表的な人物である ★ は、軍略家として
★ 兵学を説き、それは人の生き方や合理的な思考法につ
ながる思想ともなった。

孫子

　◆孫子の戦術論をまとめた『孫子』には、「戦わずして人の兵を屈
　するは、善の善なる者なり」「敵を知り己を知れば、百戦して殆
　うからず」「兵とは詭道なり」などの言葉が書かれている。日本
　の戦国時代の武将である武田信玄が軍旗に記した「風林火山」も
　その一節に由来する。

□ **41** 朱子 (朱熹) は、万物は ★★★ と ★★★ とから構成　　　理，気
★★★
されるとし、時間・空間を貫く一なる ★★★ を明ら　　　　　　理
かにすることが重要であると説いた。

◆これを理気二元論という。

□ **42** 朱子 (朱熹) は、現実の人間は本性として備わっている　　　　　　　　　　　　　　　　　　
★★★
★★★ が ★★★ によって妨げられているため、私欲　　　理，気
が生じる状態にあるとし、私欲が勝つと天理を滅ぼす
ことになるので、**本性の涵養と事物の** ★★★ **の探究**　　　理，
によって、**本来の** ★★★ **を発現**すべきであるとした。　　　理

◆気とは、**事物の物質的な意味での根源**となる構成要素を指す。理
とは、**事物の存在の根源**となる**理法**であり、**宇宙の根本原理**で
ある。気は感情や欲望を生み出すが、理は本然の性である善の
心を司る。これを性即理と呼ぶ。人間の本性は理であり、悪い
性質を持ちやすい気の作用による欲望を抑えて (居敬)、本然の
性である理に従うこと (窮理) を説いた。

□ **43** 朱子学では、1つひとつの物に即して、その物の理を
★★
究めていけば、知恵を完成させることができると説き、
これを ★★ と呼んだ。　　　　　　　　　　　　　　　　格物致知

□ **44** ★★★ は、朱子 (朱熹) が重視した儒教の4つの教典　　　四書
★★★
で、『大学』『中庸』『論語』『孟子』を指す。

◆また、儒教の5つの教典である五経 (『易経』『書経』『詩経』『礼
記』『春秋』) も重視し、合わせて四書五経と呼ぶ。

□ **45** ★★★ は、朱子 (朱熹) の説が世界を貫く規範である　　　王陽明 (王守仁)，
★★★
★★★ を事物に求める傾向にあると批判し、それは　　　理
自らの心にあると唱えた。

◆王陽明は、すべての人々の内面にある先天的な良知によって理
が生まれるという「心即理」を説いた。

□ **46** 王陽明は、**知ることと行うことを1つのこととみな**　　　　　　　　　　
★★★
し (★★★)、あらゆる場で**心の理**である ★★★ **を十**　　　知行合一，良知
分に発揮させることを重視するよう説いた。

◆王陽明は、人の心がそのまま理であるとし、人に生まれつき備
わっている良知をいかに発揮させるか (致良知) が重要であると
説いた。

□ **47** 王陽明は、孟子の言葉を、 ★★ こそが最も重要であ　　　心，
★★
ると説くものと捉え、自分の ★★ には、親子や主　　　心
従などの社会関係から、天地万物の成立に至るまで、
あらゆる事象が含まれていると考えた。

1 古代日本の思想

ANSWERS □□□

□1 **天武天皇**の命により**稗田阿礼**の誦習した神話や歴史を、
★★ 元明天皇の命により**太安万侶**が筆録した**日本最古の史
書**は『 ★★ 』、また同じ時代に完成した**官撰歴史書**
は『 ★★ 』である。この時代には各地方の伝承や神
話などが収められた『 ★★ 』もまとめられた。

古事記,
日本書紀,
風土記

◆古代国家が形成される過程での『古事記』や『日本書紀』の編纂
によって、神々の系譜を天皇につなげる神話が統合された。

□2 『古事記』によると、世界は唯一絶対の ★★ を根拠
★★ とするのではなく、おのずからなった世界であり、そ
こに**多数の** ★★ **が存在**している。

神

神々

□3 『古事記』には、**伊邪那岐命・伊邪那美命**によって日本
★ 列島となる ★ が生み出されるいきさつの他にも、
死後に霊魂がたどり着く場所である ★ が登場す
る。続いて、禊を行う**伊邪那岐命**から ★ と
素戔嗚尊が生まれたという神話が描かれている。

葦原中国,
黄泉国,
天照大神

◆黄泉国とは死者の霊魂が行く穢れの世界である。死者は生者の
世界と往来できると考えられる。

□4 『古事記』によれば、**伊邪那岐命・伊邪那美命**という男
★ 女二神が、その結び付きにより ★ と ★ を
生み出したとされる。ここには、男女のかかわりが、こ
の世界において根源的な力を持つという考え方を見る
ことができる。

国土,諸神
※順不同

□5 古代の日本人にとっての ★★★ とは、自然物の他、大
★★★ 雨や干ばつのような**自然現象**や**疫病**などの**災厄**として
も現れる存在であったため、その形態は様々で、それ
らを総称して ★★★ と呼んだ。

神

八百万の神

◆八百万の神とは一神教とは異なる、相対的な存在としての神で
ある。

□**6** 八百万の神の中で最も高貴な ★ は太陽の神であ
★ り、 ★ の支配者である。

◆『古事記』には、古代の日本人の宗教観や倫理観が表現されている。例えば、高天原に来た男神の**素戔嗚尊**（天照大神の弟）が、田んぼや機屋を破壊し、神殿を汚すなどして荒々しく振る舞ったため追放されたように、祭祀を妨害したり、**共同体の秩序を脅かしたりする行為は罪とされ、忌み嫌われた。**

天照大神,
高天原

□**7** 農耕を生業としていた古代の日本人にとって、太陽は
★ 特別な存在であった。そこで、大和朝廷は多くの神々
を系統的に整理する中で太陽の神を ★ と呼んで
尊び、 ★ をその子孫と位置づけた。

天照大神,
天皇（大王）

□**8** ★★★ とは、あらゆる自然物に精霊が宿っていると
★★★ いう信仰で、原始宗教などに見られる精霊信仰である。

◆簡単な道具で採集をして生活する採集狩猟民の文化において、万物に精霊を認めるアニミズムが発生した。

アニミズム

□**9** 古代の日本人は、八百万の神に見られるアニミズムの
★ 世界の中に息づいていた。この神々とは、不可思議
で ★ すべきなにものか、という存在であった。

◆古代の日本人にとって、自然は神々と不可分の結び付きを持っていた。彼らは自然の中に霊的な力が宿るというアニミズム的な考えを抱いていた。

畏怖

□**10** 清らかさが重んじられた古代の日本では、水に浸かっ
★★ て洗い清める ★★ や、儀式や祝詞などの ★★
という行為により罪や穢れを取り払った。

禊, 祓い（祓え）

□**11** 古代の日本人は、八百万の神とともにこの世を生き、偽
★★★ り欺くことや隠しごとがなく心が純粋であることを良
しとしたが、そのような心のあり方として**邪心のない
清らかな心**である赤心（赤き心）や ★★★ を尊んだ。

◆清き明き心（清明心）の概念によって心の清らかさを求めた古代の日本人は、自然の中にも清らかさを重んじた。『万葉集』には、「清」という文字が「きよし」「さやけし」などとして、多くの歌に詠まれた。

清き明き心（清明心）

□**12** 古代の日本人は、災厄をもたらす ★★★ に対しては、
★★★ 呪術などをもってその怒りを鎮めようとした。やがて
禊や祓いを伴った神々に対する祭りへと発展していく
が、ここに ★★★ へとつながる自然に対する畏敬の
念を見ることができる。

祟り神

清き明き心（清明心）

□**13**
★★
清き明き心の反対に、★★ とは、**罪や穢れのある欺き偽る心**のことで、共同体の秩序や融和を乱す利己的な感情として戒められた。

濁心（きたなきこころ）

□**14**
★★
西洋では、自然は人間と対立すると考えられたことから、自然は ★★ の対象であるのに対し、日本では自然との一体感が重んじられ、万物は自然から生まれ ★★ に帰ると考えられた。

征服

自然

□**15**
★★★
日本の風土は、倫理学者の和辻哲郎による類型では ★★★ 型にあたる。大雨、洪水や干ばつなどの自然の猛威の中にも豊かな恵みを受ける風土では、人は自然に対し ★★★ 的・忍従的になり、あらゆる自然物に ★★★ が宿るという信仰が生まれやすいとする。

モンスーン

受容,

神

◆モンスーンとは季節風のこと。和辻哲郎は著書『風土』で、風土と人間性の関係を分析し、風土によって文化が異なると考えて、暑熱と湿気とが結合したモンスーン型、乾燥した砂漠（沙漠）型、夏は乾燥するものの、冬には雨が降り恵みを与える人間に対して従順な気候である牧場型の3つに文化を分類した。日本は高温多湿で、時として自然の暴威に見舞われるモンスーン型に属する。

□**16**
★
祭祀とは、古代の日本で他界から神を招き、幸を授かろうとする営みだが、国文学者の折口信夫は、そのように幸や豊饒をもたらす神や鬼を「 ★ 」と呼んだ。

まれびと

◆神は、海の彼方やムラ（共同体）の外側など、様々な世界から越境してくる存在であるとし、彼らが地神に与える言葉が祝詞となり、日本の文学を生んだと捉えた。

□**17**
★
折口信夫によると「まれびと」は海の彼方の豊かで不老不死の ★ から現世にやって来て豊作をもたらし、帰って行く神である。

常世国（とこよのくに）

□**18**
★★
「まれびと」に代表される**折口信夫**の神の概念と異なり、民俗学者の柳田国男は神を ★★ の霊と捉えた。

先祖

□**19**
★★★
日本人の伝統的な行動様式として、**非日常的な**聖である ★★★ と**日常的な**俗である ★★★ がある。

ハレ, ケ

□**20**
★
★ とは、自らの**出生地の守護神**のことで、のちに村の鎮守や生まれながらの守護神として、**血縁集団や地縁集団を守る** ★ と同一視されるようになった。

産土神（うぶすながみ）

氏神（うじがみ）

2 仏教の伝来とその展開

□**1** 6世紀頃までに日本に ★★★ や儒教が伝来していた
★★★ が、すでに根づいていた自然の ★★★ の神への信仰
と合わさって日本独特の重層的な文化が形成された。

> ◆日本に仏教が伝わった（仏教公伝）当初、仏陀を外国の神である
> 「蕃神（あたしくにのかみ）」とし、日本の国神と異なる神と捉え
> ていた。現世利益や死後の平安を求める神として伝わっていっ
> た。

仏教,
八百万

□**2** 推古天皇の摂政となった ★★★ は、飛鳥時代に仏教
★★★ や儒教を積極的に受容し、 ★★★ の制度や ★★★
の制定など仏教や儒教の精神を国づくりに取り込もう
とした。

> ◆聖徳太子は大陸文化を積極的に摂取すべく、中国に遣隋使を
> 送った。

聖徳太子,
冠位十二階, 十七
条憲法

□**3** 聖徳太子の定めた冠位十二階では、 ★★★ の徳目で
★★★ ある徳・仁・礼・信・義・智を基準に冠位を定めた。

儒教

□**4** ★★★ には、為政者は仏・法・僧の ★★★ を敬う
★★★ ことや、人間どうしの謙虚でなごやかな調和である
★★★ の精神の大切さが記されている。

> ◆十七条憲法では「三宝とは仏・法・僧なり」として、「篤く三宝
> を敬え」と説いている。

十七条憲法, 三宝

和

□**5** 「 ★★★ をもって貴しとし」で始まる ★★★ の第一
★★★ 条は、利害にこだわって他者と衝突するのではなく、**親**
和的関係を結んだ上で話し合いを続けることの大切さ
を強調している。

和, 十七条憲法

□**6** 十七条憲法では、役人に ★★★ を尊重することで、彼
★★★ らの心を正そうとし、また「 ★★★ 」であることを自
覚させることで心を正そうとした条文が記されている。

> ◆仏の眼から見れば、人とは迷い、すべて**欲望にとらわれた無知**
> **な存在**に過ぎない（「**ともにこれ凡夫なるのみ**」）。ゆえに、他者
> と意見が対立した際には、自らを戒める気持ちを失ってはなら
> ず、独断で決めてはならないという凡夫**の自覚**を説いた。

仏教,
凡夫

V 日本思想

2 仏教の伝来とその展開

□**7**
★★★
天寿国繡帳という刺繡の銘文の、★★★ を儚いもの
とする「世間虚仮 唯仏是真」という言葉を残したとさ
れるのは ★★★ である。

現世

聖徳太子

◆**聖徳太子**は、世間は虚しい仮のものであり、**仏**だけが真実であ
るからこそ、**仏・法・僧を敬い**、これをよりどころとして生き
ていくべきであると考えた。しかし、儒教を否定したわけでは
ない。

□**8**
★★
法華経、勝鬘経、維摩経の３つの仏教経典に注釈を加
えた書物は『 ★★ 』だが、これは聖徳太子によるも
のと伝えられており、その役割を国家から託されてい
た。

三経義疏

□**9**
★★★
奈良時代の仏教は、世の災厄を鎮め**国家の安寧を図る**
★★★ の思想が特徴的である。

鎮護国家

◆当初、この思想はおもに**支配層に受容**されていった。奈良時代
には、鎮護国家の理念に基づいて建てられた寺院で、多くの官
僧が慈悲の実践に努めた。

□**10**
★★★
仏教により国家の安泰を図る鎮護国家に加え、現実の
人生において神仏からの恵みを受ける ★★★ の思想
が奈良時代の仏教のおもな特徴である。

現世利益

□**11**
★
８世紀前半、聖武天皇は鎮護国家のために全国各地に
★ や国分尼寺を、奈良の都には ★ を建立
した。

国分寺，東大寺大
仏（盧舎那仏）

□**12**
★★★
中国唐代の高僧 ★★★ は、度重なる困難の後に来日
し、中国文化や医薬の知識などを日本へ紹介するとと
もに、律宗（戒律）を伝え、後に ★★★ を建立した。

鑑真

唐招提寺

□**13**
★★★
奈良時代には中国から多くの経典がもたらされたため、
経典の研究も盛んになる中で、仏教の教義を研究す
る ★★★ と呼ばれる**６つの学派**が生まれた。

南都六宗

◆南都六宗とは、三論宗、成実宗、法相宗、俱舎宗、華厳宗、律
宗の６つの宗派を指す。

□**14**
★★
奈良時代に民衆の間で布教を行ったことで有名なのは
★★ である。彼は道や橋、灌漑設備などを作る**土木
事業や慈善事業**を通じて、民間に慈悲**の精神**を広めた。

行基

◆行基は人々から尊敬され、行基菩薩と呼ばれた。また、行基に
従ったのは自ら出家して僧と名乗った**私度僧**たちであった。聖
武天皇は当初、彼らを弾圧したが、後にこれを認め、行基を東
大寺大仏の建立に参加させた。

□**15** 唐に留学して ★★★ を学んだ平安時代の僧 ★★★
★★★ は、**すべての人は悟りを開き**仏**になる可能性を持って
いる**と考えた。このように**人々が**平等**に救われる**とい
う考え方を ★★★ と呼んだ。

天台宗，最澄

一乗思想

　◆天台宗は、比叡山にある延暦寺を総本山とし、その経典は『法華
　　経』である。一乗思想は、『法華経』の平等思想を強調したもの
　　で、「一切衆生悉有仏性」という言葉で示される。

□**16** 『法華経』における ★★ は、**永遠の生命を持ち、は
★★ るかな過去にすでに悟りを開いていた**が、仮に有限な
人の姿をとってこの世に現れ、釈迦仏として人々のた
めに説法したとされる。

仏

□**17** 鎮護国家が仏教の目的とされ、朝廷の**政治に介入し権
★★★ 力を振るう僧侶が現れた**ことに対して、 ★★★ は**権
力から離れて純粋に仏教を追究**しようとした。こうし
て ★★★ 仏教がおこった。

最澄

山岳

　◆平安時代に最澄は天台宗を、空海は真言宗を開き、いずれも国
　　家保護の下で世俗化し**堕落していた既存の**仏教を批判し、政治
　　から一定の距離を置く山岳寺院での仏道修行で現世利益を求め
　　た。

□**18** 正式な僧侶の資格である戒を与える ★★ と呼ばれ
★★ る場所は、鑑真によって東大寺に設けられたが、それ
は上座部仏教の具足戒であったことから、最澄は延暦
寺にもそれを設け、在家信者も大乗 ★★ をもって
僧侶となれる制度の導入を朝廷に求めた。

戒壇

菩薩戒

　◆東大寺は小乗戒壇、延暦寺は大乗戒壇である。最澄は仏に成れ
　　る者、成れない者を区別するという考え方を否定し、すべての
　　者が仏に成れると説く『法華経』に基づき、日本全土を大乗仏教
　　の国にしたいと願い、その一乗の精神に基づく人材を養成すべ
　　く大乗戒壇の設置を朝廷に求めた（**山家学生式**）。朝廷は拒否
　　し続けたが、最澄の死後に認めることとなった。また、『**顕戒論**』
　　では、南都六宗の論難に対して、大乗戒壇の正当性を主張し、大
　　乗菩薩戒について述べている。

□**19** 最澄は、菩薩戒を授けることで官僧を育成する制度を
★★ 定め、また『 ★★ 』の教えとともに、**密教や禅など
の実践**も説き示した。

法華経

□**20** 最澄は『 ★ 』の中で、次のように述べている。「国
★ 宝とは何か。宝とは仏道を求める ★ である。道
を求める ★ を持つ人を国宝という。……世の中
の一隅を照らす人が国宝である」。

山家学生式，
心，
心

V
日本思想
2
仏教の伝来とその展開

□ **21**
★★★
最澄とともに唐に渡った ★★★ は、★★★ を学び、★★★ を開いた。

空海，密教，
真言宗

◆言葉で示す仏教を顕教というのに対し、言葉では伝え切れない神秘的な行いで実践する仏教を密教という。「真言」とは真実の言葉、すなわち仏（ブッダ）の言葉という意味。空海の著作には『十住心論』や『三教指帰』がある。また、空海は経典の講義や修行に専念する一方、朝廷から賦与された布施を農業の振興や土木工事に捧げた。

□ **22**
★★
空海は、仏教をさらに深く学ぶために唐に渡ったが、帰国の後それらを ★★ として体系化し、宇宙の万物のあらわれである ★★ と一体化することで即身成仏できると説いた。

真言密教，
大日如来

◆即身成仏は死後、成仏ではなくこの世の幸福を求める現世利益的な平安仏教の特徴である。

□ **23**
★★
空海は、高野山に ★★ を建立し、密教の教えの下、宇宙の根源を ★★ とし、その姿と宇宙の秩序を ★★ に表現した。

金剛峯寺，
大日如来，
曼荼羅

◆曼荼羅とは、仏の世界を図像化したもの。諸仏を認めるが、それらは大日如来の分身であることを示した絵柄である。資料集などで確認しておこう。

□ **24**
★★
密教では、行者がその身（行為）と ★★ （言葉）と ★★ （真意）において大日如来と一体化する時、その救済力を他におよぼし得るとして、除災や招福の加持祈禱を行った。

口，
心

◆空海は密教に基づいて宗教的行為を体験し、曼荼羅による準体験で悟りを開いている。

□ **25**
★★
真言宗においては、現世で仏の境地に至ることを目指す。手に ★★ を結び、真言を唱え、心に仏の姿を思い浮かべるという ★★ により、生きたまま宇宙の生命と一体になり仏になることができるという。これを ★★ と呼ぶ。

印，
三密

即身成仏

◆三密とは身密、口密、意密の3つの行のことで、手に印契（仏を表す一種の指サイン）を結び、仏の真言を口から唱えることで、意が仏をありのままに見ることである。

□ **26**
★★
空海は民衆のための学校である ★★ を創設するなどの社会活動も広く行ったことから、死後には空海自身が信仰の対象となり、★★ とも呼ばれた。

綜芸種智院

弘法大師

□ **27** **平安仏教の特徴**は鎮護国家を継承しながらも、中国の
★★★
唐から伝わった ★★★ 仏教を政治利用されないよう
に山岳仏教など民間信仰によって拡大した点にある。
その代表的人物が『**法華経**』を中心とする天台宗を開い
た ★★★ と、**密教**を重視し真言宗を開いた ★★★
である。

大乗

最澄，空海

□ **28** **平安時代末期**は厄災が相次ぎ、人々の間には仏教が廃
★★★
れて世が乱れるという ★★★ が広まるとともに、極
楽への往生を願う ★★★ が急速に浸透した。

末法思想，
浄土信仰

◆釈迦（ブッダ）の入滅後、**教**（釈迦の教え）・**行**（修行）・**証**（修行
による悟り）がある正法の時代から、次の像法の時代には**教と行**
があって証がなくなり、さらに末法の時代になると**教のみがあ**
り行と証がなくなり、修行しても悟る者が現れず、それが1万
年続いて、ついに教も滅びる（末法思想）。日本では、11世紀
頃（平安時代中期）から末法の時代に入ったと説かれた。

□ **29** 平安時代の天台宗の僧 ★★★ は、**極楽と地獄の精密**
★★★
な描写によって衆生の極楽浄土への願いをかりた
て、 ★★★ 思想とあいまって浄土信仰に結び付いて
いった。

源信

末法

□ **30** ★★★ は『往生要集』で、仏の姿や ★★★ の様子に
★★★
心を集中させ、それをありありと思い浮かべるという
修行法である観想念仏を重視している。

源信，浄土

◆源信は心で阿弥陀仏を念じて浄土を願う観想念仏により、**西方**
にある極楽への浄土（西方極楽浄土）を求める。

□ **31** 「**厭離穢土 欣求浄土**」とは、源信が『 ★★★ 』で主張
★★★
した思想であり、**この世を穢れた世として厭い極楽浄**
土に往生することを願うことを重視したものである。

往生要集

◆源信の思想に基づき、人が臨終の時に阿弥陀仏が極楽浄土に迎
えにやって来るという「**聖衆来迎図**」が描かれた。

□ **32** 民間布教者は ★★★ と呼ばれたが、その代表的人物
★★★
に平安時代中期の僧 ★★★ がいる。彼は、阿弥陀仏
の名を唱えながら、**道路や井戸の整備**に携わり、無縁
の死骸を火葬するなどして、市中で人々を教化し
て ★★★ と呼ばれた。

聖，
空也

市聖

◆空也は源信と同時代の僧だが、庶民に尽くすことで浄土信仰を
広めた人物である。

□33 浄土の教えに帰依し、時宗を開いた ★★★ は、念仏
★★★ を唱えながら踊る ★★★ により時宗を広めた。

一遍,
踊念仏

□34 踊念仏は、平安時代中期に空也が念仏を唱えながら
★★ 踊ったことに始まるが、鎌倉時代には ★★ の開い
た時宗がこれを取り入れ、庶民に拡大していく。さら
に、 ★★ などの民俗芸能につながった。

一遍

盆踊り

◆さらに演劇の要素も加わることで歌舞伎踊りなどへと発達し
た。

□35 一遍は、名号（南無阿弥陀仏）こそが真の実在であると
★ 説き、念仏を唱えれば信不信にかかわらず極楽浄土へ
往生できることを人々に伝えようと日本各地を漂泊し
たことから「捨聖」「 ★ 上人」と呼ばれた。

遊行

□36 比叡山で学んだ ★★★ は、「南無阿弥陀仏」の念仏を
★★★ ひたすらに唱えることで、誰もが極楽浄土に生まれ変
わることができるとする ★★★ の教えを説き、
★★★ を開いた。

法然

専修念仏,
浄土宗

◆社会的混乱が続く平安時代末期において、人々は救いを得るた
めに「南無阿弥陀仏」とひたすらに唱える専修念仏の教えにす
がった。法然はその教えを『選択本願念仏集』に記した。

□37 法然は、 ★★★ の世に生まれて素質の劣る者は、他の
★★★ すべての教えや修行を差し置いて、ただ ★★★ 易行
門を選び取るべきであると考えた。

末法,
他力

◆末法とは、修行者も悟る人もなく、仏の教えが形式的に残って
いる時代であり、それが1万年続くという、いわば世紀末思想
である。これによって仏教は人々に広がっていく。

□38 法然は、天台宗などの旧仏教勢力から迫害を受けたが、
★★★ それは ★★★ に往生する手立てとして、他の様々な
修行法によらずに、もっぱら ★★★ を唱えることを
説いたためである。

浄土,
念仏

◆念仏には、口で唱える称名念仏と、心で仏をイメージしながら
唱える観想念仏がある。浄土宗などは称名念仏である。

□39 法然は、「知恵第一」と称されるほど学問や修行に励ん
★★ でいたが、目指す悟りに到達できず苦しんだ。その末
に唐の僧侶 ★★ が説く浄土の教えを通じて、すべ
ての衆生を救うという ★★ に出会った。

善導,
阿弥陀仏

□**40** 法然の教えを受け継いだ ★★★ は、自らを深く煩悩
★★★ に悩む ★★★ と自覚した上で、**自らの努力では救済
されることはない**と悟り、 ★★★ の思想を説いた。

□**41** いかに煩悩にさいなまれていても、自身の無力を自覚
★★★ し仏の ★★★ にすがる気持ちの強い凡夫は救済され
るという親鸞の思想を ★★★ という。これは、親鸞
の弟子の唯円が著した『 ★★★ 』に記されている。

□**42** 『歎異抄』によると、 ★★★ とは自力で善を行うこと
★★★ ができると思っている人のことであり、 ★★★ とは
根深い煩悩**を自覚**し、どんなに善をなそうと努めても、
それが不可能であると思っている人のことである。

□**43** 「善人**なをもて**往生**をとぐ、いはんや**悪人**をや**」という
★★★ 言葉は、善人ですら往生できるのだとすれば、真剣に
仏の慈悲にすがり ★★★ を唱える悪人も当然に往生
できるという意味で、 ★★★ の真髄を示している。

□**44** すべてを仏(阿弥陀仏)のはからいに任せるという親鸞
★★ の絶対他力は、 ★★ の考えに立ち、後に ★★ の
開祖として仰がれるようになった。

◆自然法爾とは、すべては阿弥陀仏**のなせるまま**であるという法
則のこと。『教行信証』で親鸞は仏の真の教えとは**大無量寿経**で
あると述べている。

□**45** 親鸞は、念仏は自分の意志で唱えているのではなく、**仏
★ の慈悲が唱えさせている**のであり、念仏**は阿弥陀仏へ
の感謝**であると説いた。これを ★ という。

◆親鸞は、救いとは人間の力によるものではなく、仏のはからい
によるものであると捉え、念仏もまた仏の心により唱えさせて
もらっているものであると説いた。

□**46** 親鸞は、自らが浄土に往生することを ★★ 、浄土
★★ から現世の穢土に戻ることを ★★ とするが、いず
れの場合も阿弥陀仏の「**廻向**」によることとした。

□**47** 室町時代の浄土真宗の僧侶 ★ は、**御文(御文章)**
★ と呼ばれる平易な文章で、その教えを民衆に広めた。

□**48** ★★★ は、瞑想による修行を重ねる ★★★ を学び
★★★ 日本に伝えた。彼は ★★★ の開祖となった。

栄西, 坐禅,
臨済宗

◆栄西は、『興禅護国論』で禅の**修行が**鎮護国家**に役立つ**と述べた。
また、『喫茶養生記』を著し、茶の効能や栽培法、製法など茶に
親しむ習慣を日本に伝えた。

□**49** 臨済宗を開いた栄西は、 ★★★ の時代であっても戒
★★★ 律を守り、 ★★★ の修行に励み、国家に有為な人物を
育成することが重要であると考えた。

末法,
坐禅

◆臨済宗は公案(師が弟子に与える問いかけ)を坐禅の中で解決す
ることを課題とし、優れた人材を養成することを目指した。

□**50** 当初、旧仏教による弾圧にあった臨済宗は、後に**鎌倉・**
★★ **室町幕府によって保護され**、多くの公家や ★★ が
帰依した。また、建築や絵画など文化にも影響を与え、
金閣・銀閣や ★★ による水墨画などを生み出した。

武士

雪舟

□**51** 栄西とともに日本に禅宗を伝えた ★★★ は、その著
★★★ 書『 ★★★ 』でよく知られている。坐禅により修行に
打ち込むことそのものが悟りであるという ★★★ の
考え方に立つ。

道元,
正法眼蔵,
修証一等(修証一
如)

◆道元は『正法眼蔵』で、仏道を習うこととは自己を習うことであ
り、自己を習うとは自己を忘れることであると説いている。な
お、正法眼蔵とは正しく伝えられた仏法を見る智慧の眼を備え
ているという意味。また、道元の弟子である懐奘が、道元の言
葉を記録したものに『正法眼蔵随聞記』がある。

□**52** 道元によると、ひたすら坐禅に打ち込む ★★★ とい
★★★ う行為を通じ、**心身が一切の執着を捨て悟りの境地に
至る** ★★★ の状態になり、誰にでも仏性が現れる。

只管打坐

身心脱落

□**53** 道元の開いた ★★ は、主に地方の ★★ 層に浸
★★ 透していった。

曹洞宗, 武士

□**54** 聖徳太子や最澄らによって古くから重んじられてきた
★★★ 仏教の経典は『 ★★★ 』であるが、鎌倉時代の僧
★★★ はこれを経典の中でも最も重要なものである
と位置づけ、 ★★★ を開いた。

法華経,

日蓮,

日蓮宗

□**55** 日蓮は、「南無妙法蓮華経」の ★★ を唱題するこ
★★ とで ★★ を得られると考えた。

題目,

現世利益

□**56** 『法華経』では、永遠の真理としての仏を ★★ と呼
★★ ぶ。

久遠実成の仏

□**57** 日蓮は、「念仏無間・禅天魔・真言亡国・律国賊」と述
★　べたが、これを ［ ★ ］ という。

四箇格言

◆「念仏無間」とは、浄土宗は無間地獄に落ちること。「禅天魔」とは、禅宗は天魔の教えに過ぎないこと。「真言亡国」とは、真言宗は亡国の教えに過ぎないこと。「律国賊」とは、律宗は国賊であることを示し、**他宗を激しく批判・排撃**した。

□**58** 日蓮は、個人の救済だけでなく、正しい ［ ★★ ］ に基
★★　づく政治の実現に向け、為政者に対する布教を行うこ
　とで**現実社会を仏国土とすること**を目指した。

仏法

□**59** 日蓮は、『法華経』によって国を立て直すべきだと考え、
★★★　『 ［ ★★★ ］ 』を著した。

立正安国論

◆また、迫害の中で、日蓮は法華経の教えを広め実践する自らのことを法華経の行者と自覚した。

□**60** 明恵は鎌倉時代前期の ［ ★ ］ の僧で、法然の説く専
★　修念仏の主張を菩提心を軽んじるものであるとして批
　判した。

華厳宗

◆明恵は華厳宗の寺として高山寺を創建した。法然を批判した『摧邪輪』、自らの夢の記録である『明恵上人夢記』などで知られる。

□**61** 律宗の僧 ［ ★ ］ は、戒律を重んじて、それを厳格に
★　守るとともに、病院や貧民を救済し、橋を修築するな
　ど広く社会事業を行った。

叡尊

□**62** 平安時代には、**日本古来の神と仏教信仰とが融合**し
★★★　た ［ ★★★ ］ の考え方が広まり、**仏が人々を救うために
　神の姿となって現れる** ［ ★★★ ］ も受け入れられた。

神仏習合,

本地垂迹説

◆仏が真理の根源である本地、神は仏が神の形となって現れた姿、すなわち権現であると捉えられ、**仏教中心の**神仏習合が生まれた。

□**63** 仏教が伝来すると、神に対する信仰は仏に対する信仰
★★　と**融合**し、神の前で ［ ★★ ］ が行われるようになり、平
　安時代になると、**神は** ［ ★★ ］ **の仮の姿である**とする
　［ ★★ ］ 思想が生まれている。

読経,

仏,

権現

□**64** ［ ★ ］ とは、**神前で読経する**など、神に対して仏教
★　のやり方での儀式を行うために神社の境内に建てられ
　た寺である。

神宮寺

□65 現世を生きる自己が抱える様々な**苦悩や幸福**は、前世
★★★ からの自らの ★★★ が招いた結果であるという考え
方を ★★★ と呼ぶ。

◆人は死後、**この世での行為に応じて生まれ変わる**という輪廻の
思想は、**行為の内容に応じた結果が生じる**という因果応報の考
え方につながる。

業（宿業）,
因果応報

□66 鴨長明は、随筆『 ★ 』で仏教的な無常観から移り
★ ゆく世のはかなさを書き記した。

方丈記

□67 吉田兼好は『 ★ 』を著し、**世の中は無常**である
★ がゆえに、「 ★ 」があると唱えた。

徒然草,
あはれ

□68 ★ が大成した能楽は、「 ★ 」を理念として
★ いた。

◆余情や余韻の美意識として表される幽玄は、世阿弥が父・観阿
弥の教えに基づいて書き残した『風姿花伝（花伝書）』で能道の真
髄として位置づけられている。

世阿弥, 幽玄

□69 ★ とは、**物事は常に移ろい儚く虚しいもの**であ
★ るという心情で、仏教の世界観の影響を受けている。
★ の『山家集』や ★ の『奥の細道』などの
文学作品にはこうした心情がよく表れている。

◆「願わくは花の下にて春死なむ　その如月の望月の頃」とは、西
行が詠んだ和歌である。

無常観

西行, 松尾芭蕉

□70 安土桃山時代の茶人 ★ は、 ★ の儀礼を取
★ り入れ、**簡素で趣があることを指す** ★ という言
葉を生んだ。これは**茶の湯の理想的な境地**とされる。

千利休, 禅宗,
わび

□71 ★ は、松尾芭蕉が俳句を詠む中で追求した、閑
★ 寂や枯淡の中に情趣を見出し安らぐ美意識を指す。

さび

3 日本における儒教思想

ANSWERS □□□

□1 平安時代にかけて儒教は ★★★ を志す**為政者のため**
★★★ **の儀礼的規範**として受容されてきたが、江戸時代に
は ★★★ **制度を根拠づける思想**として、また町人の
間では**商業倫理**として人々の生活に深くかかわり、**幕末
の社会的変動**とも結び付いた。

仁政

封建

□**2** 世の中は、**生命力である**気と**秩序や法則である**理に
★★★ よって成り立つとする ★★★ を説き、新しい儒教で
ある ★★★ を開いたのは中国宋代の朱子(朱熹)であ
る。日本では朱子学**派の儒者たち**によって支持された
儒教の考え方は、**幕藩体制**や ★★★ **制度を正当化**す
る江戸幕府の思想的な柱となった。

理気二元論，

朱子学

封建

◆江戸時代に儒教の教えは学問としての儒学として普及した。林
羅山の朱子学は、江戸幕府の官学 (御用学問) となり、士農工商
という身分関係を儒教の敬と礼によって正当化した。

□**3** ★★★ は、**道徳や**礼儀**による社会秩序を説く**儒学の
★★★ 教えに強く惹かれ、儒学を五山僧の教養から独立させ
たことで、近世日本に儒学を定着させる端緒をなした。

ふじわらせいか
藤原惺窩

□**4** 藤原惺窩の弟子である ★★★ は、私利私欲を抑え、道
★★★ にかなうことを求める敬の心を保持し、**身分秩序に従**
い、上下を分かつ道に身を委ねる ★★★ を重視した。

はやし ら ざん
林羅山

そんしん じ けい
存心持敬

◆敬とは、私利私欲を抑えて慎むことをいう。林羅山は、初代の
徳川家康から4代の家綱まで将軍の侍講として江戸幕府に仕え
た。主著は『春鑑抄』『三徳抄』など。

□**5** 林羅山は、君臣の上下関係はあらかじめ定められてい
★★ るとする ★★ を唱え、江戸幕府の**封建的身分秩序**
を**朱子学**によって**正当化**した。

じょう げ ていぶん ことわり
上下定分の理

◆**「君は尊く、臣は卑しき」**という上下定分の理は、**大義名分論**と
言い換えることができる。

□**6** 林羅山は、近世の封建的身分秩序の中で善を実現する
★★ には ★★ の工夫が必要であると説いた。これは、欲
望を抑えて心身を慎み、**天地や人倫の秩序を根拠づける**
★★ を明らかにすることである。

きょけいきゅうり
居敬窮理

上下定分の理

□**7** もとは林家の私塾であったものが、のちに**幕府による**
★ **公式の学問所**として ★ に発展した。

りん け

しょうへいざか
昌平坂学問所

◆林羅山の死後、林家は代々儒官として江戸幕府に登用された。

□**8** 朱子学者の**木下順庵**の弟子である ★ は、**新井白**
★ **石**の推挙で幕府の儒官となり、**徳川吉宗**に仕え、**享保**
の改革を補佐した。

きのしたじゅんあん

あらい はく
せき
きょうほう

むろきゅうそう
室鳩巣

◆随筆『駿台雑話』では、古今の逸話を交えながら朱子学の立場か
ら武士道を鼓吹した。

□**9** 対馬藩に仕えた朱子学者の ｜ ★ ｜ は、朝鮮の言語や
★ 　文化の研究を行い、**日本と朝鮮の文化交流**に尽力して、
　国を超えた普遍的原理の必要性を唱えた。

雨森芳洲

□**10** 江戸時代の儒学者 ｜ ★★ ｜ は、儒学の説く ｜ ★★ ｜ と
★★ は、父子の親、君臣の義、夫婦の別、長幼の ｜ ★★ ｜、
　朋友の信のことで、このような人間関係を保つことが
　大切であると説いた。

山崎闇斎, 五倫,
序

□**11** ｜ ★★ ｜ とは、伊勢神道などの流れをくみつつ、儒学
★★ と神道を合一し、天道は人道であり、天皇崇拝と封建
　的道徳観を儒学である**朱子学によって正当化**した神道
　で、｜ ★★ ｜ が創始した。

垂加神道

山崎闇斎

◆日本古来の民族宗教として祭祀を重視する神道は、外来の儒教
や仏教の影響を受けつつ発展した。奈良・平安時代には神仏習
合の思想が明確にされるものの、鎌倉時代末期になると従来の
本地垂迹説を否定し、**神主仏従**を唱える**伊勢神道**が現れた。伊
勢神道は神や道理に対する純粋な心情である**正直の徳**を説いて
民衆の間に広まった。その流れの中で、山崎闇斎は居敬窮理の
厳格な実践を説き、後に儒教の理と日本の神とを結合させ、神
人合一の神道説を唱えた。

□**12** ｜ ★ ｜ は、山崎闇斎の弟子であったが、神道に傾斜
★ する師の思想に反対の立場をとり、浅見絅斎とともに
　袂を分かった。

佐藤直方

□**13** ｜ ★★★ ｜ は、**形式や身分秩序を重んじた** ｜ ★★★ ｜ を批
★★★ 判し、人は ｜ ★★★ ｜ の精神をもって分け隔てなくすべ
　ての人を敬うべきであるという愛敬の心を教え、日本
　における陽明学の祖と呼ばれる。

中江藤樹, 朱子学,
孝

◆中江藤樹は、王陽明の思想に出会い、これに共感し、朱子学の説
く敬は外面的な慎みに過ぎないと批判し、内面的な家族中心の
愛敬を本質とする孝を重視し、それを実践することが人の道で
あると説いた。ゆえに、**身分は平等**であると主張し、身分制を
正当化した朱子学**を批判**した。後に「近江聖人」とも呼ばれた。

□**14** 中江藤樹は、良知で知ったことを直ちに実行すること
★★★ の大切さを唱えた。この**知識と行為は一体**であるとい
　う考えを ｜ ★★★ ｜ という。

知行合一

□**15** 中江藤樹は、「｜ ★★★ ｜」を心に抱き、時・処（場所）・
★★★ 位（身分）にかなうように行動すべきであることを説い
　た。

孝

◆「孝」とは人間関係を示す徳目にとどまらずに、天地万物の根源
的「道」を示すものであると主張した。

□**16**
★★
中江藤樹の代表的著作は『 ★★ 』である。彼に学び
陽明学を発展させた儒学者に ★★ がいる。

　◆熊沢蕃山は、儒家の説く道徳は変わることはないが、礼法はそ
　れぞれの場所や状況、すなわち「**時・処・位**」に応じて実践され
　るべきであると説いた。また、彼は岡山藩に仕え、治山治水に
　尽力したことでも知られる。

翁問答,
熊沢蕃山

□**17**
★★
陽明学には、朱子学に対する批判精神が濃いが、天保
の飢饉に際して挙兵した ★★ や、幕末の長州藩士
★★ らも陽明学に学びその精神を実践した。

大塩平八郎,
吉田松陰

□**18**
★★★
17世紀後半、朱子学や陽明学に対して、古学という
学問を唱えたのは ★★★ 、古義学を唱えたのは
★★★ 、古文辞学を唱えたのは ★★★ である。

　◆当時、朱子学などによる注釈が加わったことで原典の真意がわ
　かりにくく抽象的になっているとして、『論語』や『孟子』に立
　ち返り、**直接原典に学び、真意を明らかにしようとする学問**（古
　学）が興った。古学派に属し、『語孟字義』を著した伊藤仁斎の
　古義学は、『論語』や『孟子』を読んで古義（もともとの意味）を
　解明しようとする立場である。一方、『弁道』や『政談』を著した
　荻生徂徠の古文辞学は、中国の古典とともに聖人の文辞（文章や
　言葉）に触れることにより、礼楽刑政（古代中国において社会の
　秩序を保つために不可欠とされる礼節、音楽、刑法、行政のこ
　と）を求める立場である。

山鹿素行,
伊藤仁斎, 荻生徂
徠

□**19**
★★
★★ は、命よりも名を重んじる武士としての生き
方である ★★ を儒学によって理論化し、武士は徳
の高い為政者であるべきとする ★★ を主張した。

　◆山鹿素行は武士のあり方を批判し、儒教倫理に基づく士道を唱
　えた。武士は、**民衆を道徳的に導く者**として自覚と責任を持ち、
　手本となるべきであるとした。主著に『**聖教要録**』などがある。

山鹿素行,
武士道,
士道

□**20**
★★
鍋島藩の武士であった ★★ は、『葉隠』において、
主君に対する絶対的忠誠とそれに根ざした ★★ の
覚悟を説き、民に対する為政者としての自覚を求める
士道とは異質の ★★ 道を示した。

　◆「武士道と云は、死ぬことと見つけたり」という言葉で始まる『葉
　隠』は、口述筆記による武士の修養書である。

山本常朝,
死

武士

□**21**
★★
伊藤仁斎は、『 ★★ 』を「最上至極宇宙第一」の書
物としてその原典に深く学び、孔子の教えの根本を仁
と ★★ であるとし、それらを実践するためには、真
実無偽の心である ★★ が必要であると説いた。

論語

愛,
誠

V
日本思想

3
日本における儒教思想

87

□22　『童子問』などを著した伊藤仁斎は、人と人との理想的
★★　な和合である　★★　を実現するためには、**他者に対**
する　★★　**が必要である**と説いた。

仁，
忠信

　　◆伊藤仁斎は、人が大切にすべきことは、自然に表れる思いやり
　　であり、私心のない純粋で素直な心である誠であるとし、自ら
　　を偽らず他者を欺かないという**他者への忠信**を尽くすべきであ
　　ると説いた。

□23　主著『弁道』で知られる　★★★　は、人間の性質が多様
★★★　で、分裂や対立を避けることができないがゆえに、天
下を安んずるために立てられた　★★★　**の道に従って
お互いに助け合いながら生活**しなければならないと説
いた。

荻生徂徠

先王

　　◆荻生徂徠は現実的な政治、経済、社会における**生き方や為政者
　　倫理**を問題にした点が伊藤仁斎と異なる。

□24　荻生徂徠は、中国の古典を、その当時の言語に基づき、
★★★　書かれた時代に従って研究することが大切であるとす
る　★★★　を唱え、孔子**以前の**　★★★　**の道に帰るべ
き**であると唱えた。

古文辞学，先王

　　◆四書よりも主に**六経**すなわち『易経』『書経』『詩経』『礼記』『楽経』
　　『春秋』を研究すべきであるとした。

□25　**朱子学**のいう秩序を批判した荻生徂徠は、古代中国の
★★　先王の定めた礼楽刑政を整え、世を治めて民を救うこ
とである　★★　に尽くすということこそが、本来あ
るべき秩序であり、そうすることで初めて理想の道で
ある　★★　が実現されるとした。

経世済民

安天下

　　◆荻生徂徠は、為政者の務めとは、一人ひとりの民が天から与え
　　られた資質や能力を十分に発揮し、互いに親しみ助け合う社会
　　を作ることと考えた。**社会の安定と人民の生活向上を図る**点に
　　儒学の目的を見出し、江戸幕府に対して積極的な提言を行った。
　　なお、荻生徂徠を祖とする古学派儒学の一派を**蘐園学派**と呼び、
　　太宰春台や服部南郭らを輩出した。

□26　★★　派の代表的な儒学者である太宰春台は、神道
★★　も含めて「道」は　★★　の「作為」によるものと考え
た。

古文辞学，
聖人

□**27** 近世の私塾では、漢籍の素読だけでなく、師匠による
★ 講釈、現在の読書会にあたる会読などが行われた。山
崎闇斎は朱子学の真髄を伝えるべく ★ を重視し
たが、荻生徂徠は朱子（朱熹）の教えの解釈に頼らずに
儒学の原典に直接向き合うべく ★ を重視した。

講釈

会読

4 国学

□**1** 日本の古典である『万葉集』などを ★★★ 的方法に
★★★ よって深く掘り下げ、**日本固有の思想を研究しようと**
する江戸時代中期に成立した学問は ★★★ である。

文献学

国学

◆国学が生まれた背景には、仏教や儒教などの中国思想を導入し
たことへの反発という側面がある。ゆえに、日本人古来の心を
知るために、**日本の古典に戻ろうとする思想**へとつながった。

□**2** ★★★ を経て本居宣長によって大成された国学は、
★★★ 外来思想としての ★★★ に対する自己革新の産物で
あった。

賀茂真淵,
儒教

□**3** 国学では、儒学などの教えを ★★★ と呼んで批判し、
★★★ 古代の日本人の生き方と**ありのままの**自然**を慈しむ精**
神である ★★★ を探究した。

漢意（漢心）

古道

◆幕末から明治初期にかけて国学は**国粋主義的傾向を強めた。**朱
子学が強調する理を批判した国学は、理屈や議論を土台に人間
の生き方を考える仏教や儒教**の教えを否定**し、理屈や議論では
ない人間の自然な心情に世の中のあり方を求めようとした。

□**4** もとは真言宗の僧侶であった国学者の ★★★ は、日
★★★ 本人の心を伝える文献である『万葉集』の注釈書
『 ★★★ 』を著し、古代の日本人の精神を学ぶべきで
あると主張した。

契沖

万葉代匠記

□**5** 京都伏見稲荷の神職であり、伊藤仁斎に ★ 学を
★ 学んだ ★ は、**国粋主義的な古代理想論**を説いた。

古義,
荷田春満

◆荷田春満は、幕府に対して国学の学校創設を請願したが、受け
入れられなかった。

□**6** 賀茂真淵は、『 ★★★ 』に日本人の理想的な精神を見
★★★ 出したが、それは**素朴で力強く男性的でおおらかであ**
りのままを重んじる精神を「 ★★★ 」と呼んだ。

万葉集

ますらおぶり（益
荒男振）

◆「ますらおぶり」は素朴で力強く素直な「高く直き心」を持った
人間像である。

V
日本思想

4
国学

89

□ **7** 賀茂真淵は、古代の日本人の精神である「ますらおぶ
★★★ り」は、平安時代以降に見られる**女性的な**「　★★★　」
や、外来思想である儒教や仏教の影響を受けた**理屈っ
ぽい**「　★★★　」によって失われつつあると嘆いた。

たおやめぶり

からくにぶり

◆「たおやめぶり」とは、女性的で繊細な心情のことで、『古今和
歌集』や『新古今和歌集』などに見られる。

□ **8** 賀茂真淵は、儒学の説く「　★★　」は治世のために作
★★ られたものであるとし、広大な「天地の心」に従って生
きることが人の本来の生き方であると考えた。つまり
古の　★★　を通じて古代の人々の心と同化し、あり
のままの心に従って生きるということを意味する。

道

歌

◆この自然に従った生き方は、無為自然を説いた中国の老荘思想
にも近似している。

□ **9** 賀茂真淵は、仏教や儒教が伝来する以前の日本人に
★★★ **よって伝えられる精神に立ち返って**　★★★　を探究し
ようとし、『　★★★　』の自然のままの精神を重要視し
た。主著に『**国意考**』『　★★★　』がある。

古道,

万葉集,

万葉考

□ **10**　★★★　は、日常生活において物事に触れた際に生じ
★★★ る、楽しい、悲しい、恋しい、憎いなどの感嘆、つま
り　★★★　こそ**本来的な心の働き**であると考え、人間
は感嘆によって物事の本質を知ると主張した。

本居宣長

もののあはれ

◆本居宣長は、儒教の教える道徳は、人間の感情を不自然に操作
し**人為的な秩序の中に人の感情を押し込めるものであると批判**
し、もののあはれの感情の中に生き方の根本を探究した。

□ **11** 仏教や儒教の説く理屈や議論を　★★★　として否定し
★★★ た本居宣長は、人は生まれながらに持っている**素直で
おおらかな感情**である　★★★　によって生き、物事に
触れて湧き出てくる、しみじみとした感情である
　★★★　を知ることで、理想的な生き方にたどり着け
ると考えた。

漢意（漢心）

真心

もののあはれ

◆漢意（漢心）に対して、日本人固有の心情を大和心という。「も
ののあはれ」を知る心とは、世の様々なことに出会い、それらの
趣を感受して「あはれ」と思う心のことをいう。

□**12** 本居宣長は、 ★★★ の教えが何事も道理を先立てて、
★★★ **生まれつきの真心を抑圧**し、偽りをもたらしていると
批判し、真心の回復のために ★★★ を排して日本
の ★★★ を読むという学問の必要性を説いた。

儒教

漢意 (漢心),
古典

◆国学の流れには、文献学的・実証的な研究を目指した契沖を祖
とする流れと、古道に傾倒し**国粋主義的な思想**を持つ荷田春満
を祖とする2つの流れがある。賀茂真淵がこれらの流れを統合
し、本居宣長によって国学は大成された。

□**13** 本居宣長は、『古事記』の注釈書である主著『 ★★ 』
★★ で、神々によって作られた**日本固有の道である** ★★
の回復を主張した。

古事記伝,
惟神の道

◆惟神の道とは、神々が示してきた日本固有の道のことであり、神
の御心の本質である真心を尽くすことである。

□**14** 本居宣長は、随筆集『 ★★ 』で、古事や古語にまつ
★★ わる考証や学問・思想上のことがらを幅広く扱い、彼
の国学に基づく見解を述べている。

玉勝間

□**15** 本居宣長らによって確立された古道の教えを受け継い
★★★ だ ★★★ は、 ★★★ と古道とを結び付け ★★★
と呼ばれる新たな思想を開いた。

平田篤胤, 神道,
復古神道

◆平田篤胤は、本居宣長の国学を**復古主義**の立場から展開させた。
古来の神道の姿を求めて、復古神道を提唱し、現実の生の背後
にある死後の霊魂の行方を論じ、その教えは**民間にも広まった。**

□**16** 平田篤胤は、善き生を営んだ者の魂は、死後もこの世
★ にとどまり、人々に幸せを与える**神になれる**というこ
となど、**死後の** ★ **論**を主張した。

安心

□**17** 平田篤胤が唱えた復古神道とは、 ★★★ や ★★★ の
★★★ 教えを取り除いた、日本固有の古代の神の道を説く思
想である。

儒教, 仏教
※順不同

◆復古神道において邪欲のない清らかな心を正直と呼ぶ。平田篤
胤は垂加神道を批判し、儒教や仏教を用いない**純粋な神道の復
活**を求めて復古神道を主張した。主著に『霊能真柱』などがある。

□**18** 平田篤胤によって国学は宗教化されたが、やがて復古
★★ 神道は民間信仰と結び付き、幕末の ★★ 運動に大
きな影響を与えた。

尊王攘夷

◆平田篤胤は、大和魂を尊王思想と結び付けて日本人に固有な精
神と解釈した。なお、尊王とは**天皇崇拝**を、攘夷とは**外国人排
斥**を主張する考え方である。しかし、西洋の外国勢力を排斥す
ることが困難なことがわかると、尊王攘夷運動は幕府を倒す運
動に結び付いていった。

□**19** 　**★** 　とは、幕末から明治初期にかけて庶民の間か
★
ら起こり、**政府により宗教として公認**された神道系の
宗教で、天理教、金光教、黒住教などがある。

教派神道

5 町民・農民の思想と洋学の流入

□**1** 　**★★★** 　は、神道や仏教、儒教と老荘思想などを取り
★★★
入れて、商人の利潤追求を天理として認め、正直・
　★★★ ・勤勉を旨とする日常道徳を説き、**独自の実践**
的哲学である　**★★★** 　を打ち立てた。

石田梅岩

倹約,
心学

◆江戸中期になると、当時の士農工商の身分社会で低い地位とさ
れた商人の中にも、新たな思想を生み出す者が現れた。石田梅
岩が開いた心学は「石門心学」とも呼ばれ、もともと陽明学にお
ける心即理による日常生活の実践の学びを意味する。

□**2** 石田梅岩は『都鄙問答』で　**★★★** 　の得る利益は武士の
★★★
俸禄と同様であるとし、**商行為の正当性**を説いた。

商人

◆石田梅岩の心学は、貨幣を稼ぐことは賤しいという賤貨思想を
否定し、勤勉の対価である貨幣と商業を正当化した。『都鄙問答』
では「商人の買利は士の禄に同じ」と述べている。

□**3** 石田梅岩の説く　**★★★** 　とは所有関係や契約関係の尊
★★★
重のことであり、　**★★★** 　とは人や物を無駄遣いせず
有効に活かすことをいう。

正直,
倹約

◆彼はこれらを人間、特に商人の普遍的な生き方であるべきと説いた。

□**4** 石田梅岩が説く「正直」は、自らの心のあり方に力点が
★★★
置かれていたが、同じく彼が重視した「　**★★★** 　」も、
物と人を活かす「道」として位置づけられている。

倹約

□**5** 石田梅岩は、　**★★** 　という**社会秩序は人間としての差**
★★
別ではなく社会の役割分担であり、その上で、各人が
その職業や身分に満足し、**身分に応じた**社会貢献をす
るべきであるとする　**★★** 　を説いた。

士農工商

知足安分

◆知足安分は、正直と倹約を旨として、商人が分を越えて営利を
追い求める私欲を抑えるべきとする主張が込められている。

□**6** 石田梅岩は、欲望に染まった　**★** 　の身でありなが
★
ら「人の人たる道」を説こうとする自らの熱意を「病」
と呼び、欲望を満たさぬ　**★** 　の生活を自らに課し、
徳の修養と教育活動に専念していった。

不徳

清貧

□**7** **［　★　］**は、師である石田梅岩のように徳を持たない
　★　自分自身が師となるには値せずと考え、その教えを学
　　び合う「［　★　］」を得ることを自らの役割とした。

◆手島堵庵は、石田梅岩に学び、その説を踏まえて、信と正直を
徳の中心にとらえ、心の平安を得ることを唱えた。

□**8** **［　★　］**は、『町人嚢』で平等の人間観に基づき、町人
　★　の生き方の意義を積極的に捉えた。

□**9** 大坂町人の出身で、学問所である［　★　］に学んだ山
　★　片蟠桃は、地動説に基づく**独自の宇宙論**を唱え、合理
　　主義的観点から**霊魂の存在を認めない**［　★　］を展開
　　した。

□**10** 江戸時代中期の医師で思想家の**［　★★★　］**は、身分差別
　★★★　を批判し、**すべての人が**農耕を営む**［　★★★　］**を説き、平
　　等に農業に従事する**［　★★★　］**を**理想社会**とした。

◆安藤昌益の主著は『自然真営道』。万人直耕の自然世を理想と考
え、当時の武家社会である封建社会を厳しく批判した。

□**11** 安藤昌益は、**すべての人々が田畑を耕して衣食住を自
　★★　給する平等社会**を理想的な「自然世」とし、自ら耕さず
　　に農民に寄生している武士や商人を［　★★　］の徒、当
　　時の身分社会を「［　★★　］」と呼んで、「自然世」への
　　復帰を説いた。

◆安藤昌益は、万人直耕の**平等社会を理想とする農業本位の社会**
を確立すべきであるとする考え方の**農本主義**に立脚した。

□**12** 江戸時代後期の農政家**［　★★★　］**は、農業は自然の営み
　★★★　である**［　★★★　］**と人間の働きである**［　★★★　］**の両輪
　　により成り立つと考え、貧しい村や藩の救済に尽力した。

◆人道（人間の営み）とは、天道に従うものであるが、人間が作っ
た人為的な作為の道に過ぎず、ゆえに、常に分度に応じた努力
をしなければならないと唱えた。

□**13** 二宮尊徳は、農業とは天道と人道があいまって成立す
　★★　る営みであるとの考え方から、**勤労や**［　★★　］といっ
　　た**あるべき**生活態度を説いた。

□14 二宮尊徳は、人は**自然や祖先の恩に徳をもって報いる**
★★★　べきであり、自らの経済状況に見合った生活をすると
いう　★★★　と、余剰が生じたらそれを周囲と分かち
合うという　★★★　の考えにより人道を全うできると
説いた。これを　★★★　思想と呼ぶ。

分度,
推譲,
報徳

　◆二宮尊徳は、「農は万業の大本」と述べて、農業の重要性と農民
　の誇りを説いた。一方で、分度とは自分の経済力に応じた合理
　的な生活設計を立てて、これを遂行することであると主張した。

□15 江戸時代中期になると、**書籍の輸入が解禁された**ことか
★★　ら　★★　が興隆した。

蘭学

□16 　★★　は、**前野良沢**らとともに**オランダ語の解剖書**
★★　**を翻訳し**『　★★　』を著した他、『蘭学事始』などの
著作で知られる。

杉田玄白,
解体新書

　◆前野良沢は、江戸中期を代表する蘭方医で、杉田玄白らととも
　に『解体新書』の翻訳を手がけた。彼らの業績により、日本の近
　代西洋医学の礎が築かれた。

□17 江戸時代中期の儒学者　★★　は、**動植物への関心**か
★★　ら中国から伝わった薬物学である　★★　学をはじめ
として、**博物学的な知のあり方を追究する**一方で、日
用の　★★　をわかりやすく説くなど**朱子学を日常に
活かす**試みを行った。

貝原益軒,
本草

道徳

　◆貝原益軒は、身分秩序に力点を置く朱子学の中で、理を重んず
　ることに着目し、合理的で批判的な精神から実証主義的な思想
　をはぐくみ、後に流入する西洋科学を受け入れる思想的な土壌
　を残したとされる。著書に生物学書・農学書である『大和本草』
　や、日常の健康について書かれた『養生訓』などがある。

□18 イタリア人宣教師シドッチとの対話に基づいて、**世界
★★　の地理や風俗**を『西洋紀聞』にまとめ、また　★★　の
立場からキリスト教の教説に対する批判を述べたのは
　★★　である。

朱子学

新井白石

　◆江戸時代中期の朱子学者で木下順庵に学んだ新井白石は、朱子
　学に基づき政治の場面で活躍するとともに（文治政治）、歴史、
　地理、言語など多岐にわたる領域で合理的解釈を行った。西洋は
　天文学や地理学などにおいて優れているが、東洋の儒教は内面
　的道徳として優れていると主張し、後の「東洋道徳、西洋芸術」
　や「和魂洋才」の先駆けとなった。

□**19** 江戸時代前期に活躍した ┃ ★ ┃ は、**ありのままの町人**
★ **の姿を赤裸々に描き**つつ、「┃ ★ ┃」「いき（粋）」と
いった世事や人情の機微を深く理解する町人の美意識
や、彼らの**道徳意識**を表現するなど、その**享楽的現世**
を浮世草子で描写した。

◆代表作には『好色一代男』『日本永代蔵』などがある。

井原西鶴,
つう（通）

□**20** 江戸時代中期に活躍した ┃ ★ ┃ は、当時の世相を題
★ 材とした**世話物**などの作品を描き、┃ ★ ┃と**人情**の
相克に苦しむ人間の姿や人間の心の美しさを表現した。

◆代表作には『国姓爺合戦』『曾根崎心中』などがある。

近松門左衛門,
義理

□**21** 懐徳堂から出た ┃ ★ ┃ は、儒教や仏教などがいかに
★ 歴史的に展開するかに関して、**加上説**という独自の考
え方を唱えた。

富永仲基

□**22** 徳川方の武士として軍功を立て、後に禅僧となった
★ ┃ ★ ┃ は、従来の仏教の**隠遁的な傾向を批判**し、あ
らゆる職業において**自らの生業を通じて仏となれる**と
説いた。

鈴木正三

□**23** 江戸時代中期の思想家 ┃ ★ ┃ は、**懐疑的態度**から世
★ 界のあり方を問い、**気**や**理**など朱子学の用語を用いて
自然の法則を探究し、┃ ★ ┃**学**を構築した。

◆**自然**にはその法則ともいうべき**条理**が備わっていると考えた。
三浦梅園の思想には、デカルトの方法的懐疑やヘーゲルの弁証
法に通じる考え方がある。物事には相反する2つの側面があり、
その両方について考察して初めて真理に達するという反観合一
を説いた。

三浦梅園

条理

□**24** 幕末の思想家 ┃ ★★★ ┃ は、**東洋の精神を保ちつつ西洋**
★★★ **の科学的な技術を吸収する**ことで国の発展に結び付け
るという ┃ ★★★ ┃ を主張した。

佐久間象山

和魂洋才

□**25** 佐久間象山は、┃ ★★★ ┃で**清**が**イギリス**に敗北したこ
★★★ とに衝撃を受け、**西洋諸国に対抗するためには科学技**
術の移入が必要であると考え、「┃ ★★★ ┃**道徳**」ととも
に「┃ ★★★ ┃**芸術**」を詳しく学ぶべきであると唱えた。

◆この「**芸術**」とは科学的な技術のことを指す。佐久間象山のいう
「**東洋道徳、西洋芸術**」とは、東洋では道徳が、西洋では技術が
優れているので、**両者を兼ね合わせる必要がある**という意味で
ある。また、欧米列強が強大な軍事力を持った要因を証証術、つ
まり数学に見出し、これを学ぶべきであるとも説いた。

アヘン戦争

東洋,
西洋

V
日本思想

5
町民・農民の思想と洋学の流入

□26 幕末の洋学者で画家の ［ ★ ］ は、幕府の鎖国政策を
★ 批判し西洋思想に学ぶべきであると説いたが、**蛮社の
獄**で捕らえられ自刃した。主著は『 ［ ★ ］ 』である。

渡辺崋山

慎機論

□27 オランダの商館医であったシーボルトの下で医学と洋
★ 学（蘭学）を学んだ ［ ★ ］ は、その著書『 ［ ★ ］ 』
の中で幕府の鎖国政策を批判したが、渡辺崋山ととも
に**蛮社の獄**で命を落とした。

高野長英, 戊戌夢
物語

◆渡辺崋山や高野長英らは、西洋の状況を研究する尚歯会（蛮社）
を結成したが、幕政批判のかどで幕府に弾圧された。

□28 肥後（熊本）藩士の ［ ★ ］ は、「堯舜孔子の道を明ら
★ かにし、**西洋** ［ ★ ］ **の術を尽くす**」と述べ、西洋の
民主主義やキリスト教を儒教的に読み替えて、「大義」
を世界に実践し、「民富」を図る**実学**を提唱した。

横井小楠,

器械

◆佐久間象山と同様な発想から和魂洋才を説いた横井小楠は、開
国貿易・公武合体を唱え幕末の政局に大きな役割を果たした。

□29 佐久間象山に師事した ［ ★★ ］ は、長州藩において**高
★★ 杉晋作や伊藤博文ら**を**輩出**した ［ ★★ ］ を主宰した。

吉田松陰,
松下村塾

□30 吉田松陰は、天道にかなうとは功名や利欲を離れた純
★★ 粋な心情に徹し、己の ［ ★★ ］ を尽くすことであり、藩
を超えて主君たる天皇に忠を尽くす ［ ★★ ］ の精神は、
この ［ ★★ ］ において天道に通ずると考えた。

誠,

勤王,

誠

◆吉田松陰は、幕藩体制の枠組みや身分・家柄の別を越えて万民
の主君である天皇の下で、清廉潔白で誠の心をもって忠を尽く
す一君万民の思想を掲げた。彼の処刑後、松下村塾の門下生た
ちが遺志を継ぎ、明治維新を成し遂げることになる。

□31 江戸時代の学びには、全国の町や村に作られた子ども
★ たちに「**読み・書き・そろばん**」を教える ［ ★ ］ 、武
士の子どもが通う**藩校**、［ ★ ］ と呼ばれる個人が運
営する民間教育機関などがあった。

寺子屋,

私塾

◆寺子屋や私塾の存在は、民衆の識字率向上につながった。江戸
時代後期の有名な私塾には、シーボルトの鳴滝塾、緒方洪庵の
適塾、吉田松陰の松下村塾などがある。

日本思想
ETHICS
近代以降

1 啓蒙思想の受容と自由民権思想

ANSWERS □□□

□ **1** 　**★★★** は、**すべての人は生まれながらにして**自由・平
★★★　等であり、幸福を追求する権利があるという **★★★**
　　　論を説いて、「「天は人の **★★★** に人を造らず、人の
　　　★★★ に人を造らず」と云えり」という有名な言葉を
　　　残した。

福沢諭吉,
天賦人権,
上,
下

　　　◆福沢諭吉は、イギリスの功利主義的思想を日本に導入した。

□ **2** 　封建制度に見られる身分社会を「門閥制度は親の敵」
★★★　（『福翁自伝』）と批判した福沢諭吉はまた、「一身独立
　　　して **★★★** 独立す」という言葉で、これまでの身分制
　　　度に頼ることなく**一個人として独立して生きるべきで**
　　　あるとする ★★★ の精神を唱え、その実践には数理
　　　学など西洋の学問である **★★★** を学ぶべきであると
　　　した。

一国

独立自尊,
実学

　　　◆個人の独立が実現してこそ、国家の独立が実現できると唱えた。

□ **3** 　**文明開化**の時期にあった日本を野蛮と文明の中間に位
★★　置する「 **★★** 」の状態にあるとした福沢諭吉は、そ
　　　れを農業が発達し、衣食住の物質面では不自由はない
　　　が、 **★★** の精神に基づく探究と創造には欠け、人間
　　　の交際面でも旧習にしばられがちな状態であると表現
　　　した。

半開

実学

　　　◆福沢諭吉は、数理学などの西洋の学問を実学と呼んだのに対し、
　　　漢学を中心とする東洋の学問を虚学と呼んだ。『学問のすゝめ』
　　　では独立心の涵養と数理学の導入による文明化こそが日本の歩
　　　むべき道であると説いた。

□ **4** 　福沢諭吉は、著書『文明論之概略』の中で、遅れている
★★　文明は進んでいる文明に **★★** されるため、人々は
　　　まず日本の **★★** に心を向け、**西洋文明を摂取しな**
　　　ければならないと主張した。

支配,
独立

□**5** ★★★　| ★★★ |は、日本には隣国の開明を待ってともにアジ
アを繁栄させる時間的余裕はないと述べ、むしろその
隊列を脱して**西洋の文明国と進退をともにすべきで**
あるという| ★★★ |論を主張した。

◆アジアとの連帯を抜け出し、近代的な西欧の仲間入りを主張する脱亜入欧を唱えた。

福沢諭吉

脱亜(だつあ)

□**6** ★★　明治6年(1873年)に| ★★ |の呼びかけで啓蒙思想団
体| ★★ |が設立された。

◆機関誌『明六雑誌』を発行して広く人々の啓蒙に努めた。

森有礼(もりありのり),
明六社(めいろくしゃ)

□**7** ★★　明六社の創設者である| ★★ |は、『妻妾論(さいしょうろん)』を著し、男
女同権の| ★★ |制を主張した。

◆森有礼は、夫婦の相互的な権利と義務に基づく婚姻形態を提唱し、自らも実践した。初代文部大臣としても知られる。

森有礼,
一夫一婦

□**8** ★★　オランダに留学経験のある明六社の一員の| ★★ |は、
コントの実証主義やカントの| ★★ |論など**西洋の思**
想を日本に紹介した。

◆西周は、西洋から流入した思想の体系である「**フィロソフィ**」を
「哲学」と呼んで、その紹介に尽力した人物で、「主観」「客観」「理
性」「悟性」など**数多くの哲学用語も考案**した。カントの観念論、
功利主義、実証主義などの影響を受けた彼によって、西洋哲学の
日本への移入の基盤が作られた。また、社会科学にも関心を向
け、日本初の憲法草案も作成した。著書に『百一新論』がある。

西周(にしあまね),
永久平和

□**9** ★★　明六社に参加していた| ★★ |は、当初| ★★ |説を
唱えた啓蒙思想家だったが、後に**社会進化論に基づく生**
存競争の理論をもって国家の利益を優先する| ★★ |
論を唱え、自由民権運動に反対した。

◆加藤弘之は、現在の東京大学の初代総長を務めた。晩年には権
力者の支配を弱肉強食で正当化し、**社会有機体論に基づく国家**
主義を唱えた。

加藤弘之(かとうひろゆき), 天賦人
権
国権

□**10** ★　明六社の一員であった| ★ |は、イギリスのJ.S.ミ
ルやスマイルズらの著作の翻訳で知られ、J.S.ミルの
唱えた**功利主義**を日本に紹介した。

◆中村正直は、J.S.ミルの『自由論』の翻訳書『自由之理』や、スマ
イルズの "Self-Help"(『自助論』)の翻訳書である『西国立志編』
を著し、儒教的考え方を加えつつ西洋の自立の精神を主張した
(「天は自ら助くる者を助く」)。

中村正直(なかむらまさなお)

□**11** 明治期の啓蒙思想家 ★★★ は、ルソーの『**社会契約**
★★★ **論**』を『 ★★★ 』と題して漢文訳し、日本に主権在民
や**抵抗権**の思想を紹介したことから「東洋のルソー」と
呼ばれ、自由・平等・博愛の精神に基づく**民主共和制**
を唱えた。

中江兆民,
民約訳解

□**12** 中江兆民が『 ★★★ 』を翻訳する際、「市民」をかつ
★★★ ての「君子」や「士」のような**道徳的人間**であるとして
「士」と訳した背景には、彼がフランスで学んだ、「市
民の徳」を重視する ★★★ 主義の思想の影響があっ
た。

社会契約論

共和

□**13** 中江兆民は、 ★★★ 運動の急進的指導者として**人民**
★★★ **による**抵抗権を主張し、権力者によって**上から与えら**
れる ★★★ 的民権から、人民が自ら勝ち取る**下から**
の ★★★ 的民権**へと移行**させていくべきであると説
いた。

自由民権

恩賜,
恢復 (回復)

□**14** 中江兆民は著書『 ★★ 』の中で、為政者が人民に与
★★ えた ★★ であっても、人民はそれを育てていき、実
質的なものに変えていかなければならないと述べた。

◆中江兆民の他の著作には、余命1年半を宣告されて残した『一年
有半』がある。明治時代の政治、経済、社会、文化、芸術などを
啓蒙的かつ辛辣に批評している。

三酔人経綸問答,

権利

□**15** 自由民権思想家の ★★ が起草した憲法案「**東洋大**
★★ **日本国国憲按**」には ★★ 権が認められており、主
権在民や**天賦人権**も主張された革新的な内容であった。

◆大日本帝国憲法の制定以前に、民間で様々な憲法案が作成され
ていた。これらは私擬憲法と呼ばれる。

植木枝盛,

抵抗

□**16** 「教育に関する勅語」とは、 ★★★ の正式名称であり、
★★★ ★★★ のあり方について述べたものである。

◆文明開化を境に西洋の文物が急激に流入してきたことで伝統的
な思想や生活が変質した。こうした欧化主義に対する危機感か
ら生まれたのが、忠孝（**忠義と孝行**）を根本とする国民道徳の基
本理念を示した教育勅語である。

教育勅語,
臣民

□**17** ★ は、教育勅語に対する拝礼を信仰上の理由か
★ ら拒否した内村鑑三の「**不敬事件**」に触発されて、
★ を教育勅語の趣旨を否定する反国家主義的な
宗教であると排撃し、教育と宗教をめぐる論争を引き
起こした。

井上哲次郎

キリスト教

99

□**18** 儒教道徳と西洋哲学を折衷した ★ を主張した
★　　★ は、明六社にも参加していたが、最終的には
儒教道徳を重視し、仁義・忠孝の精神を重んじ、道徳
普及団体を組織して学校教育にも影響を持つに至った。

　◆主著『日本道徳論』は、教育勅語の制定を促す契機となった。

国民道徳,
西村茂樹

□**19** ★ は「国民主義」を掲げ、新聞『日本』を創刊した。
★

陸羯南

□**20** ★ は、日本の伝統や国情に即した改革を主張
★　　し、 ★ 主義の立場から欧化主義を批判したが、一
方で広く世界人類の幸福実現に対する日本人の使命の
自覚も強調した。

　◆国粋主義を主張し、天皇中心の国家主義の立場をとった三宅雪
　嶺は、志賀重昂らとともに政教社を結成し、雑誌『日本人』を創
　刊した。

三宅雪嶺,
国粋 (国粋保存)

□**21** ★ は、西洋化 (欧化主義) が権力者によるもので
★　　あると批判し、民衆主体による ★ 主義を目指す
べきであると説いた。

　◆徳富蘇峰は、日清戦争を境に欧米諸国が帝国主義的傾向を強め
　たことから、天皇中心の国家主義者に変わっていった。

徳富蘇峰,
平民(平民的欧化)

□**22** フェノロサとともに東洋芸術を研究し、日本美術の振
★　　興に寄与した美術指導者の ★ は、英文の著書
『 ★ 』をアメリカで出版し日本文化を紹介した。

岡倉天心,
茶の本

□**23** 岡倉天心は、 ★ こそが「生の技術」としての日本
★　　の伝統であり、武士道には自己犠牲を強いる「 ★
の技術」であるとする批判的な見方を示した。

茶道,
死

□**24** 岡倉天心は、 ★ の文化には過去の多様なアジア
★　　の文化を保存する「 ★ 」としての意義があると考
えたが、西洋文化に匹敵する高度な文化がアジアにも
存在し、「アジアは一つ」であると説いて、『東洋の理
想』の中でその文化的共通性を強調した。

　◆昭和期に入ると「アジアは一つ」というスローガンが軍部に利用
　され大東亜共栄圏の形成の根拠にされてしまう。

日本,
博物館

2 キリスト教思想と社会主義

□ **1** 札幌農学校でキリスト教に入信した ★★★ は、イエ
★★★ ス (Jesus) と日本 (Japan) の「 ★★★ 」に生涯を
捧げる決心をした。

内村鑑三,
二つの J

◆江戸時代に禁止されていたキリスト教は、明治時代に啓蒙思想
の一種として受容された。内村鑑三は、イエス (Jesus) と日本
(Japan) は矛盾するものでなく、近代化の中で混迷する日本人
の精神的再生のためにイエスへの純粋な内面的信仰の大切さを
説き、キリスト教的倫理を追究することで精神の近代化を唱え
た。著書に『余は如何にして基督信徒となりし乎』がある。なお、
彼の学んだ札幌農学校は現在の北海道大学にあたる。

□ **2** 内村鑑三は、「 ★★ (の上) に接木されたるキリス
★★ ト教」と述べ、キリスト教精神を実現するための土台
になるものとして、**清廉潔白で忠誠を尽くす日本の**
★★ **の精神を挙げた。**

武士道

武士道

◆武士道精神は、キリスト教信仰に忠誠を尽くすことに適してい
るとして、武士道とキリスト教を結び付けた。それゆえに、日
本には**真のキリスト教国になる使命**があると考え、神の教えに
忠実たらんとして**罪深き**自己が救済された体験を語り続けた。

□ **3** 内村鑑三は、真の信仰とは制度や儀式によって得られ
★★★ るものではなく、 ★★★ の言葉を読むことで得られ
るものであるとし、制度としての教会を否定した。この
★★★ 主義は、パウロやルターの ★★★ 主義につ
ながる思想といえる。

聖書

無教会, 福音

◆内村鑑三の無教会主義は、「信仰こそが義である」という信仰義
認説に立つプロテスタントの信仰心を主張したものである。

□ **4** ★★★ 戦争に際し、内村鑑三はいかなる理由があっ
★★★ ても剣を持って争ってはならないという絶対平和主義
を主張し、 ★★★ 論を唱えた。

日露

非戦

□ **5** 内村鑑三らとともに**札幌農学校**に学びキリスト教に入
★★ 信した ★★ は、「**太平洋の (懸け) 橋とならん**」こ
とを志して渡米、プロテスタントの一派の ★★ の
信仰に出会った。その後、**日本人の精神を世界に知ら**
しめるべく、『 ★★ 』を英訳し国際親善に尽力した。

新渡戸稲造,
クェーカー

武士道

◆新渡戸稲造は、キリスト教を受け入れる精神的な素地としての
武士道に着目した。『武士道』の英文タイトルは "BUSHIDO:The
Soul of Japan" である。彼は国際連盟の事務次長も務めた。内
村鑑三と同じく、日本の武士道の道徳性が誠実なキリスト教信
仰に接続されるべきことを主張した。

□**6** 明治期には、内村鑑三や新渡戸稲造以外にも、京都に
★　　同志社を創設した ★ や、東京神学社を創立した
　　 ★ などのキリスト者が教育運動を起こした。

新島襄，
植村正久

　◆植村正久は、東京神学社を創設して日本の神学界において指導
　　的な役割を果たした。また、新島襄が創立した同志社で学んだ
　　山室軍平は、キリスト教の博愛主義に基づき、**救貧活動**を行う
　　日本救世軍を創設した。

□**7** ★ は、 ★ 制に基づく社会主義の実現を目
★　　指し、普通選挙制度の導入に尽力した。

片山潜，議会

　◆片山潜は、ロシアにおいてコミンテルン（共産主義政党による国
　　際組織）に参加し、日本共産党の結成を指導、国際的な共産主義
　　者として活躍、モスクワで没した。

□**8** ★ は、 ★ 戦争に際してキリスト教的人道
★　　**主義**の立場から一貫して非戦論を説き、木下尚江や片
　　山潜らとともに社会民主党を結成した。

安部磯雄，日露

　◆安部磯雄は、日本フェビアン協会の設立者にも名を連ねた。フェ
　　ビアン（社会）主義（フェビアニズム）とは、穏健的・漸進的に労
　　働者保護などの社会改革を進めることを目指す考え方である。

□**9** ★ は、**キリスト教的人道主義**に基づく社会主義
★　　者であり、日本最初の社会主義政党の結成に参加した。

木下尚江

　◆1901年、日本最初の社会主義政党である社会民主党が結成され、
　　片山潜、安部磯雄、木下尚江のキリスト教徒や社会主義者の幸
　　徳秋水らが発起人となった。

□**10** 中江兆民から ★★ 的な思想を学んだ ★★ は、
★★　著書『廿世紀之怪物帝国主義』で、当時の帝国主義を、
　　愛国心を「経」とし、軍国主義を「緯」とする**20世紀
　　の怪物**と呼び批判した。

唯物論，幸徳秋水

　◆幸徳秋水は、恢復的民権（回復的民権）を説いた中江兆民の思想
　　を受け継ぎ、自由民権運動から社会主義へとその思想を展開さ
　　せた。

□**11** ★★ は、日本の軍国主義・帝国主義を批判し、日
★★　露戦争に反対する立場から『 ★★ 』を発行、非戦論
　　を唱えた。後に ★★ 事件で刑死した。

幸徳秋水，
平民新聞，
大逆

　◆無政府主義者であった幸徳秋水の思想は急進的なものになって
　　いき、かつてともに社会民主党結成に尽力した片山潜らの議会
　　主義を否定、直接行動論に転換していった。

3 近代的自我の確立

□ **1** 明治期の詩人・評論家であった ★★★ は、自由民
★★★ 権運動での挫折後に文学を志した。現実世界の幸福や自由を追究する ★★★ 主義から離れて、**内面的な精神世界**である「 ★★★ 」における幸福と自由を求めた。

北村透谷

功利,

想世界

□ **2** 北村透谷は、人間の内面の「想世界」に直観される
★★★ 「 ★★★ 」の発露として恋愛を捉え、現実の世界に対抗する拠点とした。このような考え方は後に与謝野晶子たちの ★★★ 主義運動へとつながった。

内部生命

ロマン (浪漫)

◆北村透谷は、現実の世界における功利主義を批判し、**内面的世界における自由の実現**を目指して、1893年に雑誌**「文学界」**を創刊した。主著に『**内部生命論**』がある。

□ **3** 明治初期に見られた ★★ 思想に代わり、明治中期
★★ 以降には政治から離れて個人の内的的世界を探究する傾向が起こった。その中で、 ★★ 主義とは、旧来の制度や価値観の束縛から脱して内面の豊かな感情や情熱を肯定することにより、 ★★ や個性を尊重し、これを解放すべきであると唱えた。

啓蒙

ロマン (浪漫)

自我

◆ゲーテやシラーなどによる芸術運動に影響を受けたロマン (浪漫) 主義運動は、**自由な感情と自我や個性の尊重・解放を目指す文学・芸術運動**である。

□ **4** 与謝野鉄幹主宰の機関誌『 ★★ 』の歌人で、彼の妻
★★ でもあった ★★ は、歌集『 ★★ 』で情熱的かつ官能的な作品を残す一方、**戦争を厳しく批判**した。

明星,

与謝野晶子, みだれ髪

◆「**君死にたまふこと勿れ**」で有名な詩は、日露戦争に従軍した実弟への肉親の思いを歌ったものである。

□ **5** ★★★ 文学は、日常における**事実をありのままに観**
★★★ **察**し、 ★★★ な生を表現しようとする文学である。

自然主義,

自然

◆ロマン (浪漫) 主義が自由な感情や個人を尊重する文芸であるのに対し、自然主義は**ありのままの現実や苦悩**などを描写する文芸である。そうした自然主義が苦悩の原因である社会批判に傾斜する中で、夏目漱石や森鷗外など**内面的自我の確立**を題材とする反自然主義が登場する。

□**6** 小説『破戒』や『夜明け前』で知られる ▨★▨ は、▨★▨
★　　文学の先駆けとされ、また、ロマン(浪漫)主義の代表作
　　　の詩集『▨★▨』で自我に目覚める葛藤と苦しみを
　　　通して人間の内面に存在する真実を追究した。

　　◆島崎藤村は『破戒』で部落差別における**個人と社会の対立や苦悩**
　　　を、『夜明け前』で明治維新に向けた**近代的自我**の確立過程を描
　　　いている。

島崎藤村，自然主
義

若菜集

□**7** 自然主義文学の人物として、『蒲団』を著した ▨★▨
★　　や、短編集『武蔵野』や日記『欺かざるの記』を残し
　　　た ▨★▨ も有名である。

田山花袋

国木田独歩

□**8** 明治後期の歌人 ▨★▨ は、『一握の砂』や『悲しき玩
★　　具』など日常の生活感あふれる作品を残した。

　　◆石川啄木は、**大逆事件**(1910年)など国家権力の支配が強くなり
　　　閉塞感が漂う時勢の中で社会主義思想に傾倒し、**『時代閉塞の現
　　　状』**を著すなど、強権的な国家権力を非難した。

石川啄木

□**9** ▨★★★▨ は、日本の文明開化の特殊性を論じた『**現代日
★★★　本の開化**』の中で、多くの**日本人**は「**神経衰弱**」に陥ら
　　　ざるを得ないと述べ、西洋の開化は ▨★★★▨ であり、日
　　　本の開化は ▨★★★▨ であることに起因すると考えた。

　　◆夏目漱石は、**西洋の開化は自己の内面から自発的に生まれた自
　　　然の開化**であるのに対して、**日本の開化は外国の圧力**を受けて
　　　行われたもので、自らの決定による**自発的・自然的開化ではな
　　　い**として批判的に捉えていた。日本人は内発的な精神が貧困で
　　　あるため、自信がなく、不安感を持っているとする。

夏目漱石

内発的，

外発的

□**10** 夏目漱石は、他者への依存を捨てて自我の内面的欲求
★★★　に従うと同時に、他者を尊重する ▨★★★▨ という生き
　　　方が重要であると唱え、そのような ▨★★★▨ 主義が
　　　▨★★★▨ 開化の実現につながると考えた。

　　◆夏目漱石は、**『私の個人主義』**などにおいて、自己を見失い他者
　　　に迎合するあり方を批判し、自己の本領を発揮しながらも他者
　　　の個性や存在を認めて尊重し合う倫理的価値観を説いた。

自己本位，

個人，

内発的

□**11** 夏目漱石の考えた個人主義は、他者を犠牲にしてでも
★★★　自分を優先するという単なる ▨★★★▨ ではなく、**自己
　　　の義務を自覚**し ▨★★★▨ の個性を認めた上で自分の個
　　　性を発揮するという自己本位を意味する。

　　◆夏目漱石は、個人主義に立脚する自我の主張にはその副産物で
　　　あるエゴイズムが伴い、それゆえ**個人どうしの間に衝突が生じ
　　　るという矛盾**に突きあたった。こうした葛藤は代表作『こゝろ』
　　　などに描かれている。

エゴイズム，

他人(他者)

□**12** 夏目漱石が晩年になって求めたとされる **★★★** とは、
★★★ 小さな自我に対するこだわりを捨て自我を超えたより
大いなるものに従って生きるという **★★★** の伝統的
な思想に見られる考え方に通じる。

◆則天去私とは、エゴイズムへの執着を捨て、無我の境地を求め
るという東洋的であり、また宗教的な諦観の態度である。これ
は西欧流の倫理的な考え方と東洋流の禅による解脱の双方を止
揚した結果、たどり着いた夏目漱石晩年の境地である。

□**13** 軍医で文学者の **★★★** は、社会の中の自己と私的で内
★★★ 面的な自己の間に起こる葛藤を、小説『 **★★★** 』の中
でドイツ留学時代の実経験を踏まえて描写した。

□**14** 森鷗外が述べた「 **★★** 」とは、自己と **★★** との
★★ 間の矛盾に遭遇した際に、あくまで自己を貫くのでは
なく、自らの社会的な立場を冷静に引き受けながらも、
なおそこに自己を埋没させないとする立場である。

◆これは葛藤の中で自己を貫く姿勢を捨てて運命を受け入れるあ
きらめの哲学である。

□**15** 作家 **★★** は、志賀直哉らと雑誌『 **★★** 』を創刊
★★ した。

◆武者小路実篤らは、その雑誌名より白樺派と呼ばれる。

□**16** 武者小路実篤は、学生時代にロシアの文豪 **★** の
★ 思想に出会い、その人道主義に共感して人生を肯定的
に捉える作品を描くとともに、九州・宮崎の地に**理想
社会を目指して「 ★ 」を建設**した。

◆「新しき村」は原始共同体を目指すコミューン運動の1つで、自己
の個性の成長が人類の発展に寄与するという理想主義に立つ。

□**17** 白樺派には、『或る女』を著した **★** なども参加し、
★ 理想主義の文学を目指して個性や善意を活かすことこ
そが人類の理想につながるという人道主義を唱えた。

□**18** 『三太郎の日記』を著した **★** は、教養を人類に普
★ 遍的な価値とし、内面的な発展を目指す **★** 主義
を唱えた。

則天去私

東洋

森鷗外,
舞姫

諦念 (レジグナチ
オン), 社会

武者小路実篤, 白
樺

トルストイ

新しき村

有島武郎

阿部次郎,
人格

□**19** **★★** は『農民芸術概論綱要』の中で、「世界がぜん
★★
たい幸福にならないうちは **★★** の幸福はあり得な
い」と述べ、人間を含む**あらゆる生命が** **★★** **と一
体化する境地**を追求した。

◆宮沢賢治は日蓮宗を信仰し、『法華経』に基づき、生きとし生け
るものに献身する姿勢を貫いた。自らの死の2年前に詠んだ詩
「雨ニモマケズ」などに、その影響が表れている。他の代表作に、
詩集『春と修羅』、童話集『注文の多い料理店』や、『銀河鉄道の
夜』『風の又三郎』など、死後に高く評価された童話がある。

宮沢賢治,

個人,

宇宙

4 近代化における思想的展開

ANSWERS □□□

□**1** 大正デモクラシーを指導した政治学者 **★★★** は、政
★★★
治の目的は国民の利益と幸福であり、**民衆本位の政治
を行うべきである**として、 **★★★** 主義を唱えた。

◆吉野作造の唱えた民本主義は、現在の民主主義のように主権が
国民にあるという主旨ではないが、立憲君主制を導入した当時
の日本で、その実情に即したデモクラシーの形であるとはいえ、
大正デモクラシーを正当化するために、天皇制を前提にしつつ
も主権が運用される際には民衆の意向が尊重されるべきだとし
て、民衆本位の政治を求めた。

吉野作造

民本

□**2** **国家法人説**に立ち、憲法学者の美濃部達吉は **★★** を
★★
唱えたが、**天皇を対外的代表機関に過ぎない**と捉えた
点で天皇制批判とみなされ、昭和前期に弾圧を受けた。

天皇機関説

□**3** 1922年、被差別部落の解放を求める組織として、被差
★
別部落民自身による **★** が結成された。

◆全国水平社の創立大会で発表された西光万吉の起草による「水
平社宣言」は、「人の世に熱あれ、人間に光あれ」と訴え、被差
別部落への偏見と差別の打破を目指す**部落解放運動**が展開され
ていった。

全国水平社

□**4** **大正期には労働問題や女性解放運動が激しさを増した**
★★★
が、**1917年**に起こった **★★★** 革命を機に、日本でも
★★★ 主義が発展した。

◆日清戦争後に資本主義が発達すると様々な社会問題が引き起こ
され、その是正を目指し人道主義や社会主義が台頭し始めた。

ロシア,

マルクス

□**5** **★** は、ヒューマニストであり経済学者であると
★
ともに、明治期から昭和初期の代表的な**マルクス主義**
者で、著書『 **★** 』の中で人道主義を訴えた。

◆その後、人道主義だけでは社会問題は解決されないと考え、マ
ルクス主義に傾倒した。

河上肇

貧乏物語

□**6** 明治後期になると、西洋の思想を吸収し新たに独自の
★★★ 思想を展開する独創的な思想家たちが現れた。著書『善
の研究』で名な ★★★ もその一人である。

西田幾多郎

□**7** 西田幾多郎は、主観と客観、精神と物質の対立とは分
★★★ 析的・反省的意識によってもたらされたものであり、**真
の実在は** ★★★ **の** ★★★ **そのもの**であるとした。

主客未分，純粋経験

　◆西田幾多郎は、思考の働きがまだおよんでない**直接の経験は主
観と客観が未区分**であり、知情意の分離が行われていない状態
である。このような経験をもとに**主観と客観を合一する**力を得
ることで人格を実現し、自己を完成できると説いた。内面の苦
悩を禅（坐禅）や思索によって解決しようと試み、純粋経験とい
う概念に到達した哲学は西田哲学と呼ばれる。

□**8** 西田幾多郎は、現実の世界の根源的なあり方として、絶
★ 対的に対立するものが、矛盾しつつも同一性を保つと
いう「 ★ 」を唱えた。

絶対矛盾的自己同
一

　◆「絶対矛盾的自己同一」は、西田幾多郎が晩年に示した世界観を
表す概念で、対立して相容れないと思われるものが、見方を変
えれば同じものであるという意味である。

□**9** 西田幾多郎が求めた「 ★ の論理」とは、**有と無の
対立を超え**事物事象そのものを可能にするところの
「 ★ 」に基づくものであった。

場所

絶対無

□**10** ★ は、江戸時代から受け継がれてきた「いき」と
★ いう美意識を哲学的に分析した『 ★ の構造』で、
「いき」とは「あきらめ」や「意気地」をもって、偶然的
に儚いこの世を軽やかに生きる生き方であると捉えた。

九鬼周造，
いき

□**11** 西田幾多郎に学んだ歴史哲学者の ★ は、マルク
★ ス**主義哲学**について学問的に深く探究し、思想界に大
きな影響を与えた。彼は反 ★ 運動に参加したが、
検挙され獄死した。

三木清

ファシズム

□**12** ★ は、日本人としての「**霊性的自覚**」について考
★ 察し、**無心**という観念をもとに**仏教**を解説し、**禅**など
の思想を英訳によって広く世界に紹介した。

鈴木大拙

□**13** 西田哲学に学んだ ★ は、唯物論哲学の道を探究
★ しつつ、マルクス主義の立場から**世界的なファシズム
傾向を批判**したが、後に検挙され獄死した。

戸坂潤

□**14** 昭和初期になると、不況の中で権力を握った<u>軍部</u>により<u>社会主義</u>や<u>民主主義</u>の思想、言論の自由などが弾圧され、<u>軍国主義</u>の時代を迎えて、<u>国家</u>がすべてに優越する ［ ★ ］ 主義が台頭した。

国家

□**15** <u>国家主義運動</u>の指導者 ［ ★ ］ は、著書『 ［ ★ ］ 』の中で<u>超国家主義</u>を主張し、政権担当者をクーデタで排除し新たな政府の樹立を目指すも、後の ［ ★ ］ 事件を起こした青年将校たちに思想的影響を与えたことから、事件の首謀者として刑死した。

北一輝，日本改造
法案大綱

二・二六

□**16** 思想家でありイスラーム研究でも知られる ［ ★ ］ は、<u>大東亜共栄圏</u>の理念につながる<u>大アジア主義</u>を展開した。

おおかわしゅうめい
大川周明

□**17** 本来「国がら」を指す言葉である ［ ★ ］ とは、**日本に神代から続く不変の政治秩序**のことだが、明治後期になって<u>万世一系</u>の ［ ★ ］ が統治する政治体制を意味するようになった。

国体

天皇

□**18** 第二次世界大戦後の日本に民主社会を確立する道を模索した政治学者の ［ ★★★ ］ は、**他者を<u>他者</u>として理解**し、また自分の中に巣くう<u>偏見</u>に常に反省の目を向けることのできる、 ［ ★★★ ］ **の精神を持つ個を確立しなければならない**ことを日本人の課題と捉えた。

まるやままさお
丸山真男

自主独立

　◆<u>丸山真男</u>は、日本の敗戦後に戦争指導者たちが「<u>責任</u>」を取ろうとしなかったのを見て、これを「<u>無責任体制</u>」という言葉で批判した。また日本思想史研究者の立場から、<u>福沢諭吉</u>を高く評価し、すでに時代遅れとされていた<u>近代的自我</u>**の確立という課題が日本の現状では未だ達成されていない**と考えた。著書に『超国家主義の論理と心理』『日本政治思想史研究』などがある。

□**19** ［ ★ ］ は『 ［ ★ ］ 』を著し、第二次世界大戦の敗戦に戸惑う日本の人々にあえて「**堕ちよ**」と説いて、旧来の道徳に寄りかからず、ありのままの自己と向き合うべきであると論じた。

さかぐちあん ご　だらくろん
坂口安吾，堕落論

□**20** ［ ★★★ ］ は、人間とは常に人と人との「 ［ ★★★ ］ 」という関係性においてのみ人間たり得るのであり、人間は**決して孤立した個人的な存在ではない**という ［ ★★★ ］ <u>存在</u>であると捉えた。

わつじてつろう
和辻哲郎，間柄

間柄的

□**21** 和辻哲郎は、自然のあり方と人間性の関連を論じた『風
★★★ 土』で、 ★★★ 型の風土では自然が恵みと暴威として
体験されるための忍従的・受動的に、 ★★★ 型の風土
においては自然に規則性があるため論理的・客観的
に、 ★★★ 型の風土では厳しい自然環境であるため、
戦闘的・対抗的・団結的な人間性がそれぞれはぐくま
れると説いた。

　◆日本などの東アジア世界をモンスーン型、ヨーロッパ世界を牧
　　場型、イスラーム世界は砂漠（沙漠）型と類型化した。

モンスーン,
牧場

砂漠（沙漠）

□**22** 和辻哲郎は、日本人の特性として、**しめやかでありな**
★★ **がらも突発的に激しい感情を示す**「 ★★ 」と、**突発的**
な激しい感情を示しつつも直ちにあきらめる「 ★★ 」
という二重的性格を持つことを指摘した。

　◆恬淡とは、欲がなく、物事に執着しないという意味。

しめやかな激情,
戦闘的な恬淡

□**23** 和辻哲郎は、『**古寺巡礼**』を著し、奈良の**古寺**に残る日
★★ 本古代の ★★ 芸術に関心を示し、中国やインド、ギ
リシアなどの**古代芸術と多くの共通点を持っている**こ
とを指摘した。

仏教

□**24** 和辻哲郎は著書『 ★★★ 』で、**人は個人的存在である**
★★★ **と同時に** ★★★ **存在でもある**がゆえ、**倫理とは社会**
を否定して自己を自覚することと、その**自己を再び否**
定して社会のために生きようとすることの相互運動で
あるとし、この運動が停滞すると利己主義や ★★★
主義に陥ると指摘した。

人間の学としての
倫理学,
社会的

全体

□**25** 柳田国男は、**無名の人々からなる** ★★★ **こそが歴史**
★★★ **を支えてきた**と考え、知識人の残した文献ではなく、**庶**
民の日常的 ★★★ **や儀礼**の中に日本文化の真の姿を
探究し、全国の ★★★ を**筆録**しつつ**庶民の精神生活**
の実相を明らかにしようとした。

　◆柳田国男は、稲作定住農耕民の生活習慣について、宗教的側面
　　を踏まえて探究した。その成果を『遠野物語』に著した。

常民

習慣,
民間伝承

□**26** ┃***┃ には、宗教的な意味合いを有するものもある。
　　　例えば、お盆は仏教と深くかかわりのある盂蘭盆会が
　　　┃***┃ 信仰と融合したものといわれる。このような
　　　地域社会に根づいた儀礼や生活文化を研究する学問の
　　　１つが民俗学で、日本でこの学問を基礎づけたのは
　　　┃***┃ であるとされる。

年中行事

祖霊

柳田国男

□**27** ┃***┃ は、**民衆の**日用品**としての価値しかなかった**
　　　品々に、固有の優れた「用の美」を見出し、それら
　　　に ┃***┃ という概念を与えた。

柳宗悦

民芸

　　　◆雑誌『白樺』の創刊に加わり、後に民芸運動を創始した。民芸（民
　　　間工芸）となる日用品**や**日常雑器に宗教的真理を見出した。

□**28** 柳宗悦は、市井にある無名の職人によって形作られた
　　　日本の「┃***┃」**に新たな美を発見**した。一方で、
　　　┃***┃ の芸術にも同様の価値を見出し高い評価を与
　　　え、この民族への敬愛を説いた。

民芸,
朝鮮

　　　◆植民地支配に積極的だった当時の日本社会において、柳宗悦が
　　　民芸を評価し、さらに朝鮮民族の文化をも評価したことは、**日本**
　　　の近代化と植民地政策に対する批判であったとも読み取れる。

□**29** ┃*┃ は、沖縄（琉球）出身の民俗学者・言語学者で、
　　　沖縄学の祖といわれる。

伊波普猷

□**30** 多くの文芸批評を残した ┃*┃ は、著書『**様々なる**
　　　意匠』の中で、明治以来の思想や理論がその時々の流
　　　行の「意匠」として弄ばれてきたと批判した。

小林秀雄

□**31** 「元始、女性は実に太陽であった。真正の人であった」
　　　は、┃***┃ が『┃***┃』発刊時に述べた言葉である。

平塚らいてう（平
塚雷鳥）,青鞜

　　　◆岸田俊子や景山（福田）英子の活動から始まる女性解放運動は文
　　　壇へと広がった。平塚らいてう（雷鳥）が雑誌『青鞜』創刊号の
　　　巻頭に掲げたこの言葉は、女性**には輝かしい天性の能力が潜ん**
　　　でいる。男性に依存してひ弱になることなく、その能力を発揮
　　　して生きなければならないという意味である。

□**32** 平塚らいてう（平塚雷鳥）は、後に初の女性国会議員と
　　　なった ┃***┃ らと1920年に新婦人協会を設立し、女
　　　性**参政権獲得運動を展開**した。

市川房枝

□**33** 生物学者・民俗学者の ★★ は、明治政府が行った
★★ **神社の統廃合令である** ★★ **に強く反対**し、神社の
周囲に長く存在してきた ★★ が破壊されることを
危惧して、自然と文化の保護を訴えた。

◆ 神社合祀令は、1つの町村に存在する複数の神社を1つに統廃
合するという、明治政府の政策である。

南方熊楠,
神社合祀令,
鎮守の森

□**34** 1890年頃、 ★★ 議員の職にあった ★★ は、足尾
★★ 銅山鉱毒事件で被害にあった農民たちを救うために、
銅山の操業停止を求めて**明治天皇に直訴**した。

衆議院, 田中正造

□**35** 熊本県の水俣湾で発生した有機水銀汚染による中毒症
★★ を ★★ といい、 ★★ による記録文学『苦海浄
土』は、その被害者と家族たちの苦悩と怒りを克明に
記録したものである。

◆ 加害者企業であるチッソ (旧日本窒素肥料株式会社) と被害者の
間には、水俣病認定をめぐる問題 (水俣病未認定問題) や被害に
対する損害賠償訴訟が続いている。

水俣病, 石牟礼道子

□**36** アメリカの文化人類学者ベネディクトは、著書
★★★ 『 ★★★ 』の中で日本人の国民性の特徴として、**共同
体の** ★★★ **を重んじて世間の思惑や他人の目を気に
しながら行動する**ことを「 ★★★ の文化」と規定した。

◆「世間」意識に加え、**仏教思想の影響**も考えられる。例えば、自
らの行為を大いに恥じ入ることを「慚愧 (慚愧) に堪えない」と
いうが、この慚は「自らと仏法の教えに照らして」、愧は「世間
に照らして」それぞれ恥じることを意味する。

菊と刀,
和,
恥

□**37** 中根千枝は、**日本文化は上下関係を重視する** ★★★
★★★ 社会、**西洋文化は契約関係を重視する** ★★★ 社会と
規定した。

◆ 日本のタテ社会は中国の**儒教思想**の、欧米のヨコ社会は**キリス
ト教思想**の影響を受けている。

タテ,
ヨコ

□**38** 精神科医の土居健郎は、日本人の特性として、身内意
★ 識から、身内や仲間には甘えの意識で依存し合うこと
を「 ★ 」と指摘した。

甘えの構造

□**39** 『**共同幻想論**』などを著した詩人の ★ は、市井の
★ 思想家としての立場から、権力や権威を批判する評論
活動を展開した。

吉本隆明

111

近代思想
ETHICS
西洋近代思想①

1 ルネサンス～人間性の復興

□1 14世紀のイタリアのルネサンスは、古代 ★★ ・
ローマの ★★ 文化の再生運動として始まった。

ギリシア,
古典

□2 「 ★★ 」と訳されるルネサンスは、中世の教会や封
建制度の束縛から人間性（フマニタス）を回復・解放し
ようとした ★★ を追求する動きである。

文芸復興

ヒューマニズム

◆当時のヒューマニズムを指して人文主義ともいう。中世までの
封建的身分制度やキリスト教の教会制度による束縛から解放さ
れ、人間中心の芸術や哲学、信仰が求められるようになった。

□3 カトリック教会の下では、人間は ★★★ との関係に
おいて秩序づけられていたが、これに対しルネサンス
期は ★★★ を中心とする時代であった。

神

人間

□4 近代思想において、 ★★★ 精神が近代科学の法則性
の確立や近代哲学の発展に大きな役割を果たした。

合理（合理的）

□5 ギリシアやローマの学問が発達していたイスラーム世
界から、 ★★ の遠征を通じて最先端の学問がヨー
ロッパへ流入し、特にフィレンツェの富裕商人メディ
チ家は東方からの学者に ★★ の著作を紹介させる
などしたため、学問の"逆輸入"が起こった。

十字軍

プラトン

□6 ルネサンス期の人文主義者たちの中で、エラスムスは
★★★ の腐敗を批判し、ルターとの論争の中で人間
の ★★★ を唱えた。

カトリック教会,
自由意志

◆エラスムスはオランダの思想家で『愚神礼讃（痴愚神礼讃）』『自
由意志論』を著し、ルターと対立した。

□7 ルネサンス期に用いられた ★★ 語訳聖書の誤りを
正すため、新たに『新約聖書』の ★★ 語原典を校
訂・翻訳するとともに、痴愚の女神に託して当時の
★★ の堕落や神学者の聖書解釈の愚劣さを痛烈に
風刺したのは ★★ である。

ラテン,
ギリシア

教会,
エラスムス

□**8**
★★★
人文主義者の ★★★ は『人間の尊厳について』の中
で、人間は他の動物とは違って ★★★ を持っている
ため、何ものにも束縛されず**無限に自分を発展させる**
可能性を持つと説き、人間の ★★★ を強調した。

◆ピコ=デラ=ミランドラは著書『人間の尊厳について』の中で、「汝
は**最下級の被造物である禽獣に堕落する**こともあり得るが、し
かし汝の魂の決断によって、神的な高級なものに再生すること
もできるのである」と述べて、自由意志である魂の決断が人間の
尊厳を高めることを指摘した。

□**9**
★★
ルネサンス期には、キリスト教の権威の下で抑圧され
ていた人間の ★★ を ★★ の意識から解放し、
生の喜びを肯定する芸術作品が数多く生み出された。

□**10**
★
★ は、プラトン哲学を熱烈に支持すると同時に、
古代ローマを讃えるための**叙情詩**を著し、人々の生活
をのびやかに描き出した。

◆叙情詩集『**カンツォニエーレ**』をはじめ、その詩の作風はペトラ
ルキスムと呼ばれ、ルネサンス期に流行した。

□**11**
★★★
「モナ=リザ」や「最後の晩餐」で知られる ★★★ は、
ルネサンス**期に活躍した多才な人物**であるが、このよ
うに能力を積極的に発揮し才能を開花させたこの時代
の理想的な人間像を ★★★ と呼ぶ。

◆同じくイタリアのアルベルティも建築をはじめとして多彩な分
野で活躍した。

□**12**
★★
ルネサンス期には、イタリアの一方言である**トスカナ**
語による長編叙事詩『神曲』を著した ★★ 、**口語体**
による小説『デカメロン』の作者 ★★ 、システィナ
礼拝堂の大壁画「最後の審判」や彫刻「ダヴィデ像」、建
築の分野でも活躍した ★★ などの人物が現れた。

◆他にも、**ラファエロ**の「アテネの学堂」「聖母子」、**ボッティチェ**
リの「春」「ヴィーナスの誕生」などが有名である。

□**13**
★★★
フィレンツェの政治家**マキャヴェリ**は著書『 ★★★ 』
の中で、国家の君主について ★★★ とライオンを引
き合いに出し、**必要であれば宗教も道徳も政治の手段**
として利用するという ★★★ を主張した。

◆マキャヴェリは、君主の理想とはキツネの知恵とライオンの力
を兼ね備えることであり、目的のためならば手段を選ばずに結
果を出せる者であるべきことを指摘した。

ピコ=デラ=ミラン
ドラ,
自由意志
尊厳

欲求, 罪

ペトラルカ

レオナルド=ダ=ヴ
ィンチ

万能人 (普遍人)

ダンテ,
ボッカチオ

ミケランジェロ

君主論,
キツネ

権謀術数主義 (マ
キャヴェリズム)

VII 近代思想

1 ルネサンス〜人間性の復興

□**14** 『**ユートピア**』を著した<u>イギリス</u>の ★★ は、初期資
★★ 本主義期の囲い込み運動（**エンクロージャー**）で失われ
ていく人間性を「**羊が** ★★ **を食い殺す**」と表現した。

トマス=モア

人間

□**15** ★ は、フランス=ルネサンスの代表的作家で、社
★ 会を風刺した『**ガルガンチュアとパンタグリュエルの
物語**』を著した。

ラブレー

2 宗教改革とその人間観

ANSWERS □□□

□**1** 中世ヨーロッパでは、<u>カトリック教会</u>が ★★★ 化し、
★★★ これに対する批判が ★★★ という形で現れ、信仰は
教会の外面的な制度や儀式ではなく、神を信じる内面
的なものであるという ★★★ の動きが生まれた。

世俗,
宗教改革

プロテスタント

　◆<u>プロテスタント</u> (protestant) は、もともと「抗議する」「反対
　する」という意味の "protest" に由来し、<u>カトリック教会</u>を批
　判して、<u>ルター</u>や<u>カルヴァン</u>らは<u>宗教改革</u>を起こした。

□**2** <u>イギリス</u>の神学者 ★ は、 ★ 主義を唱え、ロ
★ ーマ教皇や<u>カトリック教会</u>の特別の権威や財産を批判
した。ボヘミアの<u>宗教改革</u>の先駆者 ★ も、<u>カト
リック教会</u>の支配体制を厳しく批判したが、**異端とし
て捕らえられ火刑**となった。

ウィクリフ, 聖書
中心

フス

□**3** ドイツの ★★★ は、「**救いは神への信仰心のみにより
★★★ 得られる**」として、信仰こそが義であるとする ★★★
説と、信仰は**聖書**を対象とすべきとする ★★★ 主義
を根本思想とした。

ルター,
信仰義認,
聖書中心

□**4** **原始キリスト教へ回帰**した<u>ルター</u>は、<u>カトリック教会</u>
★★★ が資金調達のために発行した ★★★ に抗議し、**1517
年**に「 ★★★ 」を発表した。これをきっかけに、本格
的な<u>宗教改革</u>が各地に広まっていった。

贖宥状 (免罪符),
95カ条の論題
(95カ条の意見書)

□**5** <u>ルター</u>は、神によって正しい人間と認められるために
★★ は**内面的な信仰だけが重要**だと主張し、一般の人々が
聖書を読めるように ★★ に翻訳した。

ドイツ語

　◆**主体的な聖書信仰**で、神の恩寵による救いが与えられるとした。

□**6** ルターは、信仰に関してすべての人は平等であり、聖職
★★★ 者の身分を必要としないという ★★★ 主義の立場を
とり、カトリックの ★★★ 主義を批判した。

> ◆ルターは、信仰のために教会制度による媒介は不要であると説
> いた。教会の権威から個人の信仰心を解放することは、近代に
> おける自由な個人の確立へとつながった。

万人祭司 (万人司
祭),
司祭媒介

□**7** カトリックとプロテスタントの対立に関する次の図の
★★★ 空欄 A 〜 E にあてはまる適語を答えよ。

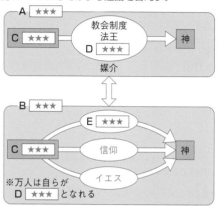

A　カトリック
B　プロテスタント
C　人間
D　司祭

E　聖書

□**8** エラスムスは、人間の救いに有効な善行の根拠として、
★★★ 神の恩寵に応答する ★★★ を認めた。それに対しル
ターは、神の ★★★ によらなければ原罪を負った人
間は善を欲することもできないとした。

自由意志,
恩寵

□**9** ルターの代表的な著作は『 ★★★ 』であるが、ルター
★★★ の考えを受け継いだカルヴァンは『 ★★★ 』を著し、
**人間の救いはあらかじめ神の意志によって定められて
いる**とする ★★★ を説いた。

キリスト者の自
由,
キリスト教綱要
予定説

□**10** ルターは、この世のすべての職業は神から与えられた
★★★ ★★★ であると捉え、**世俗的職業を正当化**したが、こ
の思想は ★★★ によって継承され、発展した。

召命 (天職),
カルヴァン

□**11** カルヴァンによると、個々人の救済は神によって
★★★ ⎡ ★★★ ⎤ されており、人が自分の救済を確信するため
には**神から与えられた自らの** ⎡ ★★★ ⎤ に**禁欲的に励む**
他はないと主張して、厳格な規律の下にキリスト教都
市を実現しようとした。

予定,
職業

　◆カルヴァンは、神の絶対性を認め、人間は神の栄光を実現する
　ための神の道具であると主張した。ゆえに、利潤は神の恵みで
　あり、労働に禁欲的に励む者こそが、死後に天国に導かれるよ
　うあらかじめ定められている者であると説いた。このようなカ
　ルヴァンの職業召命観は、資本主義における労働を宗教的見地
　から正当化し、資本主義を支える思想的な役割を果たした。

□**12** カルヴァン主義（カルヴィニズム）は、後に**イギリス**の
★★ ⎡ ★★ ⎤ による禁欲・勤勉・正直などの ⎡ ★★ ⎤ を生
み出した。**ドイツの社会学者** ⎡ ★★ ⎤ は、著書『プロ
テスタンティズムの倫理と資本主義の精神』の中で、**利**
潤の追求が正当性を得たことで資本主義の精神が確立
されたと分析した。

ピューリタン（清
教徒）, 職業倫理,
マックス=ウェー
バー

　◆カルヴァン主義（カルヴィニズム）は、営利目的の労働を賤しい
　ものとしていた中世までの考え方に対し、職業は神が与えたも
　のであり、働いて利益を得ることは正当であると主張した。

□**13** ルネサンスや宗教改革をもたらした ⎡ ★★ ⎤ 性の目覚
★★ めとそれへの信頼は、⎡ ★★ ⎤ をよりどころに新しい
⎡ ★★ ⎤ 観や社会規範を生み出した。

人間,
理性,
自然

□**14** ルター派やカルヴァン派などの新教（プロテスタント）
★★ に対抗し、旧教（カトリック）は自己改革運動として
⎡ ★★ ⎤ を行った。

対抗宗教改革

　◆対抗宗教改革とは、新教（プロテスタント）に対する旧教（カト
　リック）の自己改革運動である。その動きの中で、イグナティウ
　ス=ロヨラやフランシスコ=ザビエルらによって結成されたイエ
　ズス会は、世界伝道を掲げ、ヨーロッパ以外への布教活動を行
　い、カトリックの勢力回復に取り組んだ。

3 合理的精神の確立

ANSWERS ☐☐☐

□**1** **イギリスの哲学者** ⎡ ★★★ ⎤ は、先入観や偏見を取り除
★★★ いて**自然をありのままに**観察・⎡ ★★★ ⎤ することで得
られた事実や経験を知識の源として思索を行うべきで
あるとする、科学的な思考法としての ⎡ ★★★ ⎤ 論を唱
えた。

ベーコン,
実験

経験（イギリス経
験）

□**2**
★★
経験論は合理論を批判しているが、それは　★★　による直観を重視する合理論の主張は、自分の独断的意見を正当化する口実となり得るからである。

理性

□**3**
★★★
ベーコンは、人間が持つ先入観や偏見を　★★★　と呼び、これには4つの種類が存在することを指摘した。それは、錯覚など人間であるがゆえに陥る「種族のイドラ」、他人の言葉やうわさによって陥る「　★★★　」、個人的立場や偏狭な視野によって陥る「　★★★　」、伝統的権威を盲信することによって陥る「　★★★　」である。

イドラ（幻影）

市場のイドラ,
洞窟のイドラ,
劇場のイドラ

□**4**
★★★
ベーコンは、先入観や偏見を取り除いた観察などを通して得られた**具体的事実**の中から普遍的な法則を見つけ出すという　★★★　法を正しい思索の方法であるとし、著書『　★★★　』の中で「　★★★　」と述べている。

帰納,
ノヴム＝オルガヌム（新機関）, 知は力なり

◆イギリス経験論のベーコンは、人は科学的知識を集積することによって、自然をある程度支配できると考えていた。こうした主張の下に、「知は力なり」という言葉を残した。ゆえに, この「知」とは、道徳的・理性的な「知」ではなく、科学的な「知」（知識）を意味する。

□**5**
★★★
ベーコンは、「人間の知識と　★★★　は合一する」と述べて、人間の　★★★　が自然を支配する　★★★　であるとする立場に立った。

力,
知識, 力

□**6**
★★★
ベーコンは、従来の自然学では　★★★　によって正しい認識が妨げられてきたとし、**人間が**自然を技術的に**支配する**ためには、偏見を排し、実験や　★★★　などの個々の経験的事実から一般的法則を発見することが必要であると主張した。

偏見

観察

◆このようなベーコンの思考法を帰納法という。科学的考察は帰納法的であるといえる。

□**7**
★★
ベーコンは、著書『ノヴム＝オルガヌム（新機関）』で、「自然は服従することによってでなければ、　★★　されない」と述べ、自然の考察において原因を究明することで、規則を見出せることを指摘している。

征服

◆他のベーコンの主著に『学問の進歩』『ニュー＝アトランティス』がある。

□**8** イギリス経験論の哲学者 ［***］ は、人間の心について
★★★ 生まれつき何も書かれていない状態という意味である
「 ［***］ 」という言葉で表現した。

◆一方、大陸合理論の立場に立つフランスの哲学者デカルトは、人間には生まれながらに備わった観念が存在するという生得観念を唱えた。ロックは、この生得観念を批判している。

ロック

タブラ゠ラサ（白紙）

□**9** ロックは、人間の心を「 ［***］ 」、すなわち何も書か
★★★ れていない書板になぞらえ、知識の唯一の源泉を感覚
的な ［***］ に求めた。

タブラ゠ラサ（白紙）
経験

□**10** アイルランドの哲学者 ［**］ は、ロックのイギリス経
★★ 験論を継承し、物体は**感覚的観念の複合体**であること
から、「**存在するとは** ［**］ **されること**」であり、知覚
されない物体はあり得ないという ［**］ **論**を唱えた。

バークリー

知覚,
唯心

□**11** イギリス経験論の哲学者 ［**］ は、帰納法から導か
★★ れる ［**］ 律とは同じ経験の**習慣的な繰り返しを主
観的に認識した法則に過ぎず**、その客観的な存在と必
然性を疑い、これを否定する ［**］ **論**に立った。

◆因果律（因果関係）の必要性を否定した点で、懐疑論であり、不可知論であるといえる。主著は『**人間本性論（人性論）**』である。

ヒューム,
因果

懐疑

□**12** ヒュームは、経験**の主体**となる自我や精神を単一の実
★★★ 体とみなす考え方を否定し、人間の心を絶えず移り変
わる「 ［***］ の束」であると捉えた。

感覚（知覚）

□**13** ベーコンがイギリス ［***］ 論を確立したのに対し、
★★★ 「**近代哲学の父**」と呼ばれた**フランス**の ［***］ は初期
の大陸 ［***］ 論を確立した哲学者とされている。

経験,
デカルト,
合理

□**14** ベーコンが事実に基づいた経験を知識の源としたのに
★★★ 対し、デカルトは、 ［***］ を知識の源とした。

理性

□**15** デカルトは、ベーコンの ［***］ 法とは逆に、最も確
★★★ 実な真理から出発し理性的な推論によって真理を導く
思考法である ［***］ 法を唱えた。

帰納

演繹

□**16** どんなに確実だと思われる事柄であっても、**疑う余地
★★★ があれば疑ってみること**を ［***］ と呼ぶが、疑いの
果てにデカルトは、「**疑っている** ［***］ 」という、**疑
い得ない確実な真理**が存在することにたどり着いた。

方法的懐疑,
自分

□**17** デカルトは、人間には ★★ という**理性を正しく導**
★★ **く能力が公平に備わっている**と考えた。

ボン=サンス（良識）

□**18** デカルトの、「 ★★★ 」という言葉は、**疑っている**自
★★★ 分**の存在は疑い得ない**という真実を表現している。

われ思う、ゆえにわれあり

◆「われ思う、ゆえにわれあり」（ラテン語で "cogito ergo sum"（**コギト・エルゴ・スム**））は、**哲学の第一原理**と呼ばれる。

□**19** デカルトは著書**『省察』**で、この世界が考える実体であ
★★★ る ★★★ と、**空間的な拡がり**を持つ体や自然のよう
な ★★★ から構成されているという ★★★ を主張
した。

精神,
物体, 物心二元論

□**20** デカルトの物心二元論によると、**実体**とは物心の**両要**
★★★ **素から構成されて**、 ★★★ は本性的に「**考えること**」、
すなわち「**思惟**」という属性を持ち、 ★★★ は本性的
に**空間的な拡がり**である「**延長**」という属性を持つ。

精神,
物体

□**21** デカルトは、**理性に基づく認識**には、**4つの規則**があ
★★ ることを述べているが、第一は ★★ **な知識**、第二
は**分析**、第三は ★★ 、第四は**枚挙**であり、この4
つの規則を思考の規則とすることによって結論を導き
出すべきであるとした。

明晰判明,
総合

□**22** デカルトが述べた ★★ とは、事物が疑いようもな
★★ く**はっきりと認識**されることであり、 ★★ とは、事
物が他のものから**紛れもなく区別**されることである。

明晰,
判明

□**23** デカルトは著書『 ★★★ 』の冒頭で、「**ボン=サンス**
★★★ **（良識＝理性）はこの世で最も** ★★★ **に配分されてい**
る」と述べている。

方法序説,
平等

◆人間は**ボン=サンス（良識）を公平に保有**しているので、誰しも正しく理性を導き、真理に到達できると考えた。

□**24** **理性を重視する**デカルトの見解は、実践の領域では**理**
★★★ **性的意志によって情念や感情を統御**していくことに意
義を見出す考え方に結び付く。この**情念に左右されな**
い理性的な心を「 ★★★ 」と呼んだ。

高邁の精神

◆デカルトは、人間の理性を重んじ、感情や欲望などの情念に流されず、自らの良識に従って生きる「**高邁の精神**」を説いた。それは、肉体的な情念（欲望、愛情、憎しみなど）を制御する気高い理性であり、デカルトが重視した人間の徳を意味する。

□25 デカルトは、思弁的なスコラ哲学に代わる「実際的な
★ 哲学」によって人間を「**自然の ★ にして所有者**」 主人
たらしめるべく、確実な知識は理性によって獲得され
るとし、物質的世界は ★ 的に把握できるとした。 数学

□26 オランダの哲学者 ★★★ は、デカルトが ★★★ を スピノザ, 物心二
★★★ 展開したのに対し、**精神と物体は神において統一**され 元論
ているとし、 ★★★ 的な一元論を展開した。 汎神論
　◆スピノザの主著『エチカ』は、「倫理学」と訳される哲学書である。

□27 スピノザは、万物は神のあらわれとする ★★★ を唱 汎神論
★★★ え、人間は自然の諸事物の中に万物を貫く**必然的法則**
を見出す理性的認識により自由な主体となり得ること
を「 ★★★ を永遠の相の下に観想する」と表現した。 事物
　◆スピノザは自然の事物を貫く**必然法則**を理性的に認識しようと
　した点で、合理論に分類される。「永遠の相の下」とは、万物は
　永遠なる神の自己表現であることを示している。

□28 スピノザによれば、人間は他の被造物と同じように自
★★ 己を突き動かす原因を知らないのに、 ★★ だと思 自由,
い込んでいる。これに対して、真の ★★ とは、他 自由
から決定されるのではなく、自己の本性の必然性に
よって行動することである。

□29 ★★ 論を展開したドイツの哲学者 ★★ は、世 モナド (単子), ラ
★★ 界は神の ★★ によって最善の秩序を保っていると イプニッツ,
する楽観的世界観を展開した。 予定調和
　◆ライプニッツのいうモナド(単子)とは、物質的な原子ではなく、
　精神的な不可分一体の事物を構成する究極的な実体を指す。

□30 演繹法を思考の方法とし、デカルト、スピノザ、ライ
★★★ プニッツらによって確立された ★★★ は、 ★★★ 大陸合理論, 帰納
法を思考の方法とするイギリス経験論とは相対する。
　◆大陸合理論は、有限な経験から推論する経験論の帰納法では、演
　繹法が目指す普遍的で確実な知識は得られないと考えた。

□31 「ソクラテスは死んだ。プラトンも死んだ。アリストテ
★★★ レスも死んだ」。ゆえに、「人間は死ぬ」と推論する思
考法は ★★★ 法である。 帰納

□32　「人間は死ぬ」という公理を立て、「ソクラテスは人間
★★★　である」。ゆえに、「ソクラテスは死ぬ」とする思考法
　　は、俗に ★★★ と呼ばれる**数学的証明法**である。こ
　　の論法は、アリストテレスによる ★★★ **法**的な思考
　　法に基づく。

三段論法,
演繹

　　◆三段論法は、論理学的な意味での演繹法である。デカルトの演
　　　繹法は、**哲学の第一原理**に基づいて定立された絶対的で確実な
　　　公理に基づく知識体系を構築することを意味し、論理学的な形
　　　式的演繹法（自然演繹、自然演繹法）に対しては批判的な立場を
　　　とる。

□33　科学的思考法に関する次の記述**A・B**と、それを唱え
★★　た人物名**a・b**、推論の例**ア・イ**の組合せの中から、**演
　　繹法**を説明する組合せとして最も適当なものは、後の
　　①～⑧のうちの ★★ である。

③

　　A　誰もが疑うことのできないことから出発し、推論
　　　と論証を積み重ねて、新しい知識を発見していく思
　　　考法

　　B　観察や実験によって得られた個々の事実から共通
　　　性を見出して、一般的法則を導く思考法

　　　a　ベーコン　　**b**　デカルト

　　ア　衆議院議員は、25歳以上であると定められてい
　　　る。Xさんは、衆議院議員である。したがって、「X
　　　さんは、25歳以上である」と考える。
　　イ　政党Yは、SNSを開設している。したがって、「す
　　　べての政党は、SNSを開設している」と考える。

　　①　A─a─ア　②　A─a─イ　③　A─b─ア
　　④　A─b─イ　⑤　B─a─ア　⑥　B─a─イ
　　⑦　B─b─ア　⑧　B─b─イ

4 近代科学の誕生とその考え方

ANSWERS □□□

□1　ルネサンス期には、★★★ 説を唱えたコペルニクス
★★★　や、**落体**の**法則**を発見した ★★★ 、**万有引力**の**法則**
　　を発見し**古典力学を確立**した ★★★ 、惑星が太陽を
　　一焦点とする楕円軌道を描くとする法則を発見し
　　た ★★★ などの、自然科学者が数多く現れた。

地動,
ガリレイ,
ニュートン

ケプラー

□**2** ガリレイ、ニュートン、ケプラーなど近代自然科学の
★★ 成立に寄与した人々のほとんどは、敬虔（けいけん）な ★★
教徒でもあった。彼らは、神が創造した**自然的世界の
法則を探究**することで神の ★★ を知ることができ
るという確信から、研究を進めた。

キリスト

意志

□**3** 『**天体の回転について**』を著し、神を敬っていた
★★★ ★★★ は、世界を支配している神がどのような宇宙
を創造したのかという探求心から天体観測を行った結
果、2世紀のプトレマイオスの学説を採用しローマ=カ
トリックが主張してきた ★★★ 説の矛盾に気づき、
★★★ 説にたどり着いた。

コペルニクス,

天動,
地動

◆コペルニクスは、アリストテレス以来の**地球中心の有限宇宙論**
を批判し、太陽を中心とする**有限宇宙論である**地動説を唱えた。

□**4** デカルトは、「**自然**は形と大きさを持つ ★★★ および
★★★ 物体間の ★★★ からなる」という ★★★ 的自然観
に立っていた。

物体,
因果法則, 機械論

◆デカルトは、物心二元論と機械論的自然観**を確立**したが、これ
らは、自然は自然法則の秩序に従って**自動機械**のように運動し
ていると捉える近代自然科学の特徴的な考え方である。

□**5** ホッブズは、 ★★ **的唯物論**を説いたが、物体の機械
★★ 的かつ必然的な運動により自然や人間を説明する考え
方は ★★ 論であるとされ、宗教界から弾圧された。

機械論

無神

□**6** 宇宙は、神が創造した有限な全体であると考えられて
★ いたが、ルネサンス期のイタリアの哲学者 ★ は、
宇宙が無限に広がっていて、そこには太陽系のような
世界が無数にあるという考え方を説いた。

ブルーノ

◆ブルーノは、**宇宙の無限**を説き、神を無限の宇宙の生命そのもの
とみなす汎神論的宇宙論を展開した。その説は異端とされ、彼
は火刑に処された。

□**7** イタリアの科学者 ★★★ は、自ら望遠鏡を作り天体
★★★ を観測し、 ★★★ の地動説が正しいと結論づけたが、
宗教裁判にかけられ地動説**の撤回**を余儀なくされた。

ガリレイ,
コペルニクス

◆ガリレイの著書『天文対話（てんもんたいわ）』が禁書目録からはずされたのは、彼
の死後100年以上経過してからであり、1980年代以降、正式に
判決が見直され、後に教皇庁は当時の裁判の誤りを認めた。

5 モラリスト

ANSWERS ☐☐☐

□**1** ベーコンやデカルトらによって**科学的な思考法が確立**
★★★ された同時代のフランスには、体系的な論理によって
ではなく、自由な表現によって**ありのままの人間の生**
き方を探究した ★★★ と呼ばれる思想家が現れた。

モラリスト

◆モラリストとは、道徳を理性によって追究する立場ではない。人
間の独断や偏見、自分の主張を絶対化する姿勢が対立を招いた
と考え、**ありのままの人間の生き方を内省的に直観**した。それ
は人間性に着目した思想といえる。

□**2** フランスのモラリストである ★★★ は、著書『エセー
★★★ (随想録)』の中で、独断や偏見、**不寛容を批判**し、
「 ★★★ 」という言葉を残した。

モンテーニュ

ク=セ=ジュ

◆「ク=セ=ジュ」(“Que sais-je ?”)とは、「**私は何を知っている
のか?**」という意味で、人間は実は何も知らないのではないかと
いう懐疑主義に立っている。これは、デカルトの「方法的懐疑」
の考え方にも通ずる。疑うことは、客観的真理を正しく認識す
る第一歩となる。

□**3** 数学者でモラリストであるフランスの ★★★ は、人
★★★ 間が自身の弱さを自覚するところに人間の尊厳がある
とし、これを「人間は考える ★★★ である」という言
葉で表現した。また彼は、人間は偉大さと悲惨さの
★★★ であると述べた。

パスカル

葦

中間者

◆主著は『パンセ(瞑想録)』。パスカルは、人間の偉大さと悲惨さ
の矛盾に悩むことへの救いをキリスト教の愛に求めた。

□**4** パスカルは、身体的存在としての ★★ は圧倒的に
★★ 優勢な宇宙に比べて無力で卑小であるが、 ★★ は
理性的存在であり、自分が死ぬことを知っており、考
え、知ることができる点で ★★ だと述べている。

人間,
人間

偉大

□**5** パスカルは、「**この宇宙の沈黙は私を震撼させる**」と述
★ べて、大宇宙における人間は ★ に左右される頼
りない存在であると捉えた。

偶然

□**6** 後世に様々な**警句**を残したパスカルは主著『 ★ 』
★ で、「**川ひとつで仕切られる滑稽な正義よ。ピレネー山**
脈のこちら側での真理が、あちら側では誤謬である」
と記し、 ★ についての警告を発している。

パンセ(瞑想録)

習慣

VII 近代思想
5 モラリスト

123

□**7** パスカルは、真理の認識においては、論理的、合理的
★★ に思考する「 ★★ 的精神」と並んで、目の前に存在 　　　　　　　　　幾何学,
する多様な原理を一瞬のうちに直観する「 ★★ の 　　　　　　　繊細
精神」に独自の役割を認めた。

　◆パスカルは「幾何学的精神」の優位を主張したわけではなく、全
　体を見渡して直観的判断を下す「繊細の精神」の重要性も認めて
　いる。

6 社会契約説

ANSWERS □□□

□**1** 中世の**封建社会の衰退**とともに、国王による専制**政治**
★★ である ★★ の時代が到来し、イギリスのジェーム 　　　　絶対王政,
ズ1世やフィルマーらによって ★★ 説が唱えられ 　　　　王権神授
るなど、国王の権力が正当化された。

□**2** 絶対王政による支配に対して、 ★★★ が起こった。こ 　　　市民革命
★★★ の市民の動きの原動力となり後に民主主義が確立する
中で大きな役割を果たしたのが ★★★ 説である。 　　　　社会契約

□**3** 政府のような統治機構のない ★★★ で、人間が生ま 　　　自然状態,
★★★ れながらに持つ ★★★ のあり方を考察し、それを保 　　　自然権,
障するために政府にどのような権力を与える ★★★ 　　　　契約
を結ぶかを考えるのが社会契約説のテーマであるが、
思想家によってその内容は様々に異なる。

□**4** ★★★ の唱えた社会契約説では、すべての人間は**本** 　　　ホッブズ,
★★★ **性に根ざした**自己保存**の権利としての** ★★★ **を持っ** 　　　自然権
ているが、そのままの状態、つまり自然状態では欲望
に動かされて自己中心的になり、やがて利害衝突が起
きるとし、その状態を「 ★★★ 」と表現した。 　　　万人の万人に対す
　　　　　　　　　　　　　　　　　　　　　　　　　　　　る闘争

　◆ホッブズは、自己保存のためにあらゆることを行う自由を人間
　が生来持つ基本的な権利（自然権）とし、この権利が無制限に行
　使されると万人の間で闘争状態が生じると考えた。これを避け
　るために、人間は理性に従って対処する必要性を主張した。

□**5** | ★★★ | は、自由で平等な自然状態では、人は他人に
★★★　優越しようとする虚栄の**自尊心や自己保存の欲求**に
とらわれて、まるで狼のように争い合い、常に | ★★★ |
の恐怖と不安にさらされる。そこで情念と理性は、そ
の**惨めな状態から脱する**ように促し、各人は | ★★★ |
を主権者に譲渡して社会状態に移行すべきだと説いた。

◆この考え方は結果的に絶対王政の擁護につながったが、国家が
個人相互の契約で成り立つとした点で王権神授説とは異なる。

ホッブズ

死

自然権

□**6** | ★★★ | は、自由で平等な自然状態では、個人の生命・
★★★　自由・財産の | ★★★ | などの自然権は自然法により確
保されている。だが、人間どうしの争いが生じた場合、
誰がどのように裁くかは恣意的なものになる危険性が
ある。そこでより確実に自然権を保障するために、人々
は社会状態へと移行すべきだと説いた。

◆自然状態を平和な状態であると考えたロックは、人間は他人の
権利を侵害すべきではないという理性**の命令**に従い、互いの自
然権を尊重しながら生活していると捉えた。

ロック,

所有

□**7** ロックによると、人々は自然権をより良い状態で維持
★★★　する目的で社会契約を結び、自然権を**侵す者を罰する**
権利を国家に | ★★★ | する。もし国家が契約に違反し
て自然権を侵すような場合には、国民は | ★★★ | を行
使して権力を取り戻し、新たな国家を作ることができる。

信託（委託）,

抵抗権

□**8** 『旧約聖書』に登場する海獣の名に由来するホッブズの
★★★　主著は『 | ★★★ | 』、ロックの主著は『**統治二論**』『**統治**
論』とも訳される『 | ★★★ | 』である。

リヴァイアサン,

市民政府二論

□**9** | ★★★ | は、理性と自然法が自然状態を支配している
★★★　限り、自然**状態は基本的には平和状態**であるとして
| ★★★ | を批判した。

ロック

ホッブズ

□**10** ロックは、『統治論（市民政府二論）』の中で、「たとえ、
★★　大地と、すべての下級の被造物とが万人の共有物であ
るとしても、すべての人は、自分自身の | ★★ | につ
いては | ★★ | 権を持っている」と記した。

身体,

所有

□**11** ロックは『統治論（市民政府二論）』で、人々は各自の
★★　| ★★ | 権を**安定**させるために、| ★★ | を交わして政
府を作るものであると述べた。

所有, 契約

125

□**12** ロックは、単なる生物的存在ではない人間のことを
★　「　★　」(人格) と呼んだ。それは、自己意識を持
　ち、違う時間と場所でも同じであり続けると考える存
　在であるという考えを、著書『　★　』で展開した。

パーソン

人間悟性論 (人間
知性論)

□**13** ロックは、**権力の濫用**を防ぐため政治権力の分立を唱
★★★　え、モンテスキューの先駆けとなる三権分立を示した。
　この三権とは、立法権、★★★、★★★ であり、そ
　の中では立法権が**優越**すると考えた。

執行権 (行政権),
同盟権 (連合権、外
交権) ※順不同

□**14** ルソーは、自由で平等な社会を作るためには、人々が
★★★　私利私欲を追求する ★★★ や、その総和である全体
　意志ではなく、社会全体の利益と幸福を追い求める
　★★★ に従うべきであると考えた。

特殊意志

一般意志

□**15** ルソーは、**所有権も貧富の差もない** ★★★ を理想と
★★★　し、人々が金銭や名声を追い求める ★★★ **社会のあ
　り方を批判**する点から、羨望や嫉妬に満ちた現実社会
　を ★★★ **からの堕落**であると論じた。

自然状態,
文明

自然状態

□**16** ルソーは、未開人の社会と違って、★★★ 社会は富の
★★★　不平等、支配と服従、悪徳などで満ちているが、その
　主たる原因は財産の ★★★ にあると考え、人間は
　「★★★ に帰れ」と主張した。

文明

私有,
自然

□**17** ルソーは、『**人間不平等起源論**』において、人間が**生ま
★★　れながらに持つ自然な感情である** ★★ の情が、文
　明の発展とともに失われていくと分析し、**不平等と虚
　栄に満ちた** ★★ (旧体制、旧制度) 下のフランス社
　会を批判した。

<ruby>憐<rt>あわ</rt></ruby>れみ

アンシャン=レ
ジーム

□**18** ★★★ は、『**人間不平等起源論**』において、人間の不
★★★　平等は財産の私有によって生じたものであるとし、人
　間どうしの**自由で平等な関係**は、人々の私利私欲を排
　除した ★★★ に各人が自発的に従うことで実現され
　ると説いた。

ルソー

一般意志

□**19** ルソーは、公共の利益を求める普遍的な意志は人民自
★★★ 体のものであるから、人民の ★★★ は ★★★ も分
割もできないと主張した。

主権，譲渡

□**20** ルソーは、主権は個々の ★★★ に存在し、★★★ が
★★★ 集合し、融合する社会契約によって作られたものが国
家であると考え、その政治形態の基本は ★★★ 民主
制であるとした。

人民，人民

直接

◆ルソーは、人民主権を主張し、「イギリス人が自由なのは選挙
をする時だけで、選挙が終われば奴隷になってしまう」と述べ、
ロックの間接民主制を批判した。

□**21** ★★★ は、『**社会契約論**』の中で、**公共の利益を図る**
★★★ **意志**である ★★★ に基づく直接民主制を主張した。

ルソー，
一般意志

◆ルソーは、人民は直接、共同体において議決権を行使するが、
その一般意志に従うことで市民としての自由が得られると考え
た。

□**22** ロックの思想は ★★★ 宣言に反映されており、ルソ
★★★ ーの平等思想は ★★★ 宣言に盛り込まれている。

アメリカ独立，
フランス人権

◆アメリカ独立宣言には、ロックの抵抗権 (革命権) が明記されて
いる。フランス人権宣言第 1 条には、**ルソーの平等思想**が明記
されている。

□**23** 自然法が ★★ 権を保障する前国家的な**永久不変の**
★★ **法規範**であるのに対し、★★ 法は国家成立後に形
成された**人為の法**であり、成文法や ★★ 法を含む。

自然，
実定，
不文

□**24** ★★ 法は条文化された法律であるのに対し、★★
★★ 法は条文はないが法的確信が得られる規範であり、判
例法や慣習法などはこれにあたる。

成文，不文

◆イギリスの通常裁判所で確立された判例法であるコモン=ロー
は不文法 (不文憲法) の代表例である。

7 啓蒙思想

ANSWERS ☐☐☐

□**1** 17 世紀後半から 18 世紀にかけてヨーロッパで広まっ
★★★ た ★★★ 思想は、それまで伝統的に形成されてきた
迷信や偏見などの不合理を人間の ★★★ によって打
破して合理化しようとする考え方である。

啓蒙，
理性

◆啓蒙思想は、17 世紀後半にイギリスのロック、ヒュームらに
よって主張され、18 世紀にフランスへ波及し、モンテスキュー、
ヴォルテール、ルソー、ディドロらの啓蒙思想家が現れた。

□**2** フランスのモンテスキューは ★★★ の政治制度を模　イギリス
★★★ 範に自由主義的な政治思想を展開し、権力が絶対君主
に集中する旧来の制度の不合理を指摘して ★★★ 制　立憲君主,
と ★★★ を主張した。その主著は『 ★★★ 』である。　三権分立, 法の精
神
　◆ロックが立法権、執行権 (行政権)、同盟権 (連合権、外交権) の
　　三権分立を唱え、立法権の優位を主張したのに対して、その思
　　想的影響を受けたモンテスキューは立法権、行政権、司法権の
　　厳格な三権分立を唱えた。ロックの思想はイギリスの議院内閣
　　制に、モンテスキューの思想はフランス革命からフランス人権
　　宣言、アメリカ合衆国の大統領制に影響を与えた。

□**3** フランスの啓蒙思想を代表する文筆家 ★★ は、王　ヴォルテール
★★ 政の堕落を厳しく批判したために投獄されたが、『哲学
書簡』『寛容論』などの著書を通じて寛容の心の大切さ
を唱え、啓蒙運動を推進した。

□**4** フランスのヴォルテールは、イギリスで ★★ やロッ　ホッブズ
★★ クらの思想を学び、迷信や偏見を批判した。特にロッ
クからは、 ★★ の精神の重要性を継承した。　寛容

□**5** ★★ が、ダランベールやヴォルテール、ルソーらの　ディドロ
★★ 協力を得て編集した、フランス啓蒙期の様々な**学問や
技術の集大成**となった百科事典は『 ★★ 』である。　百科全書

□**6** ★★ 派の啓蒙思想家たちは、**文明社会は進歩した**　百科全書,
★★ **理想の社会**であり、文明人は ★★ によって未開社　理性
会に特有の迷信、偏見、無知から解放されていると主
張した。

□**7** 百科全書派の中心人物の1人で数学者の ★★ は、　ダランベール
★★ **実証主義的立場**をとり、一般に啓蒙思想がそうである
ように、 ★★ 学については批判的であった。　形而上

8 ドイツ観念論～カント、ヘーゲル

□**1** 18世紀後半ドイツの哲学者 ★★★ は、帰納法を主　カント
★★★ 張するイギリス経験論と、演繹法を主張する大陸合理
論を批判・統合し ★★★ 論を展開した。　ドイツ観念

□**2** カントによれば、イギリス経験論も大陸合理論も、人
★★★ 間の ★★★ の成立条件を解明しておらず、そのため
に前者は**不可知論**につきあたり、後者は**独断論**に陥る
とした。

認識

□**3** カントの哲学は ★★★ 哲学と呼ばれるが、それは彼
★★★ が認識や実践における ★★★ の役割を強調しただけ
ではなく、 ★★★ 能力そのものをも吟味し、理性ので
きることとできないことを明確に区別しようとしたか
らである。

批判,
理性,
認識

　◆カントの著書『純粋理性批判』『実践理性批判』『判断力批判』は
「三大批判書」と呼ばれている。

□**4** カントの著書『実践理性批判』は、「わが上なる星の輝
★★ く空と、わが内なる ★★ 」という言葉で結ばれて
いる。また、『 ★★ 』では、自然美や芸術を考察の
対象に、それらにかかわる**想像力（構想力）の自由な働
き**を分析している。

道徳法則,
判断力批判

□**5** ドイツ観念論においては、自由とは何かが大きなテー
★★★ マであるが、カントは理性によって立てられる**普遍の
法則である** ★★★ に自ら自発的に従うこと、つま
り ★★★ により真の自由を獲得できると考えた。

道徳法則,
自律

□**6** カントは、科学的思考法によって確実な知識が得られ
★★★ るのは ★★★ の認識に限られ、それがおよばぬ範囲
もあると指摘し、道徳的領域における**人間の自律性**を
確保しつつ、認識能力としての ★★★ の範囲を限定
した。

自然

理性

□**7** カントのいう「 ★★ 的転回」とは、「 ★★ が対
★★ 象に従うのではなく、対象が ★★ に従う」という
カント独特の考え方であり、それまでの**伝統的な考え
方を180度逆転させる**発想方法を意味する。

コペルニクス, 認
識,
認識

□**8** カントは、認識とは ★ に備わる認識能力によっ
★ て対象を構成することであり、認識が対象に従うので
はなく ★ が認識に従うとした。

主観

対象

□**9**
★
カントは、人間の認識は諸能力の｜ ★ ｜によって成
り立っていると考え、特に我々が美を捉えようとする
際には、諸能力が優劣なく互いに調和していることに
着目し、その様子を「自由な｜ ★ ｜」と表現した。

協働

遊び

□**10**
★★★
カントは、人間に生まれつき備わっている｜★★★｜な
能力である理性は、科学**的認識能力**である｜★★★｜理
性と、道徳**的認識能力**である｜★★★｜理性とに分けら
れるとした。

先天的 (アプリオ
リ),
理論,
実践

□**11**
★★★
カントは、衝動や欲望に流されず、｜★★★｜理性の法則
に従うことができる点に人間の｜★★★｜があるとして、
意志の｜★★★｜**を強調**した。

実践,
尊厳,
自律

◆カントは、人間は理性的存在としては自らが道徳法則**に従う自**
由を有しており、このことを**意志の**自律と呼んでいる。真の自
律的な自由とは道徳に従う自由といえる。

□**12**
★★★
カントは、｜★★★｜理性による人格主義の立場から、**結**
果よりも｜★★★｜、すなわち良心**による**｜★★★｜**の正**
しさを重視した。

実践,
善意志, 動機

□**13**
★★★
カントは、人間の行動を規制するものを、実用的かつ
一定の条件に基づく｜★★★｜と、道徳法則による無条
件かつ普遍的な｜★★★｜の２つに区別した上で、後者
に従うことを｜★★★｜と呼び、道徳の最高原則とした。

仮言命法,
定言命法,
義務

◆仮言命法が「**もし……ならば～すべし**」という命令の形式である
のに対し、定言命法とは「**汝～すべし**」とする命令の形式である。

□**14**
★★★
カントは、各人が自らの行為の原則（｜★★★｜）**が誰に**
とっても通用する原則であるかどうかを絶えず吟味し
ながら、行使しなければならないと考えた。

格率

◆カントの**道徳法則の根本原理**は「汝の意志の格率が、常に同時に
普遍的な法則として妥当し得るように行為せよ」という言葉に
表されている。

□**15**
★★★
カントは、人間が身体を持つ存在として感性的な欲求
に大きく影響されることを認めつつも、｜★★★｜法則
の尊重を命じる｜★★★｜的な要求に従うあり方に、人
間の真の｜★★★｜を見出した。

道徳,
理性,
自由

□**16** カントは、理性の命じる普遍的な ★★★ に自発的に
★★★ 従う ★★★ という規定をロックの人格規定に加え、
道徳的責任の主体となり得るものを ★★★ と呼んだ。

道徳法則,
自律,
人格

□**17** カントは、**自律的自由の主体としての人間**が、他者を
★★★ 単に手段としてだけでなく、同時に自分の ★★★ そ
のものとすることで**自他の人格を尊重し合うような共
同体を理想と考え、これを「 ★★★ 」と呼んだ。

目的

目的の王国

□**18** カントは、著書『 ★★★ 』で永久平和 (永遠平和) を
★★★ 実現するためには、国家の進むべき方向を国民自身が
決定できる体制を持った**諸国家**による平和連盟の必要
性を説き、後年の ★★★ の理念に継承された。

永久平和のために
(永遠平和のため
に)
国際連盟

□**19** ドイツ観念論はカントに始まったが、その後 ★ 、
★ ★ らに受け継がれた後、**世界の歴史を弁証法に
よって説明した**ヘーゲルにおいて完成に至る。

フィヒテ,
シェリング
※順不同

□**20** ドイツ観念論を完成させた、主著『精神現象学』などで
★★★ 知られる ★★★ は、個人の実践理性に基づく自由を
主張した ★★★ を主観的であると批判し、自由とは
歴史や社会の中で実現されるべきものであると考えた。

ヘーゲル,
カント

□**21** ヘーゲルは、道徳は法律や制度という形で ★★★ の
★★★ 中に具体的なよりどころを持つべきであると主張し、
★★★ のいう道徳が個人の内面のみに委ねられてい
ることを批判した。

社会

カント

□**22** ヘーゲルによると、歴史とは ★★★ の自己実現過程
★★★ であるから、自由というものは歴史の中で実現されて
いくものである。著書『歴史哲学』で述べた「**世界史
は ★★★ の進歩である**」という言葉は、こうした認
識に立っている。

絶対精神

自由の意識

◆ヘーゲルは、人間は勝手に行動しているように見えるが、絶対精
神という神のような存在によって操られていると捉えている。
神は自由の実現という自己目的を達成するために人を操り、自
由を実現する歴史を作り上げた。

□23 ヘーゲルは、**世界精神**にはずるがしこい悪知恵がある
★★★ ことを「理性の ★★★ 」と呼んだ。

狡知（詭計）

　◆絶対精神は直接、歴史を作り出す過程には姿を現さないが、歴
　史上の英雄などを操って、その自己目的である自由を実現させ
　ていくという企てを遂行していく。

□24 ヘーゲルは、人間の求める ★★★ は、個人の良心的
★★★ 行為のみで実現されず、★★★ と ★★★ との統一
　において実現すると考えた。

自由,
法，道徳 ※順不同

□25 ヘーゲルの人倫は、自然な情愛によって結び付く
★★★ ★★★ 、自己の欲望を満たすために利益を追求する
　★★★ 、これら**2つを統合して真の**自由**が実現され**
　る共同体であり人倫の**完成の場である** ★★★ **の3つ**
　によって説明される。

家族,
市民社会,
国家

□26 ヘーゲルの考えでは、歴史や社会から人間の精神に至
★★★ るまで、あらゆる事柄が ★★★ 的な考察に基づく3
　つの段階からなる論理によって貫かれている。

弁証法

□27 弁証法の**第一段階**は、自らの立場のみの視点しか持た
★★ ず他との対立を知らない ★★ と呼ばれる段階であ
　り、続く**第二段階**では自らの立場に加え他の立場が現
　れることで2つの立場が対立する現象が起こるが、こ
　の段階を ★★ と呼ぶ。

正（テーゼ）

反（アンチテーゼ）

□28 弁証法では、**第二段階の**反（アンチテーゼ）**から第三段**
★★ **階である** ★★ **に至る過程**で、**2つの対立**する立場
　を総合・統一する ★★ を経ることで、より高次元
　となる**新たな秩序へと統合**され、高められる。

合（ジンテーゼ）,
止揚（アウフヘー
ベン）

□29 ヘーゲルは、個人的道徳を超える ★★★ の概念を唱
★★★ えた。これは、客観的な法と、個人の主体的な自由（道
　徳）とが統一された共同体であり、★★★ 、市民社
　会、★★★ の三段階において成り立つ。

人倫

家族,
国家

□30 ヘーゲルは、★★★ と市民社会を総合し、★★★ の
★★★ **体系である**市民社会**を克服する**のが ★★★ であり、
　そこにおいて共同体の普遍性と個人の個別性が保持さ
　れるという国家論を説いた。

家族, 欲望,
国家

　◆ヘーゲルは、欲望の**体系である**市民社会を個人と全体が引き裂
　かれた人倫の**喪失態**であると捉えた。

□**31** [★★★] においては権利の対立を解決できないと考え
★★★ たヘーゲルは、その対立を [★★★] する可能性を国家
に求めた。

市民社会,
止揚 (アウフヘー
ベン)

□**32** ヘーゲルは、良心にかかわる**内的で主観的な** [★★]
★★ と、所有や契約を扱う**外的で客観的な** [★★] は、具体
的な [★★] において統合されると考えた。

道徳,
法,
人倫

◆カントが内面における理性の**命令である**自由を説いたのに対し
て、ヘーゲルは外面的な社会や国家との関係の中で、内面的に
判断する道徳と外面的に人間関係を規制する法との対立を止揚
(アウフヘーベン) した人倫の中に**真の**自由**が**実現すると説いた。

□**33** ヘーゲルの唱える人倫**の三体系**について説明した次の
★★★ 図の空欄 A ～ D にあてはまる適語を答えよ。

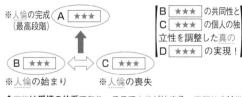

※人倫の完成 (A [★★★])
(最高段階)

B [★★★] の共同性と
C [★★★] の個人の独
立性を調整した真の
D [★★★] の実現!

B [★★★] ⟺ C [★★★]

※人倫の始まり　　※人倫の喪失

A　国家
B　家族
C　市民社会
D　自由

◆家族は愛情の体系であり、ここで人倫が始まる。市民社会は欲
望**の体系**であり、競争し合っているため、人倫**を喪失**する。そ
こで国家は人倫**の最高段階 (完成態)** であり、欲望を調整し自由
を実現する。また、ヘーゲルは、各自が自らの利益を追求する
ことで対立や争いの絶えない市民社会においても、人は自分の
内面に抱くものを外に向けて表現する労働を通じて自己への自
覚を深め、自らを形成していくと考えた。

□**34** ヘーゲルは、社会契約説が国家を権利を保障するため
★★★ の道具とみなしている点を批判し、[★★★] の最高形態
(完成態) である国家において、公共性と個人の
[★★★] との対立が [★★★] されるべきものと考えた。

人倫

自由,
止揚 (アウフヘー
ベン)

◆だが、実際には、国家の個人に対する優位性が強調され、当時
の立憲君主制**を擁護**するものとなっている。

9 功利主義、実証主義、進化論

ANSWERS □□□

□**1** アダム=スミスやリカードに代表される [★★] で
★★ は、[★★] 主義という**資本主義の原則**を重視する。

古典派経済学,
自由放任

□**2** 功利主義の思想は、古典派経済学者の [★★] の自由
★★ 放任主義にも現れている。

アダム=スミス

□3 アダム＝スミスは、『 ★★ 』を著し、自由放任主義に立てば、「 ★★ 」に導かれて予定調和に至ることを主張した。

諸国民の富（国富論），
神の見えざる手

□4 道徳感情論の提唱者であり、主著『 ★★★ 』の中で**自由競争は**「神の見えざる手」**により導かれる**と説いたアダム＝スミスは、 ★★★ という道徳的な感情が、利己心に**基づく各人の行動を内面から規制**して、私益と公益の調和が図られるとした。

諸国民の富（国富論）
共感

□5 アダム＝スミスは、 ★★ 心を尊重し、それが資本主義の自由競争原理を生み出すと捉えたが、それは自分勝手な利益追求の心情ではなく、**公平な観察者**（第三者）の ★★ や同情を得られる範囲内で是認されるものと考えていた。

利己

共感

◆アダム＝スミスは、利己心は道徳感情によって社会正義と調和可能なものと考え、行為の善悪を決する道徳の評価基準として、人々の間に共有できる感情である共感を重視した。

□6 功利主義は、 ★★ の幸福追求に重きを置き、個々人からなる**社会全体の幸福**を ★★ する仕組みを考えた。

個人，
最大化

◆19世紀イギリスの功利主義は、普通選挙などの参政権の拡大や多数決原理などの具体的な制度改革に結び付いた。

□7 ある行為の善悪を見極める時に、その行為が幸福や快楽をもたらすか否かに判断基準を求める考え方を ★★★ といい、その代表的人物である ★★★ は主著『道徳および立法の諸原理序説』などで、自然から与えられる苦痛と快楽に人間の行動が左右されると捉えた。

功利主義，ベンサム

□8 ベンサムによると、人間は ★★★ と ★★★ によって支配されており、その上で社会の一人ひとりが平等に扱われる必要があるとし、「 ★★★ 」を実現する社会の確立を目指すべきだと考えた。

快楽，苦痛
※順不同
最大多数の最大幸福

□**9** ★★★ ベンサムは ★★★ 説に立ち、快楽は ★★★ として
計算できると主張して快楽の**最大化**を目指したが、**強
度、持続性、確実性、時間的遠近、多産性、純粋性、そ
れが及ぶ範囲**の7つの基準を設けた。

快楽計算, 量

◆ベンサムは、快楽を計算し、その**総量**を**最大化すべき**とする量
的功利主義を重視した。また、個々人の感じる快楽の**量**を合算
して社会全体の幸福の**総量を求める**場合に、各人は誰もが等し
く、**1人として数えられなくてはならない**と主張した。

□**10** ★★ ベンサムは、人間の行為規範である外面的な強制力と
して、4つの制裁（ ★★ ）を掲げた。第一に自然に
与えられる**苦痛**などといった ★★ 的制裁、第二に
刑罰などといった ★★ 的制裁、第三に他者からの
非難などといった ★★ 的制裁、第四に**神**に対する
畏怖などといった ★★ 的制裁である。

サンクション,
物理（自然）,
法律（政治）,
道徳（社会）,
宗教

□**11** ★★★ ベンサムが重視した「 ★★★ 」を実現するためには、
議会制度の改革を行い、議会における議決方法として
★★★ 原理を導入すべきだといえる。

最大多数の最大幸
福
多数決

◆ベンサムは、「最大多数の最大幸福」の原理により特権階級への
批判や民主主義的な制度改革を主張した。

□**12** ★★★ ★★★ の快楽計算によって幸福を**量的**に計算しよう
とした考え方に対し、**幸福**は ★★★ 的な側面から捉
えられるべきだと主張したのは、同じくイギリスの哲
学者であり経済学者の ★★★ である。

ベンサム,
質

J.S. ミル

□**13** ★★ J.S. ミルはその著書『 ★★ 』の中で「満足した豚よ
りも、不満足な人間の方が良く、満足した愚者よりも、
不満足なソクラテスの方が良い」と述べ、感覚的な幸
福よりも ★★ な幸福を追求した。

功利主義

精神的

□**14** ★★★ J.S. ミルのいう幸福とは、**他人のために行動し社会全
体の理想のために努力した結果**の副産物であり、イエ
スの説いた ★★★ の中にこそ理想的な ★★★ 主義
の考えが宿るとした。

隣人愛, 功利

◆イエスが尊重した隣人愛とは「**あなたが自分を愛するように、あ
なたの隣人を愛せよ**」という言葉に示されている。J.S. ミルは、
幸福の本質をイエスの戒めである黄金律であると捉えた。この
戒めの内容は、いわゆる隣人愛であり、他人のために尽くすと
いう利他主義的な行動に精神的な幸福を見出していた。

□15 ベンサムが ★★★ 的功利主義を唱えたのに対して、　　　　量,
★★★
J.S. ミルは ★★★ 的功利主義の立場をとった。　　　　　　質

□16 ベンサムが行動の規律として重視した制裁は**外面的な**
★★
規制であったのに対して、J.S. ミルが重視した内的制
裁は、 ★★ などの**内面的な規制**である。　　　　　　　良心

　◆量的**功利主義**に立つベンサムは人の幸福追求の行動は法や道
　徳、宗教などの**外面的な制裁**による規制を受けるべきだとした
　のに対して、質的**功利主義**に立つ J.S. ミルは「**己の欲すると**
　ころを人に施せ」というキリスト教の隣人愛的な同情心である**内**
　面的な規制を受けるべきだと説いた。

□17 J.S. ミルは、快楽に ★★★ 的**な差異**を認め、人間の　　　質,
★★★
良心や ★★★ 的心情を重視するとともに、行為の正・　　　利他
不正の基準を、その行為が自分を含めた社会全体に**最**
大の ★★★ をもたらすか否かという点に求めた。　　　　　幸福

　◆J.S. ミルは、快楽には高貴な快楽と低劣な快楽が存在するとし
　て快楽の質を追求した。

□18 J.S. ミルは著書『 ★★ 』で、人間には個性ある精　　　　自由論
★★
神作用があり、各々に精神的自由が与えられている点
で幸福であると捉えた。個性ある精神的な考え方を認
め、その政治的な表明の機会を保障するためには、
★★ の確立が必要であるとした。　　　　　　　　　　普通選挙

　◆J.S. ミルは、晩年に下院議員として**選挙法改正**や**女性の参政権**
　獲得を主張するなど、イギリス社会の改革に取り組んだ。

□19 J.S. ミルは、著書『 ★★ 』の中で、画一的な世論が　　　自由論
★★
反対意見を封殺する「**多数者の専制**」について論じてい
る。また、J.S. ミルに影響を与えた『**アメリカのデモ**
クラシー』の著者である政治思想家の ★★ も同様　　　トクヴィル
の見解を示している。

□20 J.S. ミルは、精神的自由として、内面の考え方である
★★★
★★★ **の自由**と、その外部表明である ★★★ **の自由**　　思想, 言論 (表現)
を他者に被害を及ぼさない限りにおいて尊重すべきと
する ★★★ **の原則**を唱えた。　　　　　　　　　　　　他者危害

　◆J.S. ミルは、精神的自由が人々の個性を発展させ、それが社会
　全体の進歩と幸福の実現につながると考えた。この考え方は、自
　由には愚かな行為を行う愚行権が保障されているものの、一定
　の限界があることを示している。例えば、日本国憲法では人権の
　限界として「公共の福祉」を規定しているが、この規定に J.S. ミ
　ルの唱えた他者危害の原則が影響を与えている。

□**21** 19世紀になり飛躍的に発達した近代自然科学を取り
★★ 入れた考え方は ★★ 主義と呼ばれ、フランスの
★★ により確立された。

　　◆実証主義は、経験的な事実の背後に超科学的な実在を認めず、**科学的に観察できる**事実や実在**のみを認める。**現実に科学的に証明される事実で有用性を持つ実在についてのみ価値を認める哲学といえる。コントの著作には『実証哲学講義』などがある。

実証,
コント

□**22** コントの主張した実証主義において、本当の知識とは、
★★ 観察された ★★ を基礎とするものに限られるので、
★★ を越えたものに関する知識は退けねばならないとされる。

事実,
経験

□**23** コントは、人間の知識は3つの発達段階に分かれると
★★★ 主張した。このことについて説明した次の図の空欄 **A**
〜 **E** にあてはまる適語を答えよ。

人類のD ★★★ の最高段階！
【第三段階】C ★★★ 的段階
（ある現象の原因を E ★★★ 的な事実
や法則によって説明しようとする段階）

【第二段階】B ★★★ 的段階
（ある現象の背景に抽象的・哲学的な実在
を思索する段階）

【第一段階】A ★★★ 的段階
（ある現象の原因を神などの超自然的な存
在で説明する段階）

A　神学

B　形而上学
C　実証
D　進歩
E　科学

□**24** 人間を含めた生物は、突然変異と自然選択**に基づいて
★★★ 環境に適応**することにより、系統的に分化して多様な
ものとなっていくという考え方は ★★★ による
★★★ 論と呼ばれ、人間や社会の捉え方に影響を与えた。

ダーウィン,
進化

□**25** ダーウィンは主著『 ★★ 』の中で、生物の進化は**自
★★ 然による選択作用である** ★★ と、**より有利な遺伝
子を持つものが生存する** ★★ によって説明される。

種の起源,
自然淘汰,
適者生存

☐ **26** イギリスの哲学者 ★★ は、生物のみならず社会も
★★ また生物のような有機体として進化する ★★ 説を
主張し、 ★★ の唱えた進化論とともに社会に大き
な影響を与えた。彼の主著は『総合哲学体系』である。

スペンサー,
社会有機体,
ダーウィン

☐ **27** スペンサーによると、人間は ★ によって知識の
★ 総合を目指すべきであり、生物学における ★ の
考え方を応用することで、人間社会についても科学的
知識を得ることができるという。

科学,
進化

☐ **28** スペンサーは、 ★★ を社会に適用し、自由競争と適
★★ 者生存のメカニズムが国家などの干渉を受けない
時、 ★★ が進み社会が発展すると論じた。

進化論

分業

VIII 近代思想

ETHICS

西洋近代思想②

1 社会主義とその展開

□**1** 18世紀後半のイギリスで始まった ★★ により、産
★★ 業界は工場制手工業（ ★★ ）から工場制機械工業
（機械制大工業）へと変化した。これに伴い、資本家と
労働者という階級が形成される中で、**資本主義経済の
欠陥や矛盾を批判・是正する ★★ 思想**が台頭した。

産業革命,
マニュファクチュ
ア

社会主義

□**2** ★★★ 社会主義は、ドイツの ★★★ とエンゲルス
★★★ によって確立されたが、彼らが ★★★ 社会主義と呼
んだのは、イギリスのオーウェンやフランスのサン＝
シモン、フーリエらが主張した思想を指している。

科学的, マルクス,
空想的

□**3** ルネサンス期に活躍したイギリスの ★★ は、その
★★ 主著『 ★★ 』の中で土地所有者が農地の ★★ を
している社会を批判し、**私有財産制のない理想的な社
会**を描いた。

トマス＝モア,
ユートピア, 囲い
込み（エンクロー
ジャー）

□**4** 空想的社会主義者と呼ばれた、『産業者の教理問答』の
★ 著者であるフランスの ★ は、貴族ではなく産業
に従事する人々こそが社会を建設すべきだと説いた。

サン＝シモン

□**5** 空想的社会主義者と呼ばれたフランスの ★ は、
★ **自由競争下での産業社会は統一性を欠いた無政府的**な
ものであり、不正や欺瞞に満ちていると考え、資本主
義における貧富の差、労働者や女性の隷属の主な原因
は商業資本家の強欲さにあるとして、農業を基本とし
た**理想的な共同社会**（ ★ ）を構想した。

フーリエ

ファランジュ

□**6** 空想的社会主義者と呼ばれたイギリスの ★ は、
★ 人間の性格に対して、家庭や教育、労働などの環境が
与える影響の重大性を説き、**協同組合の設立や理想の
共同体の建設**を目指してアメリカへわたり、 ★
を開いた。

オーウェン

ニューハーモニー村

□**7** 19世紀ドイツの哲学者 ★ は、**ヘーゲル批判を** フォイエルバッハ
★ 通して独自の唯物論的な人間学に到達し、マルクスや
エンゲルスに影響を与えた。

□**8** 19世紀ドイツの経済学者・哲学者 ★★★ は、人間 マルクス,
★★★ を**他者との社会的関係の中で生きる** ★★★ **として捉** 類的存在,
え、また**人間の本質と生産の源泉を** ★★★ **に見出** 労働,
し、 ★★★ と『共産党宣言』を著した。 エンゲルス

◆エンゲルスは、マルクスと終生変わらぬ関係を結び、ともに**富の**
不平等を告発する社会主義思想を「空想から科学へ」と進展させ
ることに取り組んだ。著書に『空想から科学へ』『イギリスにおけ
る労働者階級の状態』などがある。なお、イギリスのオーウェン
やフランスのサン=シモン、フーリエたちが唱えた社会主義思想
のことを、マルクスとエンゲルスは「空想的社会主義」と呼んだ。

□**9** ★★★ は『資本論』の中で、労働者はその ★★★ の マルクス, 労働(労
★★★ 再生産に必要な**価値(賃金)以上の価値を生み**、それが 働力)
資本家により搾取されるという ★★★ 説を唱えた。 剰余価値

□**10** 資本主義経済では、労働者の労働力の価値を超えて生
★★★ み出される生産物(★★★)が ★★★ を持つ資本家 剰余価値, 生産手
の利益になる。こうして生産物は、それらを作り出し 段
た労働者から遠ざけられ、彼らの生きがいや自己実現、
人間的な連帯を見失わせるという**人間性の喪失**につな
がる状況を、マルクスは**労働の** ★★★ **と呼んだ。** 疎外

□**11** マルクスが資本主義経済の仕組みを分析した19世紀に
★★ は、作業場で労働者に過酷な労働条件が強制され、
★★ による労働者からの ★★ が問題視された。 資本家, 搾取

□**12** マルクスは、**労働力以上の生産物**(★★★)が資本家 剰余価値
★★★ の支配下にあるという資本主義の問題を克服するため
に、 ★★★ による**社会主義社会への移行は歴史必然** 革命
的に発生するであろうと主張した。

□**13** マルクスは、生産手段は少数者の ★★ ではなく**社** 私有
★★ **会的な所有**としなければならないとした上で、人々が
能力や必要に応じて働き、 ★★ **の配分を平等に受** 富
ける社会を目指すべきであると説いた。

□**14** マルクスは、ヘーゲルの ★★★ の考えを継承して資 弁証法
★★★ 本主義**における生産構造を分析**したが、歴史の原動力
を絶対精神ではなく ★★★ に見出した。 物質

□**15** マルクスとエンゲルスによって確立された ★★★ と
★★★　は、歴史の発展を**社会の物質的な生産力と生産関係**
の ★★★ 的な発展と捉える歴史観のことである。

唯物史観（史的唯
物論）
弁証法

□**16** マルクスとエンゲルスの唯物史観（史的唯物論）による
★★★　と、社会の土台である ★★★ 構造、つまりその社会
の生産様式が、政治制度や法律・文化などの ★★★ 構
造を規定する。

下部,
上部

□**17** マルクスは、資本主義の下では資本家と労働者の間で
★★★　 ★★★ が激化し、やがて**労働者による革命**（ ★★★ ）
が起こり、歴史必然的に下部構造である**生産関係**が変化
し、上部**構造である政治体制も社会変革される**と説いた。

階級闘争, プロレタ
リア革命（プロレタ
リアート革命）

□**18** マルクスによる社会主義思想（マルクス主義）が広まる
★★　中で、ヨーロッパでは ★★ によってではなく議会
制民主主義**の枠内で個人の自由の原則を保障しつつ社
会の不平等を是正**しようという動きが起こった。この
思想を ★★ という。

革命

社会民主主義

　◆社会民主主義とは、議会制民主主義を維持しながら、**緩やかに
　社会主義の平等の理想を実現**しようとする立場である。

□**19** ★★ において社会民主主義を唱えた代表的人物
★★　は ★★ 夫妻やバーナード=ショウなどである。彼
らは、穏健的社会主義者団体である ★★ の指導者
として、**漸進的な社会改革**を主張し、**福祉政策の充実
や生産手段の公有化**などを通じて、現代社会が抱える
悲惨な状況の改善を訴えた。

イギリス,
ウェッブ,
フェビアン協会

　◆この主張は、その団体名からフェビアニズムとも呼ばれる。

□**20** フェビアニズムの主張する社会保障制度完備の考え方
★★　は、この制度を通じて ★★ の幸福を追求しようと
する、現代における ★★ 論に結び付いていく。

社会全体,
福祉国家

□**21** イギリスの ┃ ★★ ┃ 夫妻は、資本主義の弊害を除去す
★★ るためには、利潤の公平な再分配や主要産業の国有化
が必要であると説き、┃ ★★ ┃ 活動を通じた社会改革
を目指した。

◆ウェッブ夫妻らは、J.S. ミルによる質的功利主義の影響を受
けつつ、利潤の公平な再分配や福祉政策の充実などを主張した
が、これは資本主義の欠陥を是正しようとする運動につながっ
た。この考え方は、やがて1906年のイギリス労働党の結成につ
ながっていく。

ウェッブ

議会

□**22** ドイツでは ┃ ★ ┃ らが、マルクス主義に修正を加え
★ た ┃ ★ ┃ を唱えた。これは、労働者階級が ┃ ★ ┃
において多数を獲得し、着実に社会主義へと移行して
いくことを主張する思想である。

ベルンシュタイン,
修正マルクス主義,
議会

□**23** 国家や既存の権力、政治体制を否定して、真の自由社
★ 会の確立を目指す立場を ┃ ★ ┃ という。

◆19世紀フランスの社会主義者プルードンや、ロシアの思想家バ
クーニンが唱えた。

無政府主義（ア
ナーキズム）

□**24** レーニンは、著書『┃ ★★ ┃』の中で、資本主義国家に
★★ よる植民地再分割競争と ┃ ★★ ┃ 戦争は不可避で階級
対立のない ┃ ★★ ┃ 社会が最も理想的であるとした。

◆レーニンは革命論者であり、マルクス主義を実践して、1917年の
ロシア革命を指揮した。著書は他に『国家と革命』などがある。

帝国主義論,
帝国主義,
共産主義

□**25** レーニンによると、┃ ★★★ ┃ 主義とは資本主義から
★★★ ┃ ★★★ ┃ 主義への過渡期にあたるが、この段階では階
級による争いが避けられないことから、労働者による
┃ ★★★ ┃ 独裁が必要であると指摘した。

社会,
共産

プロレタリア
（プロレタリアート）

□**26** レーニンの死後、社会主義国家建設は ┃ ★★ ┃ に継承
★★ されたが、生産手段の社会的所有や ┃ ★★ ┃ 経済など
の理想は、極度の中央集権体制の中で変質した。やが
て共産党による一党独裁への批判が噴出し、1991年の
┃ ★★ ┃ 解体によって社会主義体制は事実上、崩壊した。

スターリン,
計画

ソ連

□**27** 毛沢東が唱えた 　★　 革命は、発達した資本主義国
★　　家とは異なる**半封建・半植民地**の農業国である中国で
　　　は社会主義革命はなし得ず、まず列強の 　★　 主義
　　　と植民地化、旧来の封建制を打倒した上で、社会主義
　　　革命を目指すという**二段階の革命理論**である。

新民主主義

帝国

□**28** 1970年代、イタリアをはじめフランスやスペインの共
★　　産党などが、ソ連の**指導を離れて自主路線をとる**
　　　　 　★　 という動きが強まり、 　★　 制民主主義の
　　　下で共産主義を掲げるなどの政策から「白い共産主義」
　　　とも呼ばれた。

ユーロ=コミュニ
ズム，議会

□**29** ソ連では、1985年にソ連共産党書記長に就任した
★★★　 　★★★　 が改革政策である 　★★★　 を推進した。

ゴルバチョフ，ペ
レストロイカ

　　◆ペレストロイカは「立て直し」という意味。ゴルバチョフの指導
　　　下で、企業の自主性の拡大などの経済改革、政治体制の民主化、
　　　情報公開、「歴史の見直し」など、ソ連共産党の一党支配体制が
　　　根本から見直された。

2 実存主義

□**1** 　★★★　 主義とは、現代文明の中で起こる**人間性の危**
★★★　**機**（人間 　★★★　 ）を、人間の内面の問題として捉
　　　え、 　★★★　 を回復しようとする思想である。

実存，
疎外，
主体性

　　◆**資本主義経済の発展**の中で、人々は組織の歯車となり、本来持
　　　つべき人間性を失いつつあった。人間疎外の状況から人間性を
　　　回復することを人間の内面改革によって実現しようとするのが
　　　実存主義である。一方、外面的な制度改革で実現しようとした
　　　のが社会主義思想である。

□**2** 19世紀デンマークの思想家 　★★★　 は、従来のドイ
★★★　ツ哲学が物事を客観的・論理的に捉えようとしてきた
　　　のに対し、自分自身が一度限りの人生をいかに**主体的**
　　　に生きるかを問う 　★★★　 を追究した。

キルケゴール

主体的真理

　　◆実存主義においては自分が存在するという事実、すなわち実存
　　　を確認することが不可欠となる。実存（existence）とは、基本
　　　的な意味においては「（何かが）存在するという事実（the fact
　　　of being）」を指すが、実存主義（existentialism）とは特に「自
　　　分自身が存在するという事実」を主題的に探究することを試み
　　　る哲学の潮流であるとされる。

□**3** キルケゴールは、当時の世俗的な風潮や世俗化してし
★★★ まった ★★★ と戦いながら、★★★ の前に ★★★
として立つことを求めた。

宗教，神，単独者

□**4** キルケゴールは、自己の本来的なあり方について
★★★ ★★★ を求めて、絶望を繰り返しながら、自らの罪深
さに対する慎きのうちに、★★★ として神の前に
立って生きるべきだと述べた。

主体的真理，
単独者

◆キルケゴールは、絶望状況から神の前の単独者として主体的信
仰を行うことで人間は飛躍できるとした（絶望からの飛躍）。

□**5** キルケゴールの考えた実存には、感覚的な享楽を求め
★★★ る ★★★ 実存、倫理的な義務を果たそうとする
★★★ 実存、単独者として神への信仰に生きるとい
う ★★★ 実存の３つの段階がある。

美的，
倫理的，
宗教的

◆キルケゴールの「**実存の三段階**」

絶望

①**美的実存**
（享楽を求める）

②倫理的**実存**
（倫理的な義務を守ろうとする）

③宗教的**実存**
（神の前の単独者として信仰する）
＝自己の存在価値を認識

実存の三段階

□**6** キルケゴールの主著は、二者択一の中で人生を選び取
★★ り決断していく実存について述べた『 ★★ 』や『**死
に至る病**』、『**不安の概念**』などがある。

あれか、これか

□**7** キルケゴールは、現代を熟慮が情熱に優先し、誰もが
★ どうすべきかを知っていながら、誰一人行動しようと
はしない ★ 化された分別の時代であると捉えた。

平均

□**8** キルケゴールは、本来の自己を見失い ★★★ する人
★★★ 間は、★★★ によっては根拠づけられない ★★★
への決断によって本来の自己を回復できるとした。

絶望，
理性，信仰

□**9** キルケゴールが宗教的実存により人間性の回復を目指
★★★ したのに対し、ドイツの哲学者 ★★★ はヨーロッパ
の頽廃（たいはい）の原因を ★★★ に求めて「 ★★★ は死んだ」
と宣言した。

ニーチェ，
キリスト教，神

　◆ニーチェは、キリスト教的な思考法や世界観が人間の価値観を
　転倒させたと主張した。弱者である人間が、救いを求めてキリス
　ト教的な信仰に走るのであり、そのために、ありもしない彼岸
　を志向して現世における生を蔑ろにするのである。したがって、
　人間性を回復し、自らの存在を自覚するには、あらゆる価値の
　存在を否定して自らの強い意志を持つことの重要性を説いた。

□**10** ニーチェの主著には、キリスト教を否定し、超人の生
★ き方を説く『 ★ 』や、『力への意志』『悲劇の誕生』
などがある。

ツァラトゥストラ
はこう語った

□**11** ニーチェは、 ★★ を克服し無価値が永遠に繰り返
★★ される永劫回帰（えいごうかいき）な世界を肯定するという人間精神の最
終的な到達点を、無垢な子どもの遊びになぞらえた。

ニヒリズム（虚無
主義）

□**12** ★★★ は、「神は死んだ」と宣言することで伝統的な
★★★ 宗教に集う人々のあり方を批判する能動的 ★★★ を
主張し、 ★★★ となって新たな価値を自ら創造しつ
つ生きることを求めた。

ニーチェ，
ニヒリズム（虚無
主義），
超人

　◆ニーチェは、キリスト教信仰にすがることが弱者の考え方であ
　ることから、キリスト教的価値観を積極的に捨て去る能動的ニ
　ヒリズム（虚無主義）を主張し、情熱的な生き方で人間性を回復
　すべきことを説いた。

□**13** 宗教的な世界に逃避してしまう生き方に対し、ニー
★★★ チェは ★★★ の生き方を説いた。これは現実世界の
中で常に自己を鍛錬し成長しようとする ★★★ に従
い新しい価値を創造して生きる道のことである。

超人，
力への意志（権力
への意志）

□**14** ★★★ とは、世界は意味も目的もなく同じことを永
★★★ 遠に繰り返すというニーチェの思想だが、超人はその
中にあってそれを認め、なお ★★★ によって現実の
人生を愛し、受け入れなくてはならないとした。

永劫回帰（永遠回
帰）
運命愛

□**15** ニーチェは利他心や自己中心性について、利他心の涵（かん）
★★★ 養（よう）を命じるキリスト教道徳とは、その実、強者に対す
る弱者の「 ★★★ 」（怨恨）から生じた「奴隷道徳」で
あると述べた。

ルサンチマン

145

□ **16** 19世紀ドイツの哲学者 ［ ★ ］ は、人間は無目的な
★
意思を本質とする世界の中で、満たされる欲望に苦悩
しつつ、生への「 ［ ★ ］ 意志」が苦悩を生み出すとい
う認識に立って、この苦悩から脱し、生きていかなけ
ればならないと説いた。

◆「**生への意志**」を説くショーペンハウアーの哲学は、ニーチェの
「力への意志」に受け継がれた。

ショーペンハウ
アー,
盲目的

□ **17** ドイツの哲学者 ［ ★★★ ］ は、死、苦悩、争い、負い目
★★★
(罪責)などの ［ ★★★ ］ の中で挫折し**自己の**限界**を自覚**
する時、人間は自分を超えた ［ ★★★ ］ の存在を知り、本
来の実存に目覚めると説いた。

◆ヤスパースは、これらの限界状況は科学の力をもってしても解
決不能であると捉えた。

ヤスパース,
限界状況,
超越者 (包括者)

□ **18** ヤスパースによると、限界状況にあって初めて他者と
★★★
の真実の出会いとなる「 ［ ★★★ ］ 」が生まれるとし、そ
れは他者とのなれ合いを脱して**真実の自己を勝ち取る**
という意味で「 ［ ★★★ ］ 」と呼んだ。

◆ヤスパースは「彼が彼自身でなければ、私は私自身にはなり得な
い」として、交わりを魂と魂の深淵な交わりと捉え、そのことが
自分の生活に充実をもたらすと考えた。主著には『哲学』と、**理**
性的な実存のあり方について述べた『理性と実存』がある。

実存的交わり

愛しながらの戦い

□ **19** ヤスパースによると、人間は死や苦しみなど、自分の
★★★
力ではどうすることもできない状況に直面した時に、
その不安と絶望を越えて ［ ★★★ ］ に出会い、しかも他
の実存との「 ［ ★★★ ］ 」によって**連帯することで**真の実
存に目覚める。

超越者,
愛しながらの戦い

□ **20** ドイツの実存哲学者 ［ ★★★ ］ によると、「 ［ ★★★ ］ 」は
★★★
気晴らし**を求めて日常のうちに埋没**してしまう。人間
は、［ ★★★ ］ に臨む存在(死**への存在**)であることを自覚
することによって、本来の自己のあり方に立ち返るこ
とができる。

◆ハイデッガーは、日常生活において享楽に埋没している「ひと」
(世人、ダス=マン)も、どうやっても避けることができない自
分の死を自覚することで自己の固有の存在を最も鋭く捉えるこ
とができることを指摘した。主著に『存在と時間』などがある。

ハイデッガー, ひ
と (世人、ダス=マ
ン)
死

□**21** ハイデッガーによると、人間は ★★★ という自己の
★★★ 存在に対して自覚的な存在であり、★★★ として世
界の中に投げ出されており（**被投性**）、様々な事物や他
者とかかわりながら具体的な現実の中に存在している。

現存在（ダーザイ
ン），

世界―内―存在

□**22** ハイデッガーは、「 ★★★ 」としての人間のあり方を
★★★ 探究し、それに基づいて、主観と客観との対立という
構図の中で ★★★ を捉えようとする ★★★ 以来の
発想を批判した。

世界―内―存在

認識，デカルト

□**23** ハイデッガーは、良心とは**日常生活に埋没した画一的**
★★★ **な自己を本来的な自己へと呼び覚ます** ★★★ の呼び
声であると捉えた。

現存在（ダーザイ
ン）

□**24** ハイデッガーは、 ★★ とは自明であった日常の世
★★ 界が意味を失い、足元から滑り落ちるような不気味な
無の体験を通じて、 ★★ が明らかになる**際立った
気分**であると捉えた。

不安

存在

□**25** ハイデッガーは、人間は**自己の極限の可能性である**
★★★ ★★★ へと先駆することで、自らのかかわる**身のま
わりの世界に没入した状態**から、自らに**最も固有な自
己に覚醒**すると説いた。

死

□**26** 自己の ★★★ の**可能性と向き合うこと**で自己の本来
★★★ 的な存在へ至ることができると考えたハイデッガーは、
後に科学技術のあり方を考察し、人間があらゆるもの
を支配・制御することに心を奪われていると批判した。
彼はこの状態を「 ★★★ の喪失」と呼んだ。

死

故郷

□**27** ハイデッガーは、西洋文明が存在するものを科学的に
★ 対象化したり技術的に支配したりすることに没頭し、
あらゆる存在するものの**根源にある**存在を忘れ去って
しまうという ★ に陥っていると説いた。

存在忘却

□**28** フランスの哲学者である ★★★ は、人間は ★★★
★★★　に自らの行動を選び取り自分自身を作り上げていくと
　　　説いた。このように、実存の上に本質を作り上げてい
　　　くことを彼は「 ★★★ 」と言い表した。

サルトル，自由

実存は本質に先立つ

　◆サルトルのいう「実存は本質に先立つ」とは、自分の存在は先に
　　あり、自分の本質は自分が自由に作り築き上げていくものであ
　　ることを示している。したがって、自分の本質は、自分が自由
　　な選択によって作り築き上げたものである以上、自分が責任を
　　負わなければならないと指摘した。

□**29** ★★ とは、実存主義において世界の状況の中に**自**
★★　**らを投げ込むこと**を指し、サルトルは、人間とは**自己**
　　　と向き合い自覚的に存在する ★★ であり、常に自
　　　己を乗り越え、可能性を見越して**未来に向かって行動**
　　　を企てる存在であるとして、これを ★★ と呼んだ。

投企

対自存在

投企的存在

□**30** 人間はまったくの自由である。ゆえに、その選択や行
★★★　動には ★★★ を負うべきであり、それは**全人類ない**
　　　し社会全体に対して負う重大な ★★★ である。サル
　　　トルはより良い社会を作るために、まずは**社会に参加**
　　　する ★★★ **の重要性**を説き、その中で自分に課され
　　　る社会的 ★★★ を自覚するべきとした。

責任，
責任

アンガージュマン，
責任

　◆アンガージュマンは「政治参加」「社会参加」などを意味する。サ
　　ルトルは、自らの本質は自己責任において自由に作るものであ
　　り、そのためにも社会参加を積極的に行い、社会的貢献を自覚
　　する必要性を説き、人々にアンガージュマンを呼びかけた。

□**31** サルトルは、自由を自分勝手に行動する自由ではなく、
★★★　全人類に対する ★★★ を伴う自由であると捉え、自
　　　由と ★★★ の関係を明確にし、自らの ★★★ を自
　　　覚することで自分の存在の意味を認識することができ、
　　　人間性を回復できるとした。

責任，
責任，責任

　◆サルトルの思想によれば、人間の決断は私的ではあり得ず、常
　　に全人類への責任を伴う。けれども、この責任を回避せずに進
　　んで引き受け、社会的に連帯することが必要である。

□**32** サルトルの主著には『実存主義はヒューマニズムであ
★ る』『 ★ 』『弁証法的理性批判』、小説である『嘔
吐』などがある。

存在と無

◆第二次世界大戦後のフランスで、彼の著作は実存主義のブーム
を巻き起こした。また、彼と事実婚の関係にあったボーヴォワール
は、男性優位の文化や習慣が女性に対してある決められた生
き方を強いているものと唱え、20世紀のフェミニズム運動に大
きな影響を与えた。彼女の語った「人は女に生まれるのではな
い、女になるのだ」という言葉は、その思想を象徴している。主
著は『第二の性』。

□**33** ★★ は小説『ペスト』の中で、ペストに象徴される
★★ 悪に対し、人間は ★★ な運命と闘いながら互いに
連帯し、人間として最後まで誠実に生きることの尊さ
を表現している。

カミュ,
不条理

◆カミュは作品の中で人間の生が不条理であることを示し、その
中で生き続けるという人間の運命を描いた。他の代表作に『シー
シュポスの神話』などがある。

3 プラグマティズム

□**1** 19世紀アメリカに始まった ★★★ という思想は、科
★★★ 学技術への信頼や ★★★ 精神など、当時のアメリカ
の独特の時代背景を土壌に生まれた。

プラグマティズム,
フロンティア(開
拓者)

□**2** ★★★ は、思想・観念・知識について、自らの生き
★★★ る手段という観点から価値判断を下す ★★★ 主義の
哲学であり、フロンティア(開拓者)精神に通じる思想
といえる。

プラグマティズム,
実用

◆プラグマティズムは、学問や知識を人間が行動する際に役立つ
道具と捉える立場である。なお、プラグマとはギリシア語で「行
為、行動」を意味する。

□**3** プラグマティズムとは、経験論の伝統を受け継ぎ、知
★★ 識や観念をそれが引き起こす ★★ によって絶えず
検証しようとする思想である。

結果

□**4** ★★ は、観念とは実際に生み出される結果を考慮し
★★ て決定されるべきであるとして、すべての観念の源泉
は ★★ にあるとするプラグマティズムを提唱した。

パース

行動

◆パースは、ある行動の結果引き起こされる実際の効果を考察す
ることの重要性を説いた。

□**5** 「　★　」を組織したペースは、観念的な哲学に否定
★　的な立場をとった。

形而上学クラブ

□**6** ペースに続きプラグマティズムを唱えた　★★　は、
★★　ペースの主張を発展させ、真理とは実生活における
　★★　だと主張した。

ジェームズ

有用性

◆ジェームズは、言葉より**行動を重視**し、人間生活にとっての有用性を真理の基準とした。主著は『プラグマティズム』である。

□**7** ジェームズは、　★★　の真偽とは、それが実際上
★★　　★★　であるか否かによって決まるとし、現実の行
動にとって有用でないような思想を批判した。

観念,
有用

□**8** ジェームズは、仮説による行動の結果は、検証を行っ
★★　て必要があれば変更することも大切であるとして、善
や真理の**個別的な**　★★　**性を指摘**した。

相対

□**9** ジェームズは、絶対的真理より実践に照らして真理を
★★★　定義し、　★★★　の存在の真偽より、信仰によって幸福
を得られるかどうかを重視した。このように、プラグ
マティズムは　★★★　主義の立場に立っている。

神

相対

◆宗教への信仰も、その人にとって幸福が得られるならば価値があり、有用であると考えた。

□**10** 第一次世界大戦後、繁栄を迎えたアメリカでプラグマ
★★★　ティズムを大きく発展させた　★★★　は、**知性を人間
が環境に適応し生きていくための手段**であると位置づ
けた。彼の思想は　★★★　主義と呼ばれる。

デューイ

道具

□**11** デューイの　★★★　からすると、**理論は生活体験の中
★★★　で絶えず修正されて**　★★★　**に役立たなければならな
い**。

道具主義,
実践

□**12** 　★★　による実証という科学的認識の特徴は、科学
★★　的理論全般に仮説という性格を与える。デューイは、著
書『**哲学の改造**』などで、この仮説性をさらに知識一般
の性格と認め、知識とは実験的な　★★　のための手
段であると論じた。

経験

問題解決

□**13** デューイは、知性を創造的なものとみなす視点から、知
★★★ 性により社会が改善され、個人と社会が調和し、多様
な価値観が認められる ★★★ 主義社会が実現するこ
とを理想とし、 ★★★ が既成の価値観の単なる伝達
となることを批判した。

民主,
教育

　　◆デューイは、著書『民主主義と教育』で、民主主義における**教育**
　　の役割を強調し、人間の改良（人間変革）を追究するという**教育**
　　改革思想において、問題解決型教育の重要性を主張した。民主
　　主義は人々の共有する**問題解決を目標とした**連帯であり共同経
　　験であるとして、自分自身の行動を他者や社会との関係で決定
　　する動機づけになると考えた。

□**14** デューイは、人間は一定の ★★ の下で安定した暮
★★ らしを営んでいるが、その安定が揺らぎ出すと、新し
い習慣を形成し定着させようとする ★★ が働き始
めると述べている。

習慣

創造的知性

　　◆デューイは、創造的知性を生きる道具とし、それによって**人間性**
　　を改造し、社会を改良していくことを唱えた。また、人間性が
　　成長を遂げることが善であり、その内容は絶対的ではなく、人
　　により、また、同じ人の中でも時と場合に応じて異なるとした。

□**15** デューイの創造的知性によると、人間は ★★ の能
★★ 力を駆使して現実の状況における問題を ★★ する
ことで、状況に対応した ★★ を実現していくこと
ができるという。

知性,
解決,
自由

　　◆デューイは、概念や知識の真偽は、それらの探究において実際
　　の**問題解決に役立つか否か**によって決まると考えた。

□**16** 道徳に関して、デューイの思想によれば、知性を行動
★★★ の ★★★ とみなす立場から、道徳の場合も**行動の**
★★★ **から評価**されるべきであり、この点で、カント
の思想は ★★★ の正しさだけを重視しているものと
して批判している。

道具,
結果,
動機

4 現代のヒューマニズム

□**1** 民衆から「マハトマ」（偉大な魂）と尊敬された**インド**
★★★ **独立運動の最高指導者** ★★★ は、イギリスの植民地
支配に対し ★★★ の手段により立ち向かい、インド
を独立へと導いた。

ガンディー,
非暴力

□**2** ガンディーが主張した非暴力主義は、自ら進んで苦し
★★ みを負い精神の清らかな人間を目指す ┌ ★★ ┐ を通じ
て相手の良心に働きかけ、ともに真理を追究しようと
する ┌ ★★ ┐ という考えに基づいている。

自己浄化

真理の把持 (サティヤーグラハ)

□**3** ガンディーは、国内で対立する ┌ ★★ ┐ 教徒 (ムスリ
★★ ム)とヒンドゥー教徒に和解の道を探り、┌ ★★ ┐ 制度
の最底辺で虐げられてきた人々に救いの手を差し伸べ
た。このような彼の生き方には**命あるものすべてを慈**
しむ ┌ ★★ ┐ の精神が貫かれている。

イスラーム,
カースト

不殺生 (アヒンサー)

□**4** ガンディーは、┌ ★★★ ┐ を用いず、決して**相手に屈服す**
★★★ **ることなく不服従を貫き通すこと**で、相手の ┌ ★★★ ┐
に訴え相手を変えていかなければならないと考えた。

◆ガンディーが掲げた非暴力・不服従の理念は、その後の世界の
反政府運動や人権運動などに大きな影響を与えた。

暴力,
良心

□**5** 中国の民族解放運動の指導者孫文が唱えた三民主義と
★ は、**帝国主義からの民族の解放**を目指す ┌ ★ ┐ 主義、
人民に主権を与えるべきとする ┌ ★ ┐ 主義、**土地所**
有の均等化と資本への民主的統制を及ぼすべきとす
る ┌ ★ ┐ 主義の3つを指す。

◆孫文は、中国の辛亥革命 (1911～12) を指導し、共和政中国の
「建国の父」と呼ばれる。インドのガンディーと並ぶアジアの代
表的なヒューマニストでもある。

民族,
民権

民生

□**6** フランスの神学者で音楽家の ┌ ★★★ ┐ は、人々に奉仕
★★★ するため医学を学び、**アフリカ**に赴き現地での医療活
動に生涯を捧げた。彼は、**生命あるものすべてを価値あ**
るものとして尊重する「┌ ★★★ ┐」を根本理念とした。

◆シュヴァイツァーは、その生涯にわたる活動から「密林の聖者」
とも呼ばれ、身をもって奉仕の精神の大切さを示した。

シュヴァイツァー

生命への畏敬

□**7** 第二次世界大戦中、日本の外交官 ┌ ★ ┐ は、ナチス
★ =ドイツによって迫害されていた多くのユダヤ人たち
に**ビザを発給**し、ユダヤ人難民を救ったとされる。

◆杉原千畝の発給したビザは「**命のビザ**」と呼ばれ、このビザで救
われた人たちはその子孫も合わせて25万人以上といわれる。

杉原千畝

□**8** ★★　★★ は、フランスの作家・平和主義者でありヒューマニズムの代表的人物で、その ★★ 主義はヒューマニズムに立脚した**反戦思想**である。

ロマン=ロラン，
絶対平和

□**9** ★★　ロマン=ロランは、 ★★ の立場から、世界平和の確立のため、平和の敵と断固戦うことを説き、反ファシズム運動に身を投じた。

戦闘的ヒューマニズム

　◆ロマン=ロランは、絶対平和主義の立場から第一次世界大戦に際して祖国フランスと敵国ドイツの双方に戦争の中止を呼びかけ、後にはイタリアで発足した**ファシズム政権を批判**し、**ナチス=ドイツの拡大に抗議**した。

□**10** ★★　ロシアの ★★ は、『戦争と平和』などで知られる文豪で、キリスト教的隣人愛や ★★ 主義を唱え、後のヒューマニズム運動にも大きな影響を与えた。

トルストイ，
非暴力

□**11** ★★　スペインの画家 ★★ は、「ゲルニカ」という作品を通して**ナチス**の無差別爆撃を糾弾した。

ピカソ

□**12** ★★　『**人類に未来はあるか**』の著者で、イギリスの平和主義者 ★★ は、アインシュタインらとともに ★★ 兵器による人類破滅の危険性を警告する宣言を発表し、 ★★ 会議を開催するなど ★★ と平和運動に精力的に取り組んだ。

ラッセル，核

パグウォッシュ，
核兵器廃絶運動

　◆ラッセルは、**自由主義**と**平和主義**を主張し、自由の根源としての平和の意義を訴え、1955年にはラッセル=アインシュタイン宣言を発表した。パグウォッシュ会議は、**科学者らを中心に核兵器反対**を軸とした平和の実現を目指す国際会議である。また、日本の物理学者であり、日本初のノーベル賞受賞者である湯川秀樹も参加して核兵器廃絶運動に取り組んだ。

□**13** ★★　★★ は、1960年代のアメリカでガンディーによる ★★ 主義の影響を受けて**黒人**公民権運動を指導し、 ★★ を受賞した。

キング牧師，
非暴力，
ノーベル平和賞

□**14** ★★★　キング牧師は、「私には夢がある。…… ★★★ の色によってではなく、 ★★★ そのものによって評価される国に生きられるようになることだ」と演説した。

皮膚，
人格

　◆1963年8月28日の**ワシントン大行進**におけるキング牧師の"I Have a Dream."（「私には夢がある」）の演説は、アメリカのみならず世界の多くの人々の共感と感動を呼んだ。

□**15** **1964年**に制定されたアメリカの公民権法の中では、「す
★ べての人は……**公共の場**で供される商品、サービス、施
設、特権、利益、設備を、　**★**　、　**★**　の色、宗
教あるいは出身国を理由とする　**★**　、分離をなさ
れることなく、**完全かつ**　**★**　**に享受する権利**を持
たなければならない」と明記された。

人種, 皮膚,
差別,
平等

□**16** **インド**のスラム街などで奉仕活動に取り組んだカト
★★ リック**の修道女**　**★★**　は、無差別・無償の愛であ
る　**★★**　の実践者で、1979年に　**★★**　を受賞した。

マザー=テレサ,
隣人愛（アガペー）,
ノーベル平和賞

□**17** マザー=テレサは、インドで貧民のための奉仕活動を行
★ い、ハンセン病患者の救済活動や「　**★**　」と呼ばれ
る施設（ホスピス）を開設した。

死を待つ人の家

◆マザー=テレサは、貧しい人の不幸は物質的な貧困よりも、**他人
から見捨てられるという**絶望感にあると考え、心の支援やケア
の大切さを述べた。仏教にも死を迎える人々の精神的苦しみを
緩和するためにビハーラと呼ばれる**ターミナル=ケアを行う施
設**がある。

□**18** マザー=テレサは、**誰からも見捨てられ本当に困窮して
★ いる**他者に対して、**愛**と**憐れみ**を持たずに　**★**　で
いることが最大の　**★**　であると考えた。

無関心,
罪

□**19** 現代の宗教では、身近な人を亡くした心の傷を癒す
★ 　**★**　が行われることも多い。

グリーフケア
（grief care）

◆グリーフ（grief）とは、死別などによる深い悲しみや悲痛、悲
嘆を意味する。その悲しみをケア（care：世話）することから、
遺族ケアや悲嘆ケアなどとも呼ばれる。

5 現代思想の潮流

□**1** 20世紀になると、 ★★★ 中心主義に対する批判の高
★★★ まりとも呼応して、真理の基準はますます多様化し、そ
の ★★★ 妥当性は揺らいでいった。

理性

普遍

◆現代思想では、**近代の自己重視の考え方を反省**し、他者との関係
を重視することも主張される。例えば、レヴィ=ストロースは未
開社会の「野生の思考」に大切な視点があることを構造主義から
証明し、西洋中心の主体的文化観を疑問視した。レヴィナスは、
自己中心の近代的倫理に代えて他者を自己に対する他なる「顔」
として理解し、他者に応答することが他者に責任を果たすこと
であり、人の倫理的生き方であると唱えた。フーコーも、近代
の理性が異なる考え方を「狂気」として排除してきたことを批判
した。

□**2** ドイツの哲学者 ★ は、人間の**純粋意識**における
★ 本質的構造を分析する現象学の立場から、**自然的態度
を変更し**判断中止（ ★ ）**を行うことが必要である**
と説いた。

フッサール

エポケー

◆主著に『**厳密な学としての哲学**』『イデーン』『ヨーロッパ諸学の
危機と超越論的現象学』などがある。

□**3** フランスの哲学者 ★★ は、他者と自己の関係につ
★★ いて、自己の理解や予測を絶対的に超える者として他
者を規定し、自己とは**絶対的な差異**を持つ「顔」として
現れるとした。また、自己がその他者に無限の ★★
を負うことが人間の倫理的なあり方であるとし、 ★★
とは他者の否認であるとした。

レヴィナス

責任,
暴力

◆主著に『**全体性と無限**』『存在の彼方へ』などがある。

□**4** ドイツの ★★ 学派は、急速に発達した近代文明の
★★ **矛盾**を批判し、 ★★ や管理社会がなぜ出現したの
かを、大衆心理学や社会学の面から考察した。

フランクフルト,
ファシズム

◆例えば、思想家で社会学者の**ベンヤミン**は『複製技術時代の芸
術』『パサージュ論』『暴力批判論』などの著作で知られる。

□**5** フランクフルト学派の ★★ やアドルノは、近代的
★★ な理性について、自然を客体化し、技術的に支配する
ことを可能にする能力であるとして、手段的・ ★★ 的
なものであると考えた。

ホルクハイマー

道具

□**6**
★★
ホルクハイマーによれば、近代の啓蒙的 ★★ は、人間が自然を支配するための ★★ となったが、この「 ★★ 」が作り出した科学技術や社会体制は、かえって**人間を支配**するようになった。

理性,
道具,
道具的理性

　◆道具的理性とは、一定の目的を実現するための手段や道具としての理性である。その対義語となる批判的理性は、既存の社会を支配する思想的な枠組みを**批判・吟味**し、その**矛盾や問題点を明らかにする**働きを行う理性である。

□**7**
★★★
ホルクハイマーは、 ★★★ との共著『啓蒙の弁証法』の中で、人類の歴史が啓蒙の歩みと野蛮への後退を繰り返す ★★★ 的な過程であると述べた上で、結果的に近代化の中の ★★★ が**ファシズム**のように抑圧的な**支配体制を正当化**してしまったと分析している。

アドルノ

弁証法,
啓蒙

　◆社会的な理性や無批判がファシズムの温床となったと指摘した。

□**8**
★★★
フランクフルト学派の ★★★ は、現代人の社会的性格を「 ★★★ 」と呼び、自己判断を避けることで**責任を回避**し、**権威**に**盲従**しがちであると指摘した。

アドルノ,
権威主義的パーソ
ナリティ

　◆アドルノは、権威主義的パーソナリティが、民衆によるファシズムへの支持の根底に存在すると指摘した。

□**9**
★
アメリカの哲学者で、フランクフルト学派の ★ は、マルクスとフロイトの研究を基礎に、**現代の産業社会で進む管理社会化を批判**し、人間の解放を説いた。

マルクーゼ

　◆マルクーゼは、現代の産業社会に適応し、批判的精神を失った人間を「**一元的人間**」と呼んで批判した。

□**10**
★★★
社会心理学者 ★★★ は、著書『自由からの逃走』で、束縛から解放され人々は自由を得たが、自由がもたらす孤独や不安に耐え切れず自由を放棄したとし、これが ★★★ への妄信を生み出す原因となったと唱えた。

フロム

ファシズム

□**11**
★★★
フロムは、近代以降の社会について、**外的な権威**から解放されて ★★★ を得たと思っているが、自我を失わずに行動することで他人の期待にはずれるのを恐れているため、 ★★★ や常識の影響にさらされ、無自覚に**匿名の権威に操られている**と論じている。

自由

世論

□**12** 『**人間の条件**』の著者で政治学者の ★★★ は、人間の
★★★ 活動を「 ★★★ 」「 ★★★ 」「活動」の３つに分け、前
者の２つは物と人との間で成立するのに対し、「活動」
は**人と人とが直接かかわり合う行為**であると捉えた。

　◆ハンナ=アーレントは、人間の営みには「労働」「仕事」「活動」が
　あるとし、「労働」とは生物としての人間が生きていくために不
　可欠な営みであり、「仕事」とは世界の中に作品を作り上げるこ
　とであり、「活動」とは他の**人々と語り合う公的領域に参加する**
　ことと捉えた。

□**13** ハンナ=アーレントは、**帰属意識を失い不安を抱えた大**
★★ **衆**が、個人よりも全体を優先する思想に惹かれていく
過程に ★★ 主義の起源を見出した。

□**14** ハンナ=アーレントは、古代ギリシアのポリスで市民が
★★ 対等な立場で政治や哲学について語り合う空間のこと
を ★★ という言葉で表現した。

　◆公共的空間は、ドイツ語で「エッフェントリヒカイト」というが、
　「エッフェン」とは「開かれている」という意味である。誰もが参
　加できる公共の場で多様な価値観を認めた上での対話やコミュ
　ニケーションが行われることが、孤立することを防ぎ、自らの
　存在価値を認める社会を形成する上で大切である。

□**15** ドイツの社会学者 ★★★ は、人は互いに合意に至る
★★★ ことを可能にするような**理性**を持っているとした上で、
そのような理性を対等な立場が保障された上で使用す
るならば、**社会の全員が合意できる社会のルールを発**
見できると考えた。

□**16** 理性によって理性の限界を克服するために、ハーバー
★ マスは自らの理論の中で ★ 行為を強調した。

□**17** ハーバーマスの「 ★★★ 」という考え方によると、社
★★★ 会規範は多数決ではなく社会の構成員による十分
な ★★★ を経た合意の上に築かれるべきである。

　◆18世紀イギリスのコーヒー=ハウスは自由な討論が行われる場
　として機能したが、自由な討論を尽くすことで、対立が調整さ
　れ、目標が共有されて、人々に公共性がはぐくまれると考えら
　れた。

□**18** ★ は、現代の消費社会において人々が商品を購
★ 入するのはそれが必要だからというよりも、**他人との**
★ **を示す**ためであると指摘した。

ハンナ=アーレン
ト,
労働, 仕事
※順不同

全体

公共的空間 (公共
性)

ハーバーマス

コミュニケーショ
ン

対話的理性(コミュ
ニケーション的合
理性)
討議

ボードリヤール

差異

□**19** フランスの思想家 　★　 は、固定的な物質にかかわ
★ る科学的知に対して、創造的に流動、進化する生命と
一体となって生の躍動（ ★ ）を**直観**することの重
要性を説いた。

◆また、ベルクソンは個人、家族や国家という集団の枠を超えて
人類愛を宿す心を「**開かれた魂**」と呼んだ。

ベルクソン

エラン=ヴィタール

□**20** オーストリアの哲学者 　★★　 は、『**論理哲学論考**』で言
★★ 語の限界を超える「語り得ぬものについては、 ★★
せねばならない」と述べた。『**哲学探究**』においては、自
然科学における言語の使用もまた、日常生活に根ざし
た ★★ の１つであるとした。

ウィトゲンシュタ
イン,
沈黙

言語ゲーム

□**21** 　★　 とは、言語を分析することによって、抽象的
★ な観念で思想体系を構築してきた従来の哲学の問題を
解決しようとするものである。

分析哲学

□**22** クワインによれば、科学的な知識に関する様々な命題
★ や言説は、互いに結び付いた１つの ★ として捉
えることにより、 ★ が可能となることを「**ノイ
ラートの船**」という比喩で説明した。

集まり,
検証

□**23** クワインは、科学について、理論に何か問題が生じて
★ も、どこかを少しずつ修正しながら知識の ★ そ
れ自体を維持していくしかないと考えた。このような
科学についての捉え方を、**知の** ★ と呼ぶ。

体系

ホーリズム

□**24** ポパーは、**科学的命題は検証可能**なことに特徴がある
★ のではなく、 ★ **可能**な点に特徴があると主張し、
科学的に見える言説であっても、 ★ を受け付け
ない場合には、科学の名に値しないと論じた。

反証,
反証

□**25** スイスの言語学者 　★★　 は、言語とはある社会の中
★★ で築かれてきた慣習であり、その中に組み込まれてい
る**人間はその**言語**体系の中でしかものを考えることが
できない**と述べた。その考えは後に ★★ の構造主
義に影響を与えた。

◆言語は、記号としての文化を形成してしまうことから、言語の
意味を社会の構造**の中で捉えるべきである**と主張した。

ソシュール

レヴィ=ストロー
ス

□26 『知覚の現象学』などで知られるフランスの哲学者 メルロ=ポンティ,
★   ＊＊＊＊ は、知覚が生成する場としての身体に着目し、 二元
デカルト的 ＊＊＊ 論の克服を図った。彼の考察によ
れば、身体を離れて、私が存在することも私にとって
の世界が存在することもなく、身体は主体であるとと
もに ＊＊＊ でもある。   客体

□27 1960年代のフランスで広まった ＊＊＊ とは、物事の   構造主義
★★★   意味や行動様式を人間の近代的理性ではなく社会や時
代の ＊＊＊ から理解しようとする思想である。   構造

□28 レヴィ=ストロースは、停滞する ＊＊＊ 社会と進歩す   未開,
★★★   る ＊＊＊ 社会とに世界を二分し、後者が前者を支配   文明
し克服すべきだという考えは西洋中心主義に基づく誤
りであり、 ＊＊＊ 社会の ＊＊＊ の思考と ＊＊＊   未開, 野生, 文明
社会の科学的思考の間に価値の差はないとした。

◆レヴィ=ストロースは著書『野生の思考』の中で、未開社会の神話
的思考には、実は世界を秩序づけるに十分な論理性を備えた個
人の主観的意志を超えたシステムが存在していると述べ、未開
から文明へ向かって進歩するという現代の考え方を批判した。

□29 『狂気の歴史』の著者であるフランスの ＊＊＊ は、理   フーコー,
★★★   性と ＊＊＊ は歴史の中で支配権力の独断によって区   狂気
別されてきたと述べ、知識が権力と結び付き、人間は
無意識のうちに思考を支配されていると考えた。

◆フーコーは、理性と狂気とが区別されるようになってきた西洋
の歴史を分析し、確固とした理性という考えは歴史の過程の産
物であることを明らかにした。

□30 フーコーは、近代社会を非理性的な ＊＊＊ を排除す   狂気
★★★   ることで成長したものと捉えたが、近代の知とは社会
構造・言語構造などによって無意識に作られた妄想で
あり、それを断ち切ることが必要であるとして、近代
の人間中心の ＊＊＊ 主義や理性主義を批判した。   合理

□31 フーコーは、人間を ＊＊ 化する制度や ＊＊ の   規律, 装置
★   発達に近代の特徴を見出し、服従を拒み、社会を変え
ていく力が人々の間に潜んでいることに着目した。

□32 フランスに広まった構造主義を徹底し、近代文明や合   ポスト構造
★★   理主義に批判的立場をとる思想を ＊＊ 主義という。

□**33** フランスの哲学者 ★ は、ポスト構造主義の立場
★ から、真理を論理、つまり ★ で表現しようとする
ことや神を究極とする世界観など、従来の西洋哲学の
基礎をいったん崩し、新しい哲学を模索した。

デリダ,
ロゴス

□**34** デリダは、西洋哲学を成り立たせてきた主体などの概
★ 念が覆い隠してきた問題を、歴史の中で新たに問うた
めに脱 ★ を主張し、従来の西洋哲学が扱ってき
た**あらゆる概念の妥当性を問い直そう**とした。

構築

□**35** フランスの哲学者 ★ は、現代の資本主義社会に
★ おいて、本来は自由に生成して秩序を創造し直してい
くはずの無意識的な**欲望**の流れを、法や道徳が**機械の
部品のように作用して制御する構造**があると指摘した。

ドゥルーズ

◆ドゥルーズは、人間の欲望を欠如とみなすのではなく、人間は
「**欲望する機械**」であると捉え、それに基づいて欲望と権力との
関係について論じた。主著に『差異と反復』などがある。

□**36** フランスの哲学者 ★ は、主体や真理、自由や進
★ 歩主義といった近代の理念を「**大きな物語**」として批判
するポストモダンの立場を提唱した。

リオタール

□**37** 20世紀アメリカの科学史家 ★★ は、**事実**は特定
★★ の時代における人々の考え方や見方を規定する**支配的
な思考の枠組み**である ★★ から独立したものでは
ないと捉えた。

クーン

パラダイム

□**38** ★★★ は、西洋人による「東洋」に対する**異国趣味**は、
★★★ **無知**や**誤解**に根ざした非西洋社会に対する一面的な理
解のあらわれであり、そこに見られるような**西洋中心
の** ★★★ **的な思考様式を批判**し、このような思考様
式を ★★★ と呼んだ。

サイード

帝国主義,
オリエンタリズム

□**39** ★★★ は、個人の身体や思想などの**人格的**自由とと
★★★ もに**経済的**自由を最大限に尊重し、これによって経済
活動への法的規制を最小限にすべきであるとする考え
方で、アメリカの ★★★ らが提唱した。

リバタリアニズム
（自由至上主義）

ノージック

◆ノージックは、国家が個人の自由を制約しない「**最小国家**」を理
想とし、国家が経済に介入する「**拡張国家**」を否定した。ノー
ジックはロールズの**弱者保障**などの**国家介入も批判**している。

□**40** ★★★ とは、<u>自由主義</u>が前提とする人間像や社会観
★★★ を批判し、個人があって社会があるのではなく、**個人
の<u>自由</u>はその人が所属する<u>共同体</u>に根拠を持つ**とする
考え方で、アメリカの政治哲学者<u>サンデル</u>らが主張し
ている。

◆<u>コミュニタリアニズム</u>は、諸個人が共同体の下で生きていると
いう事実を重視し、そのような共同体から離れて抽象的に<u>正義</u>
について論じることはできないとする考え方で、個人の自由と
社会全体の公正や正義のバランスをとる社会思想である。アメ
リカの<u>マッキンタイア</u>や<u>サンデル</u>などが提唱者として知られ
る。

6 人類が直面する現代的課題

□**1** 近代の ★★★ 権思想が主張した「**人間は生まれなが
★★★ らにして** ★★★ **かつ** ★★★ **である**」という価値は、
今日でも ★★★ な社会の基礎となる原理である。

□**2** 1994年に<u>国連開発計画</u>（<u>UNDP</u>）が『人間開発報告書』
★★ において飢餓、人権侵害、貧困などから**人間の生活を
守る** ★★ という概念を提起した。

◆<u>人間の安全保障</u>とは、世界的に人口が急増する中で飢餓や貧困、
人権侵害、差別などの**人間的な問題が紛争を招く大きな原因**と
なっていることから、これらの諸問題を解決することで、<u>人間
開発</u>**を通じた平和と安全を実現する**という考え方である。

□**3** <u>インド</u>の経済学者で1998年に**アジア初のノーベル経済
★★★ 学賞を受賞した** ★★★ は、貧困解消のためには、人
間の<u>潜在能力（ケイパビリティ）</u>を等しく保障し、また
これを向上させる必要があると指摘し、<u>人間の
★★★</u> という考え方を示した。

□**4** ★★ （HDI）は、教育や所得などの人間的な暮らし
★★ に関する「質」を示す指数で、出生時の<u>平均</u> ★★ や
<u>成人</u> ★★ 率、初等・中等・高等教育の総就学率、1
人あたりの GDP などで算出される。

◆<u>人間開発指数</u>（Human Development Index）とは、各国の
人々の生活の質や度合いを示す指標で、パキスタンの経済学者
マブーブ＝ハックによって作成された。<u>アマーティア＝セン</u>の
潜在能力アプローチを発展させたものであり、<u>国連開発計画</u>
（<u>UNDP</u>）の『人間開発報告書』で発表される。0〜1で示され、
指数の最も高い国が1、最も低い国が0となる。0.55以下の国
は、中央アフリカ地域に多く分布する。

□**5** アマーティア=センによると、様々な問題はあるが、経
★★★　済発展のためには市場を利用することが不可欠である。
　　　ただし、 ★★★ な発展を推進するためには、民主主義　公正,
　　　の確立や ★★★ の拡充などが必要であるという。　　　教育

□**6** アマーティア=センは、著書『不平等の再検討』におい
★★　て、「すべての人の ★★ に配慮しようとすれば、不　　平等,
　　　利な立場の人を優遇する、『 ★★ な扱い』が必要な　　不平等
　　　場合がある」と述べている。

□**7** フランスの経済学者 ★★ は、資産収入の拡大が所　　トマ=ピケティ
★★　得格差を生み出すとして、格差の是正を唱え、著書
　　　『21世紀の資本』は世界的なベストセラーとなった。

□**8** アメリカの政治哲学者 ★★★ は『正義論』の中で、社　　ロールズ
★★★　会を規律する正義とは、自らの利益を追求する合理的
　　　な人々が共存する**相互の**合意によってもたらされると
　　　して、 ★★★ 説の考え方を活かしつつ基本的な**財の**　　社会契約
　　　配分**をめぐる**平等**の原理**として正義を捉え直した。

　◆ロールズは、正義とは単に幸福を追求する功利主義の思想に立
　　つものではなく、多くの人々が納得できる**普遍的原理**を意味し、
　　社会契約説の考え方に基づき、最も不遇な人を救う差別のよう
　　に、誰もが納得のできる**合理的差別**は正当化できると主張した。

□**9** ロールズは、全員に等しい機会が与えられた ★★★ 　　公正,
★★★　な競争であっても、社会的 ★★★ が生じることはあ　　格差
　　　るとした上で、もしそうした競争により社会の中で最
　　　も恵まれない人々の暮らし向きが改善しないならば、
　　　社会的 ★★★ **は是正されなければならない**と説いた。　格差

　◆ロールズは、性別や人種などのあらゆる属性を排除した「**無知の**
　　ヴェール」を想定し、そこから正義を改めて考えた。多くの人々
　　が納得できる弱者保護のための格差（差別）を正義として承認す
　　る前提として、第1原理には、各人は制度・枠組みに対して平
　　等**な権利**を与えられていること、第2原理には、①その不平等
　　が社会で最も恵まれない境遇の者の最大の便益をもたらすと無
　　理なく予期されるものであること、②全員に開かれている地位
　　や職務に付帯する制限であることを挙げている。

□**10** 1970年代後半に国際労働機関(ILO)が提唱した ★★
という概念は、衣食住だけでなく、安全な飲み水や公
衆衛生の整備、医療、教育、雇用などの生活条件を含
む、**人が生きていく上で最低限必要なもの**を指す。

ベーシック=
ヒューマン=ニー
ズ (BHN)

◆2000年の国連ミレニアム・サミットで、15年までに世界の**絶
対的貧困**(Absolute Poverty) を半減させることを目標にミレ
ニアム開発目標(MDGs)を採択した。**絶対的貧困**とはベーシッ
ク=ヒューマン=ニーズ (BHN) が達成されていない状態で、1日
1.90ドル(約200円)以下の生活を余儀なくされている人々の
生活状態を指す(2015年改定)。

□**11** 発展途上国の貧困層が飢餓に苦しむのは、その国の農
業が、先進国に輸出するための商品作物の生産を優先
するという ★ 経済であることが一因である。

モノカルチャー

◆モノカルチャーとは、ラテンアメリカなどのかつて植民地支配
を受けた地域で形成された単一の商品作物を生産する農業で、
特定の作物の生産と輸出に依存した経済構造をモノカルチャー
経済という。発展途上国はモノカルチャー経済の改善に取り組
んでいる。

VIII
近代思想

6
人類が直面する現代的課題

現代社会分野

SPECIAL SECTION

現代社会の課題

1 生命倫理、環境倫理

☐**1** 生命科学や医療技術の発展に伴って ★★★ （バイオエ
★★★ シックス）の領域が注目される中で、**脳死・臓器移植、**
安楽死や尊厳死、遺伝子診断（着床前診断）などに関し
て ★★★ 権が尊重されるべきだという議論がある。

生命倫理

自己決定

◆自己決定権は、一定の私的な事柄について他者の干渉を受けず
に自ら決定できる**新しい権利**であり、幸福追求権に根拠を持つ。

☐**2** 自己決定権をめぐる議論の背景には、J.S. ミルの**自由**
★★★ **論**があり、個人の幸福の総計が社会全体の幸福になる
とする ★★★ 主義の立場から**自らの運命を決定する**
ことも尊重されるべきではないかとする考え方がある。

功利

☐**3** 日本の臓器移植法では、脳死とは、大脳と小脳のみな
★ らず ★ を含む全脳の機能が ★ 的に停止し
た状態であると定義されている。

脳幹, 不可逆

☐**4** 1997年の臓器移植法制定以来、臓器移植を行う場合、
★★★ ★★★ の書面による意思表示、 ★★★ の同意、経験
のある医師2人以上の ★★★ 認定が必要であった。

ドナー（提供者）,
家族,
脳死

☐**5** 2009年の臓器移植法改正で、ドナー本人の意思が不明
★★ の場合、 ★★ の同意のみで臓器の提供が可能と
なった。臓器提供の意思表示ができないとされる
★★ 歳未満の臓器提供にも道を開き、子どもの
★★ （臓器を受け取る人）の命を救う可能性を持つ。

家族

15,
レシピエント

◆2009年の法改正では、親族に優先的に臓器を提供できる意思表
示も可能になった。

☐**6** 生前に、自分の臓器を提供する意思を示しておくこと
★★ ができるカードは「 ★★ カード」と呼ばれ、2009年
の臓器移植法改正により、臓器を「提供しない」という
意思を表示することが大きな意味を持つようになった。

臓器提供意思表示
（ドナー）

□**7** 薬を投与してもらうなどして、本人の意思に基づいて
★★★ 死を選択することを ★★★ (積極的安楽死)、延命装
置を取りはずして人間としての尊厳を守りつつ自然死
を迎えることを ★★★ (消極的安楽死) という。

安楽死

尊厳死

◆近年、リヴィング=ウィルにより意識があるうちに延命措置は不
要とする意思表示をし、尊厳死を迎えようという人が増えてい
る。なお、日本では末期 (終末期) の患者が耐えがたい苦痛から
逃れるために、医師による致死薬の投与など直接死に至らしめる
処置を受ける権利を定めた法律はない。2000年頃に、**オラン
ダやベルギー**などで安楽死法が制定されている。

□**8** 緩和ケアは、 ★★★ 医療 (ターミナル=ケア) に限定さ
★★★ れるものではなく、治療の過程で生じる様々な苦痛を
和らげようとするアプローチであり、緩和ケアが改善
しようとしている ★★★ (QOL) には、患者本人だけ
でなく、患者を取り巻く家族の生活の質も含まれる。

末期 (終末期)

クオリティ=オブ=
ライフ (生命の質)

◆ QOL に対して、命を救うことを優先する医療のあり方は SOL
(Sanctity of Life、生命の尊厳) と呼ばれる。SOL は、医者
が命を救う決定を下してあげるという医療における伝統的なパ
ターナリズム (父権主義) の考え方に立つものであった。

□**9** ★★★ とは、患者が医師から症状や治療法について
★★★ **十分な** ★★★ を受け、それを**理解**し、 ★★★ した上
で**治療方針を自ら選ぶ**ことである。

インフォームド=
コンセント、

説明、同意

◆インフォームド=コンセントは、必要な情報を知り、その情報に
基づいて自己決定を行う患者の権利を尊重することであり、医
師と患者の関係を平等なものへと転換することが原則となる。

□**10** 生殖技術の進歩により、従来は不可能とされた ★
★ 受精や ★ 出産で子どもが誕生するケースが増え
ている一方で、胎児の異常について遺伝的なものも妊
娠初期に判定できる ★ の結果を受けて ★
を選択する人も少なくない。

体外、
代理

出生前診断、
人工妊娠中絶

◆様々な事情で妊娠することができない場合、別の女性に**代理母**
として妊娠、出産してもらうことを代理出産 (代理懐胎) という。
また、出生前診断には、妊婦のお腹に針を刺して羊水を採取す
る**羊水検査**、母体の血清中のたんぱく質から診断する**血清マー
カー検査**、超音波画像機器による**超音波検査**などがある。この
ように生殖技術が進歩する一方で、このことが「**命の選別**」につ
ながるのではないかという指摘もある。

IX
現代社会

1
生命倫理、環境倫理

□11 ★★ 　★★　は、受精卵の遺伝子を調べることにより、子どもの重篤な遺伝性疾患の有無や発症の確率を事前に予測できるという利点がある反面、優性思想**につながる危険性**がある。

着床前診断

◆着床前診断の技術が進んだ結果、受精卵の段階で遺伝病のリスクなどを知ることができるようになった。しかし、この診断結果が出産するかどうかの判断材料にされるようになると、**生きるに値する生命とそうでない生命を区別する**優性思想につながる。

□12 ★★ ヒトゲノムの DNA の塩基配列すべてを読み取ることを目標にした　★★　が、国際的な共同プロジェクトとして行われた。1997年には国連教育科学文化機関（UNESCO）で「ヒトゲノム**と人権に関する世界宣言**」が採択され、人間のクローンの作成が禁止された。

ヒトゲノム計画

◆ヒトゲノムとは人間（ヒト）の持つすべての遺伝子情報のこと。

□13 ★★ 1990年代後半、クローン**羊の**　★★　が誕生し、ほ乳類の体細胞クローンの作成が可能であると知られるようになった。クローン技術を応用すれば、　★★　のない移植用　★★　の作成が可能になるという主張もある。

ドリー

拒絶反応,
臓器

□14 ★ クローン技術の人への応用は、人の尊厳の保持、生命や身体の安全確保などに影響を与えるおそれがあることから、　★　法によって制約されている。

クローン技術規制

□15 ★★ 　★★　は、究極のプライバシーといわれるように、慎重な取り扱いが求められる。

遺伝情報

□16 ★★ 　★★　は、個人の将来の病気のかかりやすさが予測されることで、例えば、就職や保険加入、結婚の場面で差別を生む危険性がある。

遺伝子診断

◆遺伝子診断は、深刻な病気を未然に防ぐなどの有益な用途もある一方で、就職や民間の保険加入、結婚などの人生における重要な場面で著しい不利益を強いられる事態も起こり得る。

□17 ★ 　★　とは、ある遺伝子を様々な方法で生体細胞内に取り入れることで、先天性の遺伝性疾患やがん、感染症などの治療を行う医療技術である。

遺伝子治療

◆2023年には遺伝情報に基づき患者に応じた治療を推進することや、ゲノム情報の適切な管理、差別の防止などを掲げた**ゲノム医療法**が成立した。

□**18** 医療技術が誕生と死をも操作するようになり、生命倫
★★★ 理（ ★★★ ）という分野が成立し、治療や研究に倫理
的指針を与えるだけでなく、患者の ★★★ 権をイン
フォームド=コンセントという形で提唱した。

バイオエシックス，
自己決定

□**19** 再生医療のもととなる細胞を ★★ というが、その
★★ 中の ★★ は、不妊治療で使われなくなった受精卵
を壊して利用するという倫理的問題や、他人の細胞で
あるため移植の際に拒絶反応が起こるリスクがある。

万能細胞，
ES 細胞（胚性幹
細胞、ヒト ES 細
胞）

□**20** 様々な臓器になり得る ES 細胞と同程度の万能性を持
★★ つ ★★ は、人間の細胞を用いて、傷ついた臓器や
失われた皮膚を新たに作り出す ★★ 医療を飛躍的
に進歩させる可能性がある。

アイピーエス
iPS 細胞，
再生

◆ iPS（アイピーエス：induced Pluripotent Stem cells、人
工多能性幹細胞）を命名し、その研究を行う京都大学の山中伸弥
教授は、2012年10月にノーベル生理学・医学賞を受賞した。万
能細胞の１つである iPS（アイピーエス）細胞は、受精卵ではな
く、その人自身の体細胞を用いるため、産まれ来る命を奪うとい
う倫理上の問題や移植時の拒絶反応を軽減できる。

□**21** ES 細胞や iPS 細胞などの研究が進むにつれて、**様々**
★★ **な細胞に分化する可能性を持つ細胞**を人工的に作り出
せるようになり、従来は作ることが難しく移植に頼っ
ていた ★★ などの再生や、 ★★ 細胞の創出と
その受精にかかわる倫理的な問題も生じている。

臓器，生殖

□**22** 日本では、トウモロコシなどいくつかの作物に関し
★★★ て、 ★★★ 作物の輸入が許可されている。

遺伝子組み換え

◆遺伝子組み換え食品については、品目ごとに許されるものと許
されないものが法律で定められている。食物の安全性は長年摂
取しなければ確認できないため、すでに出回っている遺伝子組
み換え食品が現在、人体にどのような影響を及ぼすのか注視し
なければならない。生態系に及ぼす影響などバイオハザード（有
害な生物による危険性）のおそれも指摘されている。

□**23** ローマ=クラブの報告書『 ★★★ 』（1972年）では、地
★★★ 球上の資源の枯渇や環境汚染が進むことが指摘された。

成長の限界

□**24** 大規模な核戦争は「 ★★ 」と呼ばれる**大幅な気温低**
★★ **下**をもたらし、食糧危機を発生させるおそれがある。

核の冬

□**25** ★★★ ★★★ 成長のために環境を犠牲にして開発が進められてしまったことに対する反省から、環境を保全するという条件下で、**将来の世代のニーズを満たす能力を損なうことなく、現在の世代のニーズを満たすように**今後の開発を行うことを「　★★★　」という。

経済

持続可能な開発

◆1992年に国連環境開発会議（地球サミット）で「持続可能な開発」という概念が掲げられた。2015年9月の国連サミットでは、持続可能な開発目標（SDGs）が採択され、30年までに達成すべき**17の目標（ゴール）**と**169の具体的な目標（ターゲット）**が掲げられた。17の目標は下記の通り。

①	貧困をなくそう	②	飢餓をゼロに	③	すべての人に健康と福祉を
④	質の高い教育をみんなに	⑤	ジェンダー平等を実現しよう	⑥	安全な水とトイレを世界中に
⑦	エネルギーをみんなに、そしてクリーンに	⑧	働きがいも経済成長も	⑨	産業と技術革新の基盤をつくろう
⑩	人や国の不平等をなくそう	⑪	住み続けられるまちづくりを	⑫	つくる責任、つかう責任
⑬	気候変動に具体的な対策を	⑭	海の豊かさを守ろう	⑮	陸の豊かさも守ろう
⑯	平和と公正をすべての人に	⑰	パートナーシップで目標を達成しよう		

□**26** ★ アメリカの環境学者レオポルドは、人間と自然は「支配」と「被支配」の関係でなく生態学的に平等な関係であり、**人間は生態系の一構成員**として生態系という共同体を尊重し他の構成員に配慮して行動すべきだとする　★　の思想を唱えた。

土地倫理

□**27** ★★★ ★★★ とは、　★★★　破壊や資源問題などは長期間にわたって影響を及ぼすので、子や孫ばかりでなく、**はるか後の世代の人間に対する生存可能性に現在世代は**義務や　★★★　を負っているという考え方である。

世代間倫理, 環境

責任

◆世代間倫理は、ドイツ出身の哲学者ハンス=ヨナスが「**未来倫理**」という言葉で思想的に基礎づけた。地球環境問題においては、現在の討議や民主的決定手続に参加できない未来（将来）**世代が、現在の世代から深刻な環境危機を押し付けられる**おそれがある。

□28 資源や環境は人類共有の財産であることから、人々は
★★★ 現在の利潤を求めて乱獲・乱用しがちであるが、その
ことによって、資源の枯渇や自浄力を超えた環境破壊
が進み、結果として人類全体に損失が発生する。この
ことを ★★★ という。

共有地の悲劇

◆二酸化炭素（CO_2）の排出も光合成による自浄力の範囲を超えて
しまうと生態系を崩し、人類に回復しがたい損失を与えてしま
う。

□29 資源の循環利用を目指し、資源の浪費を抑制すること
★★★ で、 ★★★ への負荷をできる限り低減しようとする
社会を一般に ★★★ という。

環境,
循環型社会（資源
循環型社会）

2 人口問題

ANSWERS ☐☐☐

□1 人口は幾何級数（等比級数）的に増加するが、食糧は
★★★ ★★★ 級数的にしか増加しないため食糧不足が発生す
るとして、 ★★★ は人口抑制を主張した。

算術（等差）,
マルサス

□2 一般的に人口ピラミッドの形は、発展途上国に見られ
★★★ る「 ★★★ 型」から、先進国に見られる「つり鐘型」
へと移行していく。

富士山（ピラミッ
ド）

□3 人口停滞型である「つり鐘型」の人口ピラミッドは、少
★★ 子高齢化が加速すると徐々に人口減少型の「 ★★
型」に近い形状になっていく。

つぼ

◆日本の人口ピラミッドは「つり鐘型」から「つぼ型」に移行中で
ある。

□4 第二次世界大戦後、世界の人口は急増し、1998年に60
★★★ 億人を突破し、2011年に ★★★ 億人に達した。この
ように急激に人口が増加することを ★★★ という。

70,
人口爆発

◆人口爆発はアフリカやアジアなどの発展途上地域で発生してい
る。国連によると、世界人口は2022年現在の80億人から、50
年には97億人になり、2100年頃に110億人でピークを迎える
と見られる。

□**5** 飢餓の解消は、 ┌─**★★★**─┐ (SDGs) の１つにも掲げられ
★★★　ているが、その一方で、 ┌─**★★★**─┐ を引き起こし、ひいて
　　　は食料不足を引き起こすというパラドックスの関係に
　　　あり、今後、両者の調整をどのように図るかが課題と
　　　なる。

持続可能な開発目標,

人口爆発

□**6** **発展途上地域**における人口爆発の発生原因には、**子ど**
★★　**もは多く生まれるが、その多くが死んでいく**という
　　　┌─**★★**─┐ 型から、**医学の発達や食糧援助**などにより
　　　┌─**★★**─┐ 型へ移行したことが挙げられる。

多産多死,

多産少死

□**7** 先進地域においては、生活様式 (ライフスタイル) の変
★★　化や女性の高学歴化と社会進出に伴って出生率が低下
　　　する一方、医学の発展により死亡率が低下したことに
　　　よって、┌─**★★**─┐ 型への移行が進んでいる。

少産少死

□**8** **少子高齢化**が進むと少産少死型から ┌─**★★**─┐ 型に移行
★★　し、**人口は減少**し始める。

少産多死

　　　◆**2004年12月、日本の人口は減少に転じた**後、わずかに増加した
　　　　08年以降は人口減少が続いている。

□**9** 先進地域においては、都市化の進行などによって家族
★★　形態として ┌─**★★**─┐ 化が進んだため、高齢者の介護の
　　　他、社会保障や雇用問題も深刻化している。

核家族

　　　◆核家族は、アメリカの文化人類学者**マードック**が唱えた概念で、
　　　　一組の夫婦と未婚の子、または一組の夫婦からなる家族 (**夫婦家**
　　　　族) を指す。近年の日本では、都市部を中心に**単身世帯**も増えて
　　　　いる。特に、高齢者**単身世帯**の増加が目立ち、社会的・地域的
　　　　ケアの必要性が高まっている。今後は、国家の社会保障だけで
　　　　なく、**地域住民の連帯と協力**やボランティアの役割も重要であ
　　　　り、コミュニティの回復が求められるであろう。

□**10** 平均寿命が延び、少子化が進行することで**65歳以上**
★★★　**の人口比率**を示す ┌─**★★★**─┐ 比率が高まりつつある社会
　　　を ┌─**★★★**─┐ 社会、高まった社会を ┌─**★★★**─┐ 社会と呼ぶ。

老年人口,

高齢化, 高齢

　　　◆合計特殊出生率が低下して少子化が進むと、同時に老年人口比
　　　　率が高まり高齢化が進行する。両方の現象を合わせて少子高齢
　　　　化というが、**両者は表裏一体の関係**にある。

□**11** 高齢化が進んでいる原因としては、┌─**★★★**─┐ の発達、食
★★★　生活の改善など**生活水準が著しく向上したこと**による
　　　┌─**★★★**─┐ の大幅な伸びなどがある。

医療

平均寿命

□**12** 出生率は、統計上、1人の**女性**が15〜49歳の間に産む
★★★ 子どもの平均人数を示す [　★★★　] によって表示される。

　合計特殊出生率

　◆合計特殊出生率が2.07を下回ると人口は減少するといわれる。

□**13** 世界人口会議の**第1回ブカレスト会議**では、人口問題
★★ の解決には [　★★　] よりも [　★★　] が優先されるべき
ことなどが確認された。

　人口抑制，開発
　(経済開発)

　◆発展途上国は、経済的に貧しいことから、労働力として子ども
　を多く産まざるを得ないと主張した。

□**14** 1994年にエジプトの [　★★★　] で行われた国際人口開発
★★★ 会議では、女性の妊娠および出産への国家政策から女
性を解放する [　★★★　] (**性と生殖に関する健康と権利**)
が宣言された。

　カイロ

　リプロダクティブ
　=ヘルス / ライツ

　◆**女性の人権や自己決定権を尊重する**ことは、個人の尊厳を確保
　する上で極めて重要である。

□**15** 中国は、「[　★★★　]」という**子どもを1人に限る**ことを
★★★ 奨励する政策を実施してきたが、2015年に廃止した。

　ひとりっ子政策

　◆2020年現在、人口の世界**第1位**は中国 (約14.4億人)、**第2位**
　はインド (約13.8億人) であるが、人口抑制策が進んでいない
　インドが、23年に第1位になったと推定されている。なお、「ひ
　とりっ子政策」は女性の子どもを産む権利を侵害するのみなら
　ず、強制堕胎による健康被害を発生させる点で、女性の人権に
　対する重大な侵害である。

□**16** アメリカの経済学者ボールディングは、地球のことを
★★★ 「[　★★★　]」と呼び、地球の環境維持、資源の効率的利
用の必要性などを訴えた。

　宇宙船地球号

　◆地球環境は誰もが影響を与え合っており、**生態系の閉鎖性**ゆえ
　に、環境悪化は当然ながら人間にも害を及ぼす。アメリカの細菌
　学者ルネ=デュボスは「Think Globally, Act Locally (**地球規模
　で考え、足元 (地元) から行動せよ**)」という考え方を示し、国際
　的な視点で環境問題を考え、身近なところから環境対策をやっ
　ていくべきだと説いた。

□**17** 科学者も参加した [　★★★　] は、報告書『[　★★★　]』で、
★★★ 経済成長に伴う人口問題や資源・環境問題を指摘し、後
世代に対する現世代の責任として早期に対応を促した。

　ローマ=クラブ，
　成長の限界

　◆今を生きている人々 (現代) が、将来の人々 (後世代) に対し
　て責任を負うべきだとする世代間倫理は、環境問題や資源問題
　を考える上で最も重要な視点である。

☐18 本格的な人口減少社会に突入した**日本の総人口**は、
★★ 2022年の約 ┃ ★★ ┃ 人から、70年には約 ┃ ★★ ┃ 人
に減少すると予測されている。

1億2,500万,
8,700万

☐19 少子高齢化が加速する中で、15～64歳の ┃ ★★ ┃ 人
★★ **口が減少**し、経済の担い手が減少するおそれから、**外
国人労働者**を活用するため、┃ ★★ ┃ を技能・専門職に
限定している出入国管理及び難民認定法を2018年に改
正し、単純労働などにも交付することにした。

生産年齢

就労ビザ

◆2019年4月にこの改正法は施行され、法務省の外局として出入
国在留管理庁も設置された。改正法では、人手不足の14業種
（建設業、自動車整備業、介護、宿泊、農業など）については「相
当程度の知識又は経験を必要とする技能を要する業務」に従事
する外国人を**特定技能1号**として最長5年間の在留を、また「熟
練した技能を要する業務」に従事する外国人を**特定技能2号**と
して更新すれば事実上の永住を認めることとした。

☐20 国際化が進む中、多様な文化の価値を尊重する ┃ ★★ ┃
★★ **主義**を重視する上で、ある集団に向けられる嫌悪の態
度、または敵対的な態度が偏見を生み出すというアメ
リカの心理学者 ┃ ★★ ┃ の著書『偏見の心理』には傾聴
に値する指摘が記されている。

多文化

オルポート

☐21 少子高齢化が加速する中で、介護など**福祉に関する人
★★★ 材**を海外から補うために、日本は一部の国々との間で
労働者を受け入れる ┃ ★★★ ┃ （EPA）を結んでいる。

経済連携協定

◆少子高齢化が進む中で、単身高齢者の介護を担う**人材の確保**が
大きな課題となっている。日本人だけでなく外国人の労働力も
必要とされ、介護職の待遇改善を図るとともに、「介護離職ゼロ」
を目指すことが求められる。また、介護用ロボットの活用など
を推進し、人とロボットの共生を図ることも必要であろう。

☐22 今後、人口が急激に減少することが予測される日本に
★ おいて、すでに地方の農山村では、**地域の**コミュニティ
機能が果たせなくなった ┃ ★ ┃ 集落が多数出現し、
遠からず ┃ ★ ┃ 集落となる可能性が高い。

限界,
消滅

☐23 人口減少により、消滅の危機に直面する地方では、**生
★ 活基盤や居住地を一部に集約**する「 ┃ ★ ┃ 」と呼ばれ
るものを構築することが提起されている。

コンパクトシティ

□**24** 地域経済の振興の試みとして、**地元で生産されたもの**
★★ **を地元で消費**することで消費者と生産者との信頼関係
の構築を目指す ★★ の動きや、各地域が自らの力
や発想で特産品を作り出し、**地域おこし（村おこし）を**
目指す「 ★★ 運動」などが行われている。

地産地消

一村一品

□**25** ★ とは、地域の伝統的な食文化を見直し、良質
★ な食材を提供する生産者を支えて、食生活や食習慣を
見直して**持続可能な食文化をはぐくむ取り組み**である。

スローフード

□**26** **地方創生**の方法の１つとして、「 ★ 立国」をス
★ ローガンに ★ が進めるビジット・ジャパン事業
を通じた**訪日外国人の誘致活動**が行われている。

観光,
観光庁

3 資源エネルギー問題

ANSWERS ☐☐☐

□**1** エネルギーの中心は、19世紀初め頃までは薪や木炭
★★ であったが、19世紀初めからは石炭へ、1960年代に
は ★★ や液化天然ガス（LNG）などの液体燃料へ
と変化した。これを ★★ という。

石油,
エネルギー革命
（流体革命）

□**2** **石油や天然ガス**など古い地質時代の動植物が炭化して
★★★ 形成された ★★★ は燃焼により**二酸化炭素（CO_2）**
や ★★★ 、**窒素酸化物（NOx）**などの大気汚染物質
を排出する。

化石燃料,
硫黄酸化物（SOx）

□**3** ある天然資源の**確認埋蔵量を現在の年間生産量で割る**
★ ことで**将来、採掘可能な** ★ **年数**が計算できる。

◆採掘技術が向上して確認埋蔵量が増加したり、その資源の年間
生産量が減少したりすれば、可採年数を増やすことができる。

可採

□**4** 1972年にローマ=クラブは『 ★★★ 』という報告書の
★★★ 中で、世界人口、工業化、汚染、食糧生産、資源の使
用が現在の伸び率のまま続けば、100年以内に地球上
の ★★★ は限界に達すると警鐘を鳴らした。

成長の限界

成長

IX 現代社会

3 資源エネルギー問題

□**5** 1974年、**第一次石油危機対策**として ★★★ が開かれ、
★★★ 原油などの価格安定と**先進国と発展途上国間の対等な**
貿易などを目指す新国際経済秩序樹立宣言（ ★★★ ）
が採択された。そこで確認された**天然資源に対する**
★★★ の考え方は ★★★ のあらわれといえる。

◆1962年の国連総会で天然資源に対する恒久主権が決議された。
　天然資源の開発・利用権は保有国にあるとする考え方である。

国連資源特別総会

NIEO 宣言

恒久主権，資源ナ
ショナリズム

□**6** 1970年代に発生した**2度の石油危機の原因**となった原
★★ 油公示価格の引き上げと原油供給削減は、石油輸出国
機構（ ★★ ）とアラブ石油輸出国機構（ ★★ ）
などの**石油カルテルが行った**石油戦略である。それは
また、一次産品の価格を適正な価格に引き上げて**対等**
な貿易を行う ★★ の要求でもあった。

OPEC，
OAPEC

フェアトレード

□**7** ★★★ は、石油などの ★★★ と比べて、①エネル
★★★ ギーの大量生産ができること、②エネルギー効率が良
く**安定した発電**ができること、③燃料の投入量が少な
く可採年数が長いこと、④燃料コストが安価で市場価
格に左右されにくいことなどの利点がある。

◆日本では、1966年に初の商業用原子力発電所として**東海原子力**
発電所が運転を開始したが、本格的に原子力発電所の設置が広
がり始めるのは、70年代の2度の石油危機（オイル=ショック）
が大きなきっかけとなる。

原子力，化石燃料

□**8** **原子力発電**には、①深刻な ★★★ 汚染が生じる危険
★★★ 性、②事故による後世代への影響、③ ★★★ の処理・
廃棄方法の問題、④核兵器や核兵器開発技術の ★★★
の問題などが指摘されている。

◆原子力発電における核分裂は人為的な抑止が困難で、事故が起
こると生命にかかわる重大な放射能汚染を招き、その汚染は数
十年から数百年以上続いていく。また、事故発生のリスクと廃
棄処理施設の開発・維持コスト、原発建設が核兵器転用・製造
の原料となるプルトニウムの拡散を進める危険性も指摘されて
いる。

放射能，
放射性廃棄物，
拡散

□**9** 原子力発電所から排出される ★ は、その処理が
★ 難しく、軍事転用のおそれもある。

◆原子力発電については、**核のごみ（高レベル放射性廃棄物）**の処
理方法が確立しておらず、廃炉にも時間がかかることなどから、
現世代が経済効率を優先し原子力発電を推進しても、**後世代に**
は負の遺産となるおそれがある。

放射性廃棄物

□**10** 平和利用に限定した原子力の研究、開発、利用などを
★★ 定めた1955年制定の ★★ 法では、原子力平和利用
の三原則として「 ★★ ・ ★★ ・ ★★ 」を基本
方針として掲げている。

原子力基本,
民主, 自主, 公開

□**11** 日本では、石油危機を契機に、**新エネルギーの技術研**
★★ **究開発**を進める ★★ 計画(1974年)、省エネルギー
技術の研究開発を進める ★★ 計画(1978年)が相次
いで始まり、これらは ★★ 計画に統合された。

サンシャイン,
ムーンライト,
ニューサンシャイン

□**12** 1979年にアメリカ合衆国で発生したスリーマイル島原
★★★ 子力発電所事故や、86年に旧ソ連の**ウクライナ**で発
生した ★★★ 原子力発電所事故では、事故により原
子炉から多量の放射性物質が大気中に拡散した。

チェルノブイリ

□**13** 2011年3月11日に発生した東日本大震災に伴う福島第
★★★ 一原子力発電所事故は、原子力発電の ★★ 性に対
する国民の信頼を失うとともに、原子力発電所の停止
などにより全国規模の ★★ 不足が発生した。

安全

電力

◆ドイツは原子力発電所の建設計画を見直す方針を示し、スイス
やイタリアでは**国民投票を実施して**脱原発の方向性が確認され
た。しかし、日本では国民投票が実施されることはなかった。今
後の原子力のあり方については、**民意を問うこと**が大切である。
また、経済効率を優先するか、環境リスクを回避するかという
対立する問題については、国民的な対話による**合意形成**が求め
られる。

□**14** 2012年9月、**新たな原子力規制体制として、 ★★ を**
★★ ★★ の外局に設置した。

原子力規制委員会,
環境省

◆原発推進派とされる経済産業省から原発を規制する機関を切り
離したことで、規制体制の独立性と強化を図った。

□**15** 2013年6月、 ★★ は原発に関する新たな ★★
★★ を設けたが、**第二次安倍内閣**はこれらの基準を満たし
た原発は ★★ を認める方針を示し、現在も進行し
ている。

原子力規制委員会,
規制基準
再稼働

◆活断層上の設置禁止に関する調整年代を40万年前に拡大、緊急
用制御室の設置、防潮堤の充実、複数の電源確保、ポンプ車分散
配備などがある。2023年10月時点で12基が再稼働している。

□**16** **★★** ★★ ┃ **★★** ┃計画とは、原子力発電所の**使用済み核燃料を
再処理して回収した<u>プルトニウム</u>と<u>ウラン</u>を混合した
MOX 燃料を、既存の軽水炉で**リサイクル**し燃料の有
効利用を行う計画である。

プルサーマル

◆民主党の鳩山内閣（2009～10年）は地球温暖化対策の一環とし
て、二酸化炭素をほとんど発生させない<u>原子力発電</u>を重視し、天
然資源に恵まれない日本が推進する核燃料サイクル政策の根幹
を打ち出していた。<u>プルサーマル</u>発電の推進を打ち出していた。しかし、事
故の危険性から住民の反対運動が起こっている。公益を一部の
地域住民の犠牲の上に実現することが正当性を持つために、何
らかの利益を与えることや補償を行うことがなければ、正義を
実現したとはいえないであろう。

□**17** **★★★** 環境保護における経済的手法の１つとして、オランダ
やスウェーデンなどでは、いわゆる ┃ **★★★** ┃ が導入さ
れ、<u>二酸化炭素</u>**排出量に応じた課税**が行われている。

環境税

◆ヨーロッパで導入されている<u>環境税</u>は**炭素税**とも呼ばれ、<u>汚染
者負担の原則（PPP）</u>を具体化したものといえる。日本でも2012
年に<u>環境税</u>（**地球温暖化対策税**）が導入されている。負のコス
トを他者に押しつけるのではなく、自らが負担することで、責
任ある行動を期待するという考え方である。

□**18** **★★** 石油や原子力に代わるエネルギー源を一般に ┃ **★★** ┃
と呼ぶが、これには**太陽光、風力、潮力**などの<u>自然エ
ネルギー</u>や**廃熱利用エネルギー**などの**クリーンエネル
ギー**を含む。

新エネルギー

□**19** **★★** 動植物（特に微生物）などの**生物体を原料**とするエネル
ギー資源を総称して ┃ **★★** ┃ という。

バイオマス
（生物資源）

◆トウモロコシを原料とした**エタノール**や間伐材を加工した小型
固形燃料なども<u>バイオマス</u>に含まれる。**生物資源を利用しての
発電**を<u>バイオマス発電</u>という。2008年に起こった穀物価格の高
騰は、地球温暖化対策としての**バイオエタノールの生産量の増
加**が一因とされる。

□**20** **★★** 日本では、政府が**クリーンエネルギー**を ┃ **★★** ┃ エネ
ルギーという表現で統一し、┃ **★★** ┃ エネルギー特別
措置法を制定し、この分野の規制緩和を一部進めている。

再生可能,
再生可能

◆<u>再生可能エネルギー特別措置法</u>では、太陽光や風力などの<u>再生
可能エネルギー</u>により発電された電力は、家庭によるものだけ
でなく、民間法人によるものについても国が定める期間、**指定
された価格で買い取ること**が電気事業者に義務づけられた（<u>固
定価格買取制度</u>）が、2019年から見直しが行われた。

□**21** 再生可能エネルギーとして、 **★★** や**風力**、**バイオマ**
★★ **ス**、火山帯での **★★** 、積雪の氷解エネルギーなど
の利用も試験的に行われている。

> ◆発電における原子力の依存度を低下させるためには、当面は天然ガスなど火力発電のウエイトを高め、徐々に再生可能エネルギーなどへと移行していく必要がある。なお、近年日本近海で**メタンハイドレート**（メタンガスと水分子が結合してできた氷状の固体物質）が埋蔵されていることが判明し、注目されている。

太陽光,
地熱

□**22** 後世代に対する責任を果たし、持続可能性（サステナ
★★ ビリティ）の高い **★★** 社会を実現するためには、
★★ エネルギーを開発し、普及させる必要がある。

> ◆クリーンな自然エネルギーは、環境負荷が少なく、無尽蔵であることが多いため、再生可能エネルギーと呼ばれる。気候や地理的条件に左右されることもあるが、枯渇し、環境負荷の大きい化石燃料や後世代に予測不能なリスクを残す原子力に代わるエネルギーとして期待されている。

低炭素（または脱
炭素）,
再生可能

□**23** **★** とは、情報通信技術（ICT）を駆使して電力の
★ 流れを供給側と需要側の双方から制御する**無駄のない**
最適化された送電網である。

スマートグリッド
（次世代送電網）

□**24** 次のグラフは、日本の**一次エネルギー**（非加工エネル
★★★ ギー）の供給割合の変化を示したものである。空欄 **A**
～ **D** にあてはまる資源エネルギーを答えよ。

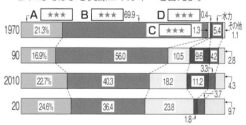

A 石炭
B 石油
C 天然ガス
D 原子力

> ◆1970年代の2度の石油危機(オイル=ショック)をきっかけに**脱石油**が進み、一次エネルギーに占める石油の割合は低下している。一方、石油の代替エネルギーとして期待された原子力は、2010年までに11.2%と上昇したが、11年3月の福島第一原子力発電所事故後、すべての原子力発電所が安全確認のため一時停止したため、15年にはほぼゼロになった。その後、新たな安全性基準をクリアした原子力発電所の再稼動が始まったが、発電量は高まっていない。なお、**一次エネルギー**は非加工エネルギーであるが、電力は加工して発電されているため**二次エネルギー**となる。

4 地球環境問題

□**1** 代表的な**地球環境問題**としては、**異常気象**を引き起こ
★★★　す ★★★ 、**皮膚がん**の増加を招く ★★★ の**破壊**、
　　　　森林破壊の原因となる<u>酸性雨</u>がある。

地球温暖化, オゾ
ン層

□**2** アメリカの生物学者 ★★ は『<u>沈黙の春</u>』で、**DDT**
★★　 などの ★★ の使用が、**食物連鎖の生体濃縮によ**
　　　　り ★★ **を破壊する危険性**を指摘した。

レイチェル=カー
ソン,
農薬, 生態系(エ
コシステム)

　　　　◆農薬が生物の体内で蓄積し濃縮されると、<u>生態系(エコシステ
　　　　　ム)</u>を破壊するだけでなく、<u>食物連鎖</u>によって人間に摂取・蓄積
　　　　　されて甚大な健康被害を発生させてしまうおそれがある。

□**3** <u>1972</u>年は、<u>OECD</u>**環境委員会**で ★★ が国際ルール
★★　 化され、<u>ローマ=クラブ</u>が報告書『 ★★ 』という人
　　　　類の危機レポートを発表した。

汚染者負担の原則
(PPP),
成長の限界

□**4** <u>1972</u>年の<u>国連人間環境会議</u>では「 ★★★ 」というス
★★★　ローガンが掲げられた。

かけがえのない地
球

□**5** **1972年**に ★★★ で ★★★ 会議が開かれ「 ★★★
★★★　宣言」と「**環境国際行動計画**」が採択された。

ストックホルム,
国連人間環境,
人間環境

　　　　◆<u>国連人間環境会議</u>(1972年)では「<u>かけがえのない地球</u>」という
　　　　　スローガンが掲げられた。

□**6** 1992年に**ブラジル**の**リオデジャネイロ**で開催された
★★★　「<u>環境と開発に関する国連会議</u>」(通称 ★★★)では、
　　　　「 ★★★ 」という理念が共有された。

地球サミット,
持続可能な開発

　　　　◆「**持続可能な開発**」とは、次世代のために**再生可能な範囲内で自
　　　　　然資源を利用する**という開発理念で、1987年の「環境と開発に関
　　　　　する世界委員会(ブルントラント委員会)」で提起された。<u>地球
　　　　　サミット</u>では、その基本理念を掲げた「<u>リオ宣言</u>」と、行動計画
　　　　　を定めた「<u>アジェンダ21</u>」が採択され、10年後の2002年には
　　　　　南アフリカのヨハネスブルクで「**持続可能な開発に関する世界
　　　　　首脳会議**(<u>環境・開発サミット</u>)」が開かれた。

□**7** ★★★ 破壊の原因物質は、スプレーの噴射剤、冷蔵
★★★　庫やクーラーの冷媒、半導体の洗浄剤などに含まれて
　　　　いた ★★★ である。

オゾン層

フロンガス(CFC)

□**8** 1985年、<u>オゾン層</u>**保護**のための ★★ **条約**が採択さ
★★　 れ、87年にはこの条約により規制される物質を特定
　　　　する ★★ **議定書**が採択され、89年に発効した。

ウィーン

モントリオール

□**9** 1989年、**特定**フロンの20世紀中の全廃と**代替**フロン
★★ の2020年以降の原則使用禁止が ★★ で定められた。

ヘルシンキ宣言

□**10** 地球温暖化をはじめとした気候変動の原因物質は、排
★★★ 気ガスや工場の煤煙中に含まれる**二酸化炭素（CO₂）**、
メタンガス、**代替フロンガス**などの ★★★ である。

温室効果ガス

□**11** 1992年の地球サミットで、 ★★★ と ★★★ の2つ
★★★ の条約が採択された。

気候変動枠組み条約,
生物多様性条約
※順不同

□**12** 1992年の地球サミットで採択された ★★ は、**生物**
★★ **資源の保全と利用**および ★★ **資源から得られる利**
益の公正な配分の実現を目指した条約である。

生物多様性条約,
遺伝

□**13** 2010年、生物多様性条約**第10回締約国会議**（COP10）
★ が日本の名古屋で開催され、遺伝資源の利益配分ルー
ルを定めた ★ **議定書**と、20年までに多様性の
損失を食い止め、50年までに多様性の回復と自然と
の共生社会を実現する ★ ターゲットを採択した。

名古屋

愛知

◆条約に関する定期的な締約国会議の略称を COP という。遺伝
資源の利益配分ルールは、原産国（発展途上国が多い）と利用国
（先進国が多い）の公平を図るものであり、持続可能な開発目標
（SDGs）が掲げる「人や国の不平等をなくそう」という目標の実
現を目指している。

□**14** 1997年開催の気候変動枠組み**条約第3回締約国会議**
★★★ （COP3、京都会議）では、温室効果ガス排出量の先進
国の削減数値目標を定めた ★★★ が採択された。し
かし、**発展途上国の削減数値目標の設定は行われな**
かった。

京都議定書

◆地球環境問題の解決は「**共通だが差異ある責任**」という理念に基
づいている。二酸化炭素（CO₂）排出量が2007年にアメリカを抜
き世界第1位になった中国は、「発展途上国」として削減義務が
課されていない。

□**15** **発展途上国が排出量規制に消極的**な理由は、自国の
★★★ ★★★ に悪影響を与える懸念などからである。

経済成長

179

☐ **16** 1997年の気候変動枠組み条約**第3回締約国会議**（京都
★★★ 会議）では、**温室効果ガスの排出削減数値目標の設定に
成功**して京都議定書が採択されたが、当時の**世界第1位
の二酸化炭素（CO_2）排出国**の ★★★ が**批准を拒否**し、
発効できない状態が続いたが、**2004年に** ★★★ が**批
准し、05年に発効**した。

アメリカ，
ロシア

◆**京都議定書**の発効条件は、55ヶ国以上の締結、かつ締結国の
CO_2排出総量が先進国全体の総排出量の55%以上になること
とされた。ロシアの批准で、この2つの条件が充足された。

☐ **17** 京都議定書では、義務づけられた ★★★ 削減量を超
★★★ える削減を達成した国から、**未達成国が排出権を買い
取り自国の削減分に算入できる**国際 ★★★ という仕
組みなどが**京都メカニズム**として採用された。

温室効果ガス

排出量取引（排出
権取引）

◆国際排出量取引を認めた理由は、理想と現実のはざまの中で、地
球全体で京都議定書の削減目標を最低限、確実に達成するとい
う現実主義に立った政策といえる。

☐ **18** 温室効果ガスの新しい削減方法を先進国どうしで共同
★★ 開発をした場合、両国間で**削減分を譲渡し合う**ことを
認める仕組みを ★★ 、発展途上国の温室効果ガス
削減に技術協力をした場合、**協力国の削減分に算入で
きる**仕組みを ★★ （**CDM**）といい、いずれも京都
メカニズムとして採用された。

共同実施

クリーン開発メカ
ニズム

☐ **19** 2015年、フランスで開催された気候変動枠組み条約**第
★★★ 21回締約国会議**（COP21）で、**世界の平均気温上昇
を**産業革命**以前から** ★★★ **度未満に抑える**目標設定
などを内容とした ★★★ **協定が採択**され、翌16年
11月に発効した。

2，
パリ

◆世界の平均気温上昇を2度未満、できれば1.5度未満にするこ
とを定めたが、**CO_2排出量の削減数値目標の設定は行わず**、発
展途上国を含めた全加盟国が**自主削減目標**を策定し、報告し合
うことが決められた。パリ協定は2020年より実施とされ、主な
二酸化炭素（CO_2）排出国である中国やアメリカ、発展途上国を
含む196ヶ国・地域が参加したが、17年6月にアメリカのト
ランプ政権はパリ協定**からの離脱**を表明した。しかし、2021年1
月に発足したバイデン政権は、パリ協定へ復帰することを決め、
環境対策を後退させる前政権の政策を見直すこととした。バイ
デン大統領は大統領選挙で50年までに二酸化炭素（CO_2）排出
量を**実質ゼロ**にする目標を公約に掲げた。

世界各国の**二酸化炭素（CO₂）排出量**の割合を示した
次のグラフの空欄 **A ～ D** にあてはまる国名を答えよ。

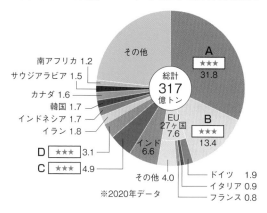

南アフリカ 1.2
サウジアラビア 1.5
カナダ 1.6
韓国 1.7
インドネシア 1.7
イラン 1.8
その他
A ★★★ 31.8
総計 317 億トン
EU 27ヶ国 7.6
B ★★★ 13.4
インド 6.6
D ★★★ 3.1
C ★★★ 4.9
その他 4.0
ドイツ 1.9
イタリア 0.9
フランス 0.8
※2020年データ

A 中国

B アメリカ

C ロシア

D 日本

□21
★
国連環境計画（UNEP）と世界気象機関（WMO）によっ
て発足した国際会議である ★ は、気候変動に関
する科学的知見や社会、経済への影響について意見を
集め、対応策を検討している。

気候変動に関する
政府間パネル
（IPCC）

◆ IPCC は、2007年のノーベル平和賞を**アメリカのゴア元副大統領と
ともに受賞した。**アメリカに気候変動枠組み条約批准拒否の環
境政策を見直すことを迫る政治的意図を持った授賞であった。

□22
★
1996年、アメリカの環境活動家シーア＝コルボーンら
が『 ★ 』を出版し、ダイオキシン類などの環境ホ
ルモン（内分泌かく乱物質）の危険性を指摘した。

奪われし未来

◆ダイオキシン類は、生体の内分泌系をかく乱させるホルモン作
用を持つ化学物質で環境ホルモンの 1 つである。体内に取り込
まれると**生殖機能の異常や発ガン**といった健康被害を引き起こ
す。

□23
★★
酸性雨とは**工場の煤煙**や**自動車の排出ガス**に含まれる
★★ と ★★ が主な原因物質である、pH5.6以下
の雨で、その降雨によって湖沼に生息する動植物や森
林・農作物などへ悪影響を及ぼす。

硫黄酸化物（SOx），
窒素酸化物（NOx）
※順不同

□24
★
1971年にイランで開かれた国際会議において採択され
た ★ では、水鳥の生息地として国際的に重要な
湿地に生息する動植物の保護を謳っている。

ラムサール条約

◆正式名称は「**特に水鳥の生息地として国際的に重要な湿地に関
する条約**」。日本は1980年に批准した。

□25 **大気汚染の越境移動**の問題について、1979年には欧州
★★ 諸国を中心として ┃ ★★ ┃ が結ばれ、欧州全体での酸
性雨原因物質の排出規制が規定された。

長距離越境大気汚
染条約

□26 1994年には地球砂漠化への対策として ┃ ★ ┃ が採択
★ され、96年に発効した。
◆日本は1998年に批准した。

砂漠化対処条約

□27 1972年には放射性物質など特定の**廃棄物**の海洋投棄を
★ **規制する** ┃ ★ ┃ が国際海事機関（IMO）で採択され、
75年に発効した。
◆日本は1980年に批准した。1996年には規制を強化する議定書が
採択され、産業廃棄物の海洋投棄が原則禁止となった。

ロンドン条約（ロン
ドン海洋投棄条約）

□28 1989年には**有害廃棄物の**越境移動**および処分の規制に**
★★ **関する** ┃ ★★ ┃ が採択され、92年に発効した。
◆1993年に批准した日本はバーゼル法を制定し、特定有害廃棄物
の輸出入に際しては経済産業省へ承認申請を行い、環境省は輸
出時には相手国の同意を確認し、輸入時には相手国へ同意を回
答することになっている。

バーゼル条約

□29 2019年、バーゼル条約第14回締約国会議（COP14）
★ では、有害廃棄物に「汚れた ┃ ★ ┃ ごみ」が追加され、
輸出禁止ではないものの輸出には相手国の同意が必要
とされ輸出入手続の規制が強化されるなど、21年1
月発効となる同条約の附属書が改正された。
◆2019年6月開催のG20大阪サミットでは、環境問題として海
洋プラスチックごみの削減が主要テーマの1つとして扱われ、
使い捨てストローの削減などが提唱された。「海の豊かさを守ろ
う」も持続可能な開発目標（SDGs）の1つに掲げられている。

プラスチック

□30 1973年には**絶滅のおそれのある動植物の種の国際取引**
★★ **を規制する** ┃ ★★ ┃ が採択され、75年に発効した。
◆日本は1980年に批准し、加入した。

ワシントン条約

□31 1989年のアラスカでのバルディーズ号のタンカー事故
★ による海洋汚染以降、汚染物質を回収する手段を事前
に確立するなどの危機管理を行うという企業倫理に関
する ┃ ★ ┃ が提唱された。

バルディーズの原則

□32 1895年にイギリスで設立された民間組織の ┃ ★★ ┃
★★ は、美しい自然景観や歴史的遺産の保全運動を行って
いて、同様の動きが世界的に広がりを見せている。

ナショナル゠トラ
スト

□**33** 動植物の生態や歴史文化を学びながら、**自然環境や文**
★ **化の保護意識を高める観光のあり方**を ┃ ★ ┃ という。

エコツーリズム

◆2004年に環境省はエコツーリズム憲章を制定し、屋久島の原生
林ツアーや小笠原のホエール・ウォッチング、里山の暮らしを
体験するツアーなどのエコツアーを推進している。

□**34** 近年、農山村は、ゆっくりと滞在しながら農林業体験
★ などを通して地域の生活を知る ┃ ★ ┃ の機会を提供
する場として、環境保護の観点から注目されている。

グリーン=ツーリズ
ム

□**35** 2005年、フランスで憲法の一部となった ┃ ★ ┃ は、**良**
★ **好な環境の中で生きる国民の**権利**を認めるとともに、**
国民**に対して環境保全の**義務**を、国には環境への損害**
を予防する義務**などを課している。**

環境憲章

□**36** 近年、┃ ★★★ ┃ **中心主義**を見直し、自然にもそれ自体の
★★★ 価値を認めようとする考え方から、自然の ┃ ★★★ ┃ 権
が主張されるようになった。

人間,

生存

◆環境破壊によって動植物が被害を受けることを問題視し、動植
物を原告とする**自然の権利訴訟**も起こされている。

□**37** 2000年制定の ┃ ★★★ ┃ 法が採用する ┃ ★★★ ┃ 責任とは、
★★★ 製品の生産者がその廃棄や ┃ ★★★ ┃ まで責任を負うと
する考え方である。

循環型社会形成推
進基本,
拡大生産者,
リサイクル

◆2004年にノーベル平和賞を受賞したケニアの環境活動家ワン
ガリ=マータイが唱えた、日本語に由来する「**もったいない**
（**MOTTAINAI**）」という言葉は、環境にやさしい循環型社会を
形成する基本理念の1つといえる。

□**38** **3つのR**とは、┃ ★★ ┃ =ごみ削減、┃ ★★ ┃ =再利用、
★★ ┃ ★★ ┃ =再資源化を指す。

リデュース (Reduce),
リユース (Reuse),
リサイクル(Recycle)

◆環境に悪い商品を拒むリフューズ (Refuse) を加えて、「**4つの
R**」ということもある。

□**39** 日本では、空きビンやペットボトルなどの**容器包装**、**特
★★★ 定の家電製品**、**小型家電製品**、**自動車**などについて
┃ ★★★ ┃ を義務づける法律が成立している。

リサイクル

◆一般的には、消費者には分別排出とリサイクル費用負担、メー
カーにはリサイクル義務、地方自治体には分別回収という各々
の責任を負わせている。

IX
現代社会

4
地球環境問題

□**40** 食品メーカーや加工・販売業者に食品の残渣を有効に
★★　再利用することを義務づけた ★★ 法が2000年に制
定、01年に完全施行された。

◆食品の残渣（濾過した後などに残ったかす）は、**肥料**や**家畜用飼料**、**バイオマスの発電**などに利用される。なお、世界中で生産された食料の約3分の1が消失、もしくは廃棄されており、その量は年間約13億トンと推計されている。先進国を中心に、原材料の生産段階から個人や世帯などによる消費の過程全体で食料の甚大な無駄が生じている問題を「**フードロス**」という。

食品リサイクル

□**41** 2000年にリサイクル商品や環境に配慮した商品を優先
★★★　的に購入・利用することを**国などの公的機関に義務づ
ける** ★★★ 法が制定された。

グリーン購入

□**42** ★★★ とは、**地球環境に及ぼす影響の少ない行動や
★★★　製品を使用**することが大切だとして、そのような生き
方は「**地球にやさしい**」という言葉で表されるが、この
ような商品を優先的に購入しようという運動である。

グリーン=コン
シューマリズム
（緑の消費者運動）

□**43** ★ とは、食料を輸入している国が、その食料を
★　自国で生産したらどのくらいの水が必要かを推定した
もので、水資源の乏しい国に対する責任を明確にする
考え方である。

バーチャル=ウォー
ター（仮想水）

◆日本は食料自給率（カロリーベース）で**40%**を下回っていることから、バーチャル=ウォーターを大量に利用している国である。持続可能な開発目標（SDGs）の1つに「安全な水とトイレを世界中に」が掲げられている。

5 人間と文化～文化と文明

ANSWERS □□□

□**1** 文化とは人々が社会的生活の中で作り上げてきた考え
★★★　や行動、生活様式の総体のことであり、具体的には物
質文化（道具、機械、技術）、 ★★★ 文化（法律、政治、
経済）、 ★★★ 文化（学問、芸術、宗教）がある。

制度,
精神

◆文化は時代や地域で様々に異なるため、それぞれの歴史や社会背景を探りながら、その文化を理解しようとすることが大切である。

□**2** 伝統文化から現代文化までの**根底に存在して変化しに**
★★ **くい生活様式**を ★★ 文化といい、その上に**一時的**
かつ外面的に発現する、変化しやすい生活様式を
★★ 文化という。

◆下位文化(サブ=カルチャー)は、一定の文化の中で特定の年齢・
職業・身分・地域などの部分に見られる文化で、商人文化、庶民
文化、貴族文化、若者文化などがある。なお、若者文化は、そ
の社会で受け入れられている文化への対抗文化(カウンター=カ
ルチャー)となることも多い。

基層

表層

□**3** 日本文化は、日本古来の基層文化の上に儒教、仏教、キ
★★ リスト教などの習俗や東西の文化が融合した ★★
文化である。

重層

□**4** 皮膚、目、毛髪など**身体上の違いによる区分**を ★★
★★ といい、言語、宗教、習俗など主に**文化的特徴による**
区分を ★★ という。

人種

民族

□**5** ★★ **主義**とは、少数民族や移民などのマイノリ
★★ ティ(少数者)の文化を支配的文化に吸収しようとする
同化主義に反対し、**多様な民族や文化の相互理解**を目
指す考え方である。

◆文化相対主義に立ち、異文化の価値を認める「寛容」と「連帯」の
心が、多文化共生社会を実現する前提条件となる。フランスの
啓蒙思想家ヴォルテールは、宗教的偏見が紛争を招いたことを
批判し、「寛容」の心を説いた。

多文化

□**6** **文化の違いによる対立**を ★★ といい、一方、**異文**
★★ **化にショックを感じること**を ★★ という。

◆このようなプロセスから、より高次元な文化に至る**文化の変容**
が可能になる。このような**正→反→合**による文化発展のプロセ
スは**弁証法的文化観**といえる。

文化摩擦,

カルチャー=ショ
ック

□**7** 公用語の習得者のみに市民権などを与えるように、**少**
★ **数民族の文化を否定して多数民族の文化への統合**を目
指す手法を ★ **政策**という。

◆かつてオーストラリアで先住民などに対して行われた白豪主義
は白人への同化政策の典型例である。

同化

□ **8** 国際化社会において様々な文化の交流が進む中で、**自**
★★★ **国の文化や価値観を絶対視する** ★★★ **に陥りやすい。**
それを克服することは、**他国の文化や価値観を尊重し、**
少数民族や先住民などの<u>マイノリティ</u>（**少数者**）の文化
を理解する前提であり、**相互の文化交流**のみならず、自
文化の発展にもつながる。

自民族中心主義
（エスノセントリ
ズム）

□ **9** <u>国連教育科学文化機関</u>（ ★ ）は、その憲章で「**戦**
★ **争は人の心の中で生まれるもの**であるから、**人の心の**
中に<u>平和の砦</u>を築かなければならない」と規定した。

UNESCO
（ユネスコ）

□ **10** <u>国連教育科学文化機関</u>（ ★ ）は、その憲章で「**相**
★ **互の風習と生活を知らないことは**、人類の歴史を通じ
て世界の諸人民の間に疑惑と不信を起こし、しばしば
戦争を招いた」と規定し、**文化交流**を通じた相互理解
が国際平和に貢献することを認めている。

UNESCO
（ユネスコ）

□ **11** **孔子の仁による政治**を唱えた ★★★ や老子の<u>無為自</u>
★★★ <u>然</u>を本質とする**道家**、**慈悲**や<u>輪廻転生</u>**の思想**を背景と
する ★★★ の思想は ★★★ **文明圏**で主張された考
え方である。

儒教（儒家）

仏教，東アジア

□ **12** <u>瞑想</u>を重視する南アジアで広まった宗教である ★★★
★★★ や、厳しい**身分の戒律制**である ★★★ 制度などが確
立した文明圏は ★★★ **文明圏**である。

◆<u>カースト制度</u>とは、**バラモン**（僧侶）、**クシャトリヤ**（武人）、**ヴァ**
イシャ（平民）、**シュードラ**（奴隷）の身分制のこと。

ヒンドゥー教，
カースト，
インド

□ **13** 唯一神<u>アッラー</u>を信仰し、教典『<u>クルアーン（コーラ</u>
★★★ <u>ン）</u>』の教えを厳格に守るという西アジアから東南アジ
アにも広がった文明圏は ★★★ **文明圏**である。

イスラーム

□ **14** **ポリス市民**としての生き方や民主政治を確立した**古代**
★★★ **ギリシア的な文化**である ★★★ や、神との契約や隣
人愛の大切さを説いた**キリスト教文化**である ★★★
などが発達した先進の文明圏は ★★★ **文明圏**である。

ヘレニズム，
ヘブライズム，
ヨーロッパ

□**15** 梅棹忠夫は『文明の生態史観』で西ヨーロッパ、アメリ
★　　カ、日本など現在の**先進地域**を ★ 地域、中国、イ
　　ンド、イスラームなど現在の**発展途上地域**を ★
　　地域と名づけた。

第一,

第二

　　◆第一地域は第二地域から文明を導入し、近代文明を確立した。

□**16** アメリカの政治学者 ★★ は著書『文明の衝突』の中
★★　で、先進の**キリスト教文明**と遅れてしまった**イスラー**
　　ム教文明が衝突する可能性を指摘した。

ハンチントン

6 現代社会の特質と課題

□**1** 匿名で**未組織の多数の人々**からなる現代社会を ★★★
★★★　社会という。

大衆

　　◆娯楽映画やポピュラー音楽など、大衆を対象に生産され、広く
　　享受され、消費されていく文化を大衆文化という。なお、公衆
　　とは新聞の読者のように空間的に散在していても争点をめぐる
　　討論を通じて世論を担い得る人々によって形成されるもの、群
　　衆とはたまたま同じ劇場に集まった観客や暴徒化した攻撃的な
　　集団のように、空間的に近接した人々によって形成されるもの
　　である。

□**2** 大衆社会の特徴として、普通選挙制度の確立による**大**
★★★　**衆** ★★★ **主義**、**大量** ★★★ ・**大衆販売**・**大量**消費、
　　義務教育による教育内容の画一化、大量の情報伝達の
　　媒介体である ★★★ の発達などがある。

民主, 生産

マス=メディア

　　◆大衆民主主義はマス=デモクラシーとも呼ばれる。また、現代は
　　マス=メディアが提供するニュースや映画、さらには SNS (ソー
　　シャル=ネットワーキング=サービス) による情報の拡散などに
　　よって、人々が同様に熱狂する社会でもある。スペインの哲学
　　者**オルテガ**は『**大衆の反逆**』の中で、メディアの発達による識字
　　率の上昇や消費スタイルの同質化を特徴とする大衆社会の到来
　　を、20世紀前半に予見している。

□**3** ★★ はナチス支配下の大衆の社会的性格を分析し、
★★　自由を獲得した**大衆が孤独感から**自由**を重荷に感じて**
　　権威に束縛を求めることを著書『 ★★ 』で指摘した。

フロム

自由からの逃走

　　◆フロムは、人間は束縛から逃れる「～からの自由」を獲得したが、
　　その結果、孤独となり、自由が心理的な重荷になったため、新
　　たな束縛を求めてファシズムのような全体主義に身を委ねるこ
　　とになったと指摘した。そこから抜け出すには自発的活動(「～
　　への自由」) によって、各人が自我を確立する必要があると述べ
　　ている。

□**4**　　★★　は現代人が善悪の判断を自ら行わず、**権威に**
★★　**従うことで自己責任を回避する傾向**を持つことを著書
『　★★　的パーソナリティ』の中で指摘した。

アドルノ

権威主義

□**5**　官僚制 (ビューロクラシー) は、**ピラミッド型の**位階制
★　を基本とする権限系統である　★　の固定化、自分
のなわばりや既得　★　を守ろうとする　★　に
よる**組織の硬直化**や**権威主義**など問題点も多い。

ヒエラルキー,
権益, セクショナ
リズム (セクト主
義、なわばり主義)

◆近代国家において、官僚制は合理的な組織運営原理であるが、負
の側面として官僚主義に陥りやすいという欠点がある。

□**6**　ドイツの社会学者　★★　は、　★★　性を徹底的に
★★　追求した**近代**官僚制を特徴とする社会を作り上げた現
代人は、いわば「**鉄の檻**」と化したこの社会の中から逃
れがたく　★★　され、豊かな精神と人間性を欠く存
在に堕する危険があると指摘した。

マックス=ウェー
バー, 合理

管理

□**7**　専門的な科学技術者で、社会の意思決定や政治決定で
★　重要な影響力を持つ高級技術官僚を　★　と呼ぶ。

テクノクラート

□**8**　現代の大衆社会は、サラリーマンなどの、生産手段を
★★　持たず生活水準が平均的である　★★　と呼ばれる
人々が社会の中核をなす。彼らの中流意識と大量
　★★　文化は大衆社会の特徴をよく表している。

新中間層

消費

□**9**　近代社会において、大資本家と無産者の間にあって、新
★　たに資本を蓄積していた独立自営農民(ヨーマン)など
の　★　が社会の中核を形成していた。

旧中間層

□**10**　大衆社会においては、**伝統的価値観や社会規範が崩壊**
★★★　し、精神的な**不安感・疎外感**である　★★★　や、あら
ゆる事柄に無関心な状態である　★★★　が生じる。

アノミー (心理的
アノミー),
アパシー

□**11** アメリカの社会学者リースマンは、著書『孤独な群衆』
★★★ の中で人間の社会的性格を3つに分類した。これについて説明した次の図の空欄 A ～ E にあてはまる適語を答えよ。

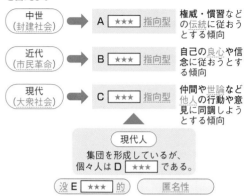

中世 (封建社会)	➡	A ★★★ 指向型	権威・慣習などの伝統に従おうとする傾向	A 伝統
近代 (市民革命)	➡	B ★★★ 指向型	自己の良心や信念に従おうとする傾向	B 内部
現代 (大衆社会)	➡	C ★★★ 指向型	仲間や世論など他人の行動や意見に同調しようとする傾向	C 外部 (他人)

現代人
集団を形成しているが、
個々人は D ★★★ である。

(没 E ★★★ 的)　(匿名性)

D 孤独

E 個性

□**12** 現代社会は、人々の生活様式 (★★) や思考方法が
★★ 画一化、規格化し、労働者もいわば機械の歯車と化すようになることで、人間性を喪失し ★★ 化した。

ライフスタイル

没個性

□**13** アメリカの俳優で映画監督の ★ は、1936年の作
★ 品『モダン=タイムス』で、ベルトコンベアに追い立てられながら働くシーンなどを通じて、産業社会での労働に潜む非人間性や労働者の ★ を描いた。

チャップリン

疎外

□**14** 現代社会は、マス=コミ (マス=コミュニケーション) の
★★★ 発達により ★★★ 社会へと変化してきたが、これはモノやサービスの生産活動を中心とする ★★★ 社会の後の段階として位置づけられている。

情報化,
工業化

□**15** ★★ は、現代社会の特徴として、サービス経済が
★★ 発展し、理論的知識が重視され、専門・技術職が重要になるとともに量的にも増大するなど、工業社会から ★★ 社会への移行が進んだと指摘した。

ダニエル=ベル

脱工業(脱工業化)

IX 現代社会

6 現代社会の特質と課題

□**16** 普通教育の普及と ___★★★___ による情報の大量伝達により、一定の教育水準と情報を有するようになった大衆が、**上流ではないが下流でもないという自意識を持つ**ような傾向を一般に ___★★★___ 意識と呼ぶ。

マス=メディア

中流

　◆高度経済成長によって、1970年代には一億総中流という言葉が一般化したが、近年の格差社会の進行により一億総中流は過去の話ともいわれている。

□**17** 情報化社会では、その影響力の大きさから「**第四の権力**」と呼ばれるマス=メディアが人々に情報を大量伝達し、世論形成に必要な判断資料を提供する反面、**情報操作**や**世論操作**の危険性、営利本位の ___★___ や扇動主義と呼ばれる ___★___ に陥る可能性がある。

コマーシャリズム, センセーショナリズム

　◆コマーシャリズムは**商業主義**ともいう。これに基づいて、マス=メディアの報道にスポンサー（広告主）の意向が反映される場合がある。テレビでは、視聴率を上げるために内容を誇張して**センセーショナルに表現する傾向**がある。一面的な報道で事実と異なる情報が印象化されるおそれもある。

□**18** ___★★___ とは、**固定的なパターン**により、事実を認識したり理解したりする捉え方および捉えられたイメージのことで、アメリカのジャーナリスト ___★★___ は著書『世論』の中で、これを社会的な差別を助長するものと捉えた。

ステレオタイプ

リップマン

　◆大衆は与えられた情報や報道の評価に同調するステレオタイプな思考を持つために世論操作をされやすく、外部指向型（他人指向型）となりやすい。

□**19** 経済成長で社会が豊かになるにつれ、有権者の関心は**日々の消費生活や個人の趣味に向かう**ようになり、___★★___ の傾向が見られるようになることで選挙の棄権率が高まるなど**民主政治が形骸化するおそれ**がある。

政治的無関心（ポリティカル=アパシー）

　◆政治的無関心（ポリティカル＝アパシー）について、アメリカの社会学者リースマンは、政治的無知による**伝統型無関心**（政治的知識が乏しく、「政治はおかみがするもの」などと考えること）と、政治的知識を持っているにもかかわらず政治に冷淡な**現代型無関心**（「どうせ変わらない」という無力感やあきらめ）に分類している。また、アメリカの政治学者ラズウェルは、**脱政治的態度**（幻滅などにより政治から離脱すること）、**無政治的態度**（政治にそもそも関心を持たないこと）、**反政治的態度**（既成の政治価値を急進的に否定すること）に分類している。

□**20** マスコミ（マス＝コミュニケーション）の発達で、**大量**
★★★ **の情報が効率的に伝達**されるようになり、社会の中
の ★★★ 形成に大きな影響を与えるようになった。 世論
これに対し、会話や電話など個人間で行われる意思伝
達を ★★★ ＝コミュニケーションと呼ぶ。 パーソナル

□**21** 近年、 ★★ 的な性質を持つソーシャル＝メディアの 双方向
★★ **発達と普及**で、不特定多数の人々によるコミュニケー
ションが活発に行われるようになった。

□**22** いつでも、どこでも、どんな者でもコンピュータ＝ネッ
★★★ トワークに接続し、情報を利用できる社会を ★★★ ユビキタス社会
という。一方で、個人情報がコンピュータに蓄積され、
公権力による管理が進み、個人や集団が様々な場面で
管理される社会は一般に ★★★ と呼ばれる。 管理社会

◆ユビキタスとは、ラテン語で「神はあまねく存在する」という意
味である。2000年には**高度情報通信ネットワーク社会形成基本
法（IT基本法）**が制定された。最高水準の情報通信ネットワーク
を実現し、国民すべてがその恩恵を受けられるようにすること
などを基本理念に掲げている。

□**23** イギリスの小説家**ジョージ＝オーウェル**は『**1984年**』の
★★★ 中で、技術の進歩がもたらす双方向的な通信技術に プライバシー,
よって、 ★★★ が守られた生活は終わりを告げ、個人 監視
の行動が ★★★ され、思想が統制される管理社会の
危険性を予見した。

□**24** インターネットには ★★ 性という従来のマス＝メ 匿名
★★ ディアとは異なる特性があるため、嘘のニュース
（ ★★ ）を気軽に発信したり、他人を安易に誹謗中 フェイクニュース
傷したりする問題が起きやすい。

◆ソーシャル＝メディアを中心に、**偽りの報道**（フェイクニュース）
が流れ、一瞬にして世界に拡散するリスクがある中で、現代は
情報の真実性や客観性よりも、虚偽であっても個人の感情に訴
えるものの方が世論において強い影響力を持つという「**ポスト・
トゥルース**」の状況にある

IX
現代社会

6
現代社会の特質と課題

□**25**
★★
インターネットやSNS（ソーシャル=ネットワーキング=サービス）による**プライバシー侵害や誹謗中傷**が社会問題化しているが、このような行為は刑法上の ★★ 罪に該当する場合がある。

侮辱

　◆2022年、日本では刑法が改正され、侮辱罪の法定刑が厳罰化され、「1年以下の懲役または禁錮」という拘禁刑が新設され、罰金も「30万円以下」に引き上げられた。

□**26**
★★
★★ とは、情報システムの脆弱性を衝いた**コンピュータ=ネットワークへの攻撃**のことである。

サイバー=テロ

　◆官公庁や大企業のコンピュータやデータベースなどに侵入し、破壊工作を行うサイバー=テロも発生している。2000年にはインターネットなどのコンピュータ=ネットワークへ不正にアクセス、またはそれを助長する行為を禁止する法律（不正アクセス禁止法）が施行されている。

□**27**
★★★
情報化社会の進展に伴い、小説や音楽など知的創造物の権利を守る ★★★ 保護や悪質なハッカーなどによるサイバー犯罪、情報公開と個人の ★★★ 保護の問題など日常生活に関する問題点も浮上している。

知的財産権,
プライバシー

　◆映画や音楽などを無断でインターネット上にアップロードすることはもとより、アップロードされたコンテンツをダウンロードまたは複製する行為も著作権法に違反し、処罰の対象となっている。保護される知的財産権の分類は下記の通り。

知的財産権
├─ 著　作　権 ……文芸・学術・美術・プログラム等の作品
├─ 産業財産権
│　　├─ 商　標　権 ……商品やサービスのマーク
│　　├─ 実用新案権 ……物品の形状等の考案
│　　├─ 意　匠　権 ……デザイン
│　　└─ 特　許　権 ……発明
└─ そ　の　他 （回路配置利用権・育成者権など）

□**28**
★★★
高度情報化社会の到来によって、日常生活が便利になった一方で、違法コピーなどの ★★★ の侵害や、悪質なハッカーによる ★★★ 、コンピュータ=ウイルスの被害などのサイバー犯罪が増えている。

知的財産権,
不正アクセス

□29 これからの高度情報化社会では、★★★ の保護や個
★★★ 人情報を守るための ★★★ の厳重化、情報をめぐる
新たなルールづくりや人々のモラルが、よりいっそう
求められる。

プライバシー,
セキュリティ

□30 インターネットの普及は、場所や時間にとらわれない
★★ 働き方を可能とする ★★ や ★★ (e コマース)
を拡大させた。これらは新型コロナウイルス感染症
(COVID-19) の感染拡大を受けて日常化したライフ
スタイルでもある。

テレワーク(リモー
トワーク),電子商
取引

□31 2002年、住民の個人情報を全国規模でオンライン化し
★★ 一元的に管理する ★★ ネットワークが導入された。

住民基本台帳 (住
基)

◆略称「住基ネット」。全国民に11ケタの住民票コードが割り当て
られたことから、国民総背番号制の第一歩といわれている。2003
年8月の第二次稼働で住民基本台帳カードの配付と利用を開始
した。その結果、住基カードを提示すれば各地方公共団体の窓
口で住民票の写しなどが入手でき、利便性は高まったが、プラ
イバシーの権利が侵害されるおそれがあるとの批判もある。

□32 2013年、課税や社会保障に関する個人情報を国が一元
★★ 的に管理する ★★ (マイナンバー) 制度の導入が決
定し、16年1月より稼働している。

共通番号

◆マイナンバーは個人が12ケタ、法人が13ケタの番号を割り当
てられ、希望者に氏名、住所、顔写真などを記載した IC チップ
入りの「個人番号カード」を配付する。このカードは公的な本人
確認の他、納税記録や行政手続時の確認にも利用可能とされる。

□33 情報通信の付加価値取引の仲介業であり、サービス基
★★ 盤を提供する ★★ ビジネスが急速に拡大し、現在、
★★ と総称される巨大なアメリカの IT 大手4社
が国際経済を牽引している。

プラットフォーム,
GAFA(ガーファ)

◆プラットフォーマーの代表格であるGAFA は Google (グーグ
ル)、Amazon (アマゾン)、Facebook (フェイスブック。現在
の Meta)、Apple (アップル) の4社の頭文字をとった総称で、
これに Microsoft(マイクロソフト)を加え、GAFAM (ガーファ
ム) という。現在、市場における独占的な地位から、アメリカで
は反トラスト法 (日本の独占禁止法に相当) で規制する動きがあ
り、2020年10月には司法省が Google を同法違反の疑いで提
訴した。

IX 現代社会

6 現代社会の特質と課題

☐34 近年、コンピュータ使用に伴う精神的苦痛である
★ 　★ 　の発生や仮想現実である 　★ 　が精神に及
ぼす危険性が指摘されている。

◆実際の自然環境や人間関係よりも、メディアが提供する世界に
現実感を見出すようになり、現実と空想（仮想現実）の境界が不
明確になるという指摘がある。

テクノストレス,
バーチャル=リア
リティ

☐35 カナダの英文学者 　★ 　は、情報の内容ではなく情
★ 報の伝達手段が人間の思考や社会に影響を与えるとし
て「**メディアはメッセージである**」と述べた。

マクルーハン

☐36 アメリカの社会学者 　★ 　は、メディアが視聴者に
★ 「本当らしい」出来事を提供しているに過ぎず、そのよ
うに再構成された「本当らしさ」を**疑似イベント**と呼ん
だ。

ブーアスティン

☐37 　★★★ 　とは、**メディアが提供する情報が真実か否か**
★★★ **を判断する能力**を受け手である国民自身が身に付ける
必要があるが、この情報判断能力のことである。

メディア=リテラ
シー（情報リテラ
シー）

◆特に、現在はインターネットなどを介して大量の誤った情報が
瞬時に拡散し、社会や人々が混乱に陥るような状態（インフォデ
ミック）も起こりやすい。ゆえに、メディア=リテラシーがさら
に重要な意味を持っている。近年、世界各国ではソーシャル=メ
ディアでの公私の区別、フェイクニュースに惑わされないため
のリテラシーなどといった「**デジタル = シチズンシップ**」の教育
の取り組みが行われている。

☐38 情報メディアを使いこなせる人とそうでない人の間に
★★★ 生じる格差のことを 　★★★ 　と呼ぶ。

デジタル=デバイド

◆デジタル=デバイドによる経済格差の拡大を防ぐため、誰でも簡
単に使える情報機器の開発や環境整備が必要となる。

☐39 国や地方などの行政機関に対して**情報の開示を求める**
★★★ **制度**を 　★★★ 　といい、地方では条例が作られていっ
たが、国に対する根拠となる法律は 　★★★ 　法である。

情報公開制度,
情報公開

☐40 情報公開制度は、 　★★★ 　の制度化といえるが、この
★★★ 権利は 　★★★ 　法に明文化されておらず、国の 　★★★
（アカウンタビリティ）が定められているに過ぎない。

知る権利,
情報公開, 説明責
任

☐41 行政機関や独立行政法人および個人データを保有する
★★★ 民間事業主が保有する個人情報を適正に取り扱い、本
人の同意なく第三者に流出させることを禁止する法律
を 　★★★ 　法という。

個人情報保護

 ★★ 法では、個人は、国のすべての行政機関に対して、自分の個人情報の開示・訂正・削除を請求する **★★** 権を認めている。

◆個人情報開示制度はプライバシーの権利における**自己情報管理権**のあらわれである。**知る権利**のあらわれでないことに注意。

個人情報保護

個人情報開示請求

□43
★★
 ★★ （AI）の開発と普及によって、これまで人間が行ってきた多くの仕事がコンピュータによって代替され、**人間の雇用を奪うおそれ**があると指摘されている。

◆2005年、アメリカのカーツワイルは、45年にAI（Artificial Intelligence、人工知能）が**人類の知能を超える**と予言し、その転換点は**シンギュラリティ（技術的特異点）**と呼ばれる。14年には、イギリスのマイケル .A. オズボーンらによる共同論文で、AIを用いたコンピュータ技術によって、10～20年後程度でアメリカの全雇用者の約47%の仕事が自動化される可能性が高いという分析結果が発表された（『雇用の未来』）。

人工知能

□44
★★
 情報通信技術（ **★★** ）の発達による、インターネット上の膨大な情報の蓄積を一般に **★★** という。これをコンピュータや人工知能（AI）で処理することで、消費者のニーズに合った新商品の開発や販売、マーケティング、社会的な各種サービスの向上が期待される。

◆1970年代末に登場した車載型などの移動電話を第1世代（**1G**）、90年代の**アナログ**から**デジタル**へ移行する多機能な携帯電話を第2世代（**2G**）、2000年代に入り、全世界共通でモバイルが使用可能となった第3世代（**3G**）、10年代以降の**高速・大容量化**が急速に発達・普及した第4世代（**4G**）に続き、20年以降には**超高速・大容量**のモバイル通信が可能となる第5世代（**5G**）が、情報通信技術（ICT）の基盤になるとされる。

ICT,

ビッグデータ

□45
★★
 日本が提唱する未来社会のあり方として、サイバー空間（**仮想空間**）とフィジカル空間（**現実空間**）を高度に融合させたシステムにより、人工知能やロボットが経済発展と社会的課題の解決を両立させるような社会を **★★** という。

◆「1.0（狩猟社会）→2.0（農耕社会）→3.0（工業社会）→4.0（情報社会）」の次にあるものがSociety5.0である。現在、**人工知能（AI）**、情報通信技術（**ICT**）、**モノのインターネット（IoT）**、**ビッグデータ**などを活かした未来社会へ移行する**技術革新（イノベーション）**が進んでいる。

ソサエティ
Society5.0

IX
現代社会

6
現代社会の特質と課題

□**46** 生活上の基礎的な単位となる家族や村落・都市など、血
★★ 縁や地縁をもとに成立した集団を ★★ 集団と呼び、
特定の目的や機能を果たすため人為的に作られた、学
校や企業などの集団を ★★ 集団と呼ぶ。

基礎（基礎的）

機能（機能的）

◆現代社会では、多数存在する機能集団への所属によって人間性
の喪失が起こっているため、人間性を回復するためにも家族な
どの基礎集団の復権が望まれている。

□**47** アメリカの社会学者マッキーバーによると、社会は基
★ 礎集団である ★ （地域社会、地域共同体）と、機
能集団である ★ （結社体）の2つに分類される。

コミュニティ,

アソシエーション

□**48** 家族や友人などの ★★ 集団をプライマリー=グ
★★ ループ、企業や学校などの ★★ 集団をセカンダ
リー=グループという。

一次,

二次

□**49** ★★ とは、社会集団が一定の秩序を維持するため
★★ に設ける**規範や行動基準**のことであり、法や道徳、伝
統や慣習などのことをいう。

社会規範

□**50** ★★ とは、良心や理性の命令に従って行動するた
★★ めの規範で、それに違反した場合には良心の呵責や社
会的制裁が伴うのに対して、 ★★ とは、国家などに
よって定められているルールであり、違反した場合に
は刑罰などの外的制裁が伴う社会規範である。

道徳

法律

◆「法律は**道徳の最小限である**」といわれるように、法律は反道徳
的な行為の中でも**刑罰**をもって強制すべき行為などを規制する。

□**51** 社会規範のうち、仇討ちや武士の切腹のように、ある
★ 程度の強制力を持った道徳的慣習を ★ と呼ぶ。

モーレス

□**52** 社会集団において、生活全般に浸透している日常生活
★★ の行動基準を ★★ と呼ぶが、これに法的確信が得
られて法的拘束力が付与されたものを ★★ という。

慣習,

慣習法

◆冠婚葬祭のしきたりや礼儀作法などが慣習にあたる。

□**53** ★ とは、もともとは未開社会や古代社会で見ら
★ れ、一定の行動を禁止あるいは規制する際の規範であ
る。 ★ 上の理由から、ある一定の日時や方角、食
べ物などを避ける行為も、これにあたる。

タブー（禁忌）

信仰（宗教）

□ **54** 世界各地が国境の壁を越えて密接につながることを
★★★ ｜ ★★★ ｜といい、**経済取引が世界的に一体化**する動き
のことを経済の｜ ★★★ ｜と呼ぶ。

> ◆グローバリゼーションは、ヒト、モノ（商品）、カネ（資本）、データ（情報）などが大量に国境を越え、経済活動が地球規模に行われるようになったことを指す。経済活動の面で、国境という枠を越え、消滅させる方向へと進む点でボーダレス化も意味する。

ボーダレス化，
グローバル化（グローバリゼーション）

□ **55** ｜ ★★★ ｜とは、様々な文化にそれぞれ違いはあるが優
★★★ 劣はないとし、文化的な多様性を尊重することである。

文化相対主義

□ **56** グローバリゼーションが進む中で、**自国の文化や価値
★★★ 観を絶対視する**｜ ★★★ ｜を克服するには、**他国の文化
や価値観を尊重**し、少数民族や先住民などの｜ ★★★ ｜
（**少数者**）の文化を理解することで、それぞれの言語や
価値観などを尊重し合い、**異文化理解**と積極的な**共生
を図る**｜ ★★★ ｜が重要となる。

自民族中心主義
（エスノセントリズム），
マイノリティ
多文化主義（マルチカルチュラリズム）

□ **57** ｜ ★★ ｜は、**紛争や飢餓**のために他国に逃れ、**生命の
★★ 危機**にさらされて苦しんでいる｜ ★★ ｜に対する保護
と生活支援に取り組む機関である。

> ◆国連難民高等弁務官事務所（UNHCR）は、**非政府組織（NGO）
の協力**も得るなどして、難民の救援にあたっている。1991～2000
年には緒方貞子が難民高等弁務官を務めた。

国連難民高等弁務官事務所（UNHCR），
難民

□ **58** ｜ ★★ ｜は、紛争や自然災害の発生した地域の子ども
★★ たちに対して**栄養補給や医療などの援助**を行っている。

国連児童基金
（UNICEF、ユニセフ）

□ **59** 国連の専門機関である｜ ★★ ｜は、**文化交流を図る**こ
★★ とで国際平和と福祉の促進を目指している。

国連教育科学文化機関（UNESCO、ユネスコ）

□ **60** 人種差別問題に関して、国際的な人権保障の一環とし
★★★ て、1965年の国連総会で｜ ★★★ ｜条約が採択された。

> ◆1969年発効の同条約の締約国は、あらゆる形態の人種差別撤廃
に向けた施策の実現の義務を負う。日本は95年に批准した。

人種差別撤廃

□ 61 ★★★ 2度の世界大戦を経験した国際社会では、女子(女性)に対する差別の撤廃を目指す ★★★ 条約、児童の権利を守る ★★★ 条約や人種、宗教、性などによる差別からあらゆる人を守る ★★★ 宣言など、すべての人々が平等に尊重されるための取り組みが行われている。

女子差別撤廃 (女性差別撤廃),
子どもの権利,
世界人権

□ 62 ★★★ ★★★ は、 ★★★ に法的拘束力を付与する目的で1966年に国連総会で採択、76年に発効した。「経済的、社会的及び文化的権利に関する国際規約 (A規約、社会権規約)」と「市民的及び政治的権利に関する国際規約 (B規約、自由権規約)」とがあり、いずれも締約国に対する法的拘束力を持つ。

◆国際人権規約は、批准国に条約内容の実現を義務づけている。

国際人権規約，世界人権宣言

□ 63 ★★ ★★ は思想、信条、人種などの理由で不当に弾圧されている「良心の囚人」の救済や死刑の廃止運動に取り組む国際人権NGO (非政府組織) で、国連との協議資格も有している。

アムネスティ=インターナショナル

□ 64 ★ オランダに本部を置く国際環境保護団体 ★ は、非暴力直接行動を特徴とし、国連より「総合協議資格」を認められている。

グリーンピース

□ 65 ★ ★ は、1863年に戦時の負傷者を救済する目的でアンリ=デュナンによって創設され、現在では人道支援のため幅広い活動をしている。

赤十字国際委員会

□ 66 ★★ ★★ はフランスで設立された組織で、世界各地の戦災地、災害被災地、難民キャンプなどで医療活動を行い、1999年にはノーベル平和賞を受賞した。

国境なき医師団 (MSF)

□ 67 ★★ 2006年にノーベル平和賞を受賞したバングラデシュの経済学者 ★★ は ★★ を設立し、既存の銀行では不可能だと思われていた貧しい人々の零細な事業に対する融資 (マイクロクレジット) を無担保で行い貧困の解消に取り組んだ。

◆マイクロクレジットの返済率が高かったのは、返済が滞れば同じ共同体メンバーには融資を行わないとする方法を導入したことが理由といわれている。

ムハマド=ユヌス,
グラミン銀行

□**68** 2014年にノーベル平和賞を受賞したパキスタンの人権
★ 活動家 ★ は、**女性と子どもの権利の確立**、およ
び ★ **の自立**の実現に向け、世界中のすべての子ど
もに質の高い ★ が保障されるように訴えている。

マララ=ユスフザイ,
女性,
教育

□**69** 困窮した人々に対して、国連だけでなく、各国からも
★ 発展途上国への国際的な支援が行われ、日本もその一
環として、独立行政法人である ★ （国際協力機
構）が**青年海外協力隊**を派遣している。

ジャイカ
JICA

□**70** 性別役割分担を**社会的・文化的**性差（ ★★★ ）に依拠
★★★ するものとして問い直すことは、その不平等によって
不利益を被る人たちを救うだけでなく、 ★★★ 社会
を促進し、社会全体の活性化を促すことにつながる。

ジェンダー

男女共同参画

◆フェミニズムは、「男性らしさ」や「女性らしさ」のイメージを人
為的な構築物とみなし、文化や慣習、社会通念などが暗に前提
としている性差別的な構造と指摘している。なお、2023年発表
の「**ジェンダー・ギャップ指数**」で、日本は世界146ヶ国の中
で第125位であった。経済参加と政治参加の分野で男女間の格
差が大きく、女性の社会参加が極めて遅れている。

□**71** **1979年**、女性に対する政治的・経済的・社会的差別を
★★★ 禁じた ★★★ 条約が国連総会で採択され、85年に
日本は同条約を批准し、 ★★★ 法**を制定**した。

女子差別撤廃（女
性差別撤廃）,
男女雇用機会均等

□**72** 日本では1999年に ★★★ 法が制定され、女性を行政
★★★ 会議などに参画させる**積極的格差是正措置**（ ★★★ ）
を行うことが明記された。

男女共同参画社会
基本,
ポジティブ=アク
ション（アファーマ
ティブ=アクション）

◆例えば、弱者や少数者を保護する手段として、会議などで一定
の人数枠を確保する措置などがある。

□**73** **男女雇用機会均等法**は、職場での ★★ （性的いやが
★★ らせ）を防止することの義務を事業主に課している。

セクシャル=ハラ
スメント

□**74** ★ 法では、配偶者などからの暴力の防止および
★ 被害者の保護を図るため、裁判所が被害者からの申立
てにより、加害者に対し、特定の場合に被害者の住居
や勤務先付近を徘徊してはならないと命ずることがで
きると規定している。

ドメスティック=
バイオレンス防止
（DV防止）

□**75** 高齢者や**障がい者**を施設や制度で隔離し保護する形を
★★★ 改め、他の人々と**共生して日常生活を送ることができ
るよう生活の諸条件を整える**考え方を　★★★　と呼ぶ。

ノーマライゼー
ション

◆ボランティア活動を通じて高齢者や障がい者と触れ合うことも、
高齢者や障がい者から見れば、**ともに生きること**（**共生**）を意味
する点でノーマライゼーションの具体的方法といえる。このよう
に社会から隔離したり排除したりするのではなく、社会の中でと
もに支え、助け合いながら生きていこうとする考え方を**ソーシャ
ルインクルージョン**（**社会的包容力**、**社会的包摂**）という。

□**76** 近年は、**高齢者などが不便なく利用できる**　★★★　の
★★★ 設備が整備され、**誰にでも使いやすい**　★★★　に配慮
した商品が実用化されている。

バリアフリー，
ユニバーサルデザ
イン

□**77**　★★　とは、婚姻と血縁による信頼や愛情関係に
★★ よって結ばれた**生活共同体**であり、社会集団としては
　★★　集団に位置づけられる。

家族

基礎

□**78** 家族には、子孫を生み育てる　★★　**機能**、高齢者や
★★ 幼児を守る保護・扶養**機能**、しつけや人格を形成する
　★★　**機能**、家計と財産を共有する　★★　**機能**や
心身の休養の場としての**憩いの機能**などがある。

種族保存

教育，経済

□**79** 現代社会は、家族や地域社会などの　★★　集団の役
★★ 割が低下し、学校や企業などの　★★　集団の役割が
高まっている。

基礎（基礎的），
機能（機能的）

□**80** 生活の基礎集団とされる家族について、近年、血縁の
★ ない親子や兄弟姉妹を含む　★　が増加するなど、
そのあり方は多様化している。また、主に**生活環境の
快適さ**を意味する　★　は、家族ではなく行政や企
業が提供する場面が増えており、**ライフスタイルは複
雑化**している。

ステップ=ファミ
リー

アメニティ

□**81** 現代社会では、従来家族が持つ様々な機能が企業や学
★★★ 校など**外部の機関に吸収される**　★★★　が進んでいる。

家族機能の外部化

□**82** 子どもたちが結婚後も親と同居を続ける家族の形態を
★★ 　★★　と呼び、このうち核となる親子が１組である
家族を　★★　と呼ぶ。また、１組の夫婦のみ、また
は夫婦と未婚の子のみからなる家族を　★★　と呼ぶ。

◆**複合家族**は、祖父母やおじ、おばまでをも含む大家族である。

複合家族（拡大家
族），

直系家族（世代家
族），

核家族

□83 かつての日本社会に見られた家（イエ）制度とは、家長
★★★ の統率の下に家族と財産を守り代々受け継いでゆく制
度であるが、**第二次世界大戦後**の ★★★ の改正によ
り廃止された。この結果、 ★★★ が増加していった。

民法,
核家族

◆加えて、高度経済成長期**の産業化**に伴う**地域間移動の増加**で、都
市部への人口流入が起こり、1組の夫婦のみ、または夫婦と未
婚の子のみからなる核家族化が進んだ。

□84 かつては一般に子だくさんであったが、現代では、経
★★★ 済水準の向上とともに ★★★ 化が進む中で、特に日
本では親の関心が子どもに過度に集中して、子どもの
★★★ が妨げられる事態が起きている。

少子

自立

□85 大人か子どもかの区別は、現代国家では法律上の成人
★★★ 年齢によって決定されるが、日本では、**2016年の改正
公職選挙法**で選挙権が ★★★ 歳から ★★★ 歳に引
き下げられ、**22年4月**からは ★★★ 上の成人年齢
も同じ扱いになった。

20, 18,
民法

◆民法は、未成年者の契約について、親権者の同意がない場合は、
契約取消権を与えているが、民法改正により、18歳以上は契約
取消権が行使できなくなり、契約責任を負うことになった。18
歳からクレジットカードの作成やローン契約など親権者の同意
がなくても可能となったが、成人としての慎重な判断が求めら
れ、契約の責任を自覚することが大切である。

□86 未成年の犯罪者は、少年法によって保護されているが、
★★★ 同法による成人年齢は、2022年現在で ★★★ 歳であ
る。

20

◆2022年の改正少年法の施行により、18・19歳を**「特定少年」**
と定義し、1年以上の懲役・禁錮にあたる罪を犯した場合、家
庭裁判所は検察官に送致（逆送致）することになり、厳罰化され
た。また、起訴された「特定少年」の実名報道を解禁し、成人に
近い責任が問われることになった。

□87 ★★ 化の進行により、子育ての知恵が若い母親に
★★ うまく継承されず、**育児ストレスによる** ★★ が社
会問題化している。

核家族,
児童虐待

□88 児童虐待には、体罰などの暴力的な虐待や性的虐待の
★ 他、 ★ と呼ばれる**育児放棄**も含まれる。

ネグレクト

□89 かつて、「男は仕事、女は家庭」という ★★★ 分担が
★★★ 一般的であったが、近年は**男女共生の理念に基づく新
たな社会制度の構築も始まり**、育児や介護など**家族責
任を果たすために一定期間の休業**が労働者の ★★★
として育児・介護休業法で男女平等に認められている。

性別役割

権利

□90 旧来の家族形態が崩れて ★★ 化が進み、家庭内で
★★ の高齢者介護(在宅介護)の負担が増加している。特に、
高齢者が高齢者を介護する「 ★★ 」の問題が深刻化
している。

核家族

老老介護

◆近年は、核家族の占める割合が頭打ちになる一方で、**単身世帯**
が増加し、特に**高齢者の単身世帯**が急速に増えている。独り暮
らしの高齢者が**孤独死**するケースも多く、地域行政と地域社会
との連携が課題となっている。

□91 ★★ とは、**生涯を通じて学習を続けていくこと**であ
★★ るが、高齢者にとっては ★★ することを防ぎ、
★★ につながることが期待されている。

生涯学習,

孤立,

生きがい

◆平均寿命の延びに伴い、一生を通じて学習を継続することがで
きるよう、生涯学習のための様々な施策が行われている。

□92 人々が共同体意識を持って生活している近隣社会を
★★★ ★★★ と呼ぶが、これは単なる空間的な広がりだけ
ではなく、そこに住む人々の生活様式(★★★)や意
識によって結び付いた共同体である。

地域社会(コミュ
ニティ),

ライフスタイル

◆地域社会の機能は、アメリカの社会学者**マッキーバー**らによっ
て分類された。

□93 古来より「人と人とのつながり」は、 ★★★ による家
★★★ 族のような結び付きと、それを超えた ★★★ による
地域共同体の連携の中で考えられてきた。

血縁,

地縁

□94 近年、**都市部を中心に**、近隣の人々の間での ★
★ の意識が減少し、 ★ 性が高まり、**お互いの顔や名
前を知らなくても生活が成り立つ**ようになった。

相互扶助,

匿名

□95 機能集団が都市部に集中することで、人口の都市部へ
★★★ の集中現象が発生した。人口が流入した都市部では
★★★ 、人口が流出した地方部では ★★★ の問題
が深刻化し、地域の行事を営むに足る人口を欠く農村
部などでは、地域社会の様々な機能が失われつつある。

過密(過密化),過
疎(過疎化)

□96 かつては家族と □★★★ とが密接にかかわり合いなが
★★★ ら生産や教育に携わっていたが、現代の日本では
□★★★ の外部化が進んだことで家族は主に安らぎの
場となり、□★★★ 住民どうしの連携が弱まった。

◆地域社会の崩壊が叫ばれる現代においては、地域共同体の機能
を見直す必要性が高まっている。天災の発生や高齢社会の加速
化に対して、地域の防災協力や地域ボランティアが重要となる。

地域社会（コミュ
ニティ）
家族機能，
地域

□97 都市が発展し市街地が拡大する際に、**虫食い状**に開発
★★ が進む現象を □★★ 現象という。

スプロール（スプ
ロール化）

□98 都市の拡大とともに、都心部の地価が □★★ するた
★★ め、都市中心部に居住する人が □★★ し、通勤が可
能な近郊に人口が移転することで**都市中心部が**空洞**化**
する現象を □★★ 化現象という。

高騰，
減少

ドーナツ

□99 近年、事故や災害の被害者や社会的・経済的 □★★★ を
★★★ 救済する □★★★ のあり方が議論され、それは保険制
度だけでなく、地域のネットワークやコミュニティな
どを活用して**社会で援助する仕組み**も含まれる。

弱者，
セーフティネット

特別付録

索 引

INDEX

この索引には、本書の各問題の「正解」と、その用語を補う文字や用語を中心に、「見出し語」としてまとめた「重要頻出用語」が五十音順に整理されています（数字や日常用語などは一部省略または掲載していません。なお、この「見出し語」はその意味や意図に応じて該当ページの表現や表記から改変している場合があります。また、カッコ書きで掲載されている別称や別解となる語句は割愛している場合があります）。

※用語の右側にある数字は、「正解」と本文などで赤文字になっている箇所について、それぞれ各節（テーマ）の初出となるおもな掲載ページ数を挙げています。同じ節や見開きページ内で用語が重複している場合は、原則として初出のページ数を掲載しています。

209

▼
あ
い
う
え
お
か
き
く
け
こ
さ
し
す
せ
そ
た
ち
つ
て
と
な
に
ぬ
ね
の
は
ひ
ふ
へ
ほ
ま
み
む
め
も
や
ゆ
よ
ら
り
る
れ
ろ
わ
を
ん

大学受験　一問一答シリーズ
倫理 一問一答【完全版】

発行日：2022 年 11 月 30 日　初版発行
　　　　2024 年 1 月 31 日　第 2 版発行

著　　者：清水雅博
発行者：永瀬昭幸
発行所：株式会社ナガセ
　　　　〒180-0003　東京都武蔵野市吉祥寺南町 1-29-2
　　　　出版事業部（東進ブックス）
　　　　TEL：0422-70-7456 ／ FAX：0422-70-7457
　　　　www.toshin.com/books（東進 WEB 書店）
　　　　※本書を含む東進ブックスの最新情報は、東進 WEB 書店をご覧ください。

編集担当：倉野英樹

編集協力：清水健壮　髙見澤瞳　Nogy-Z
カバーデザイン：LIGHTNING
本文デザイン：東進ブックス編集部
本文イラスト：近藤恵子
DTP・印刷・製本：三美印刷株式会社

東進の実力講師陣 数多くのベストセラー参考書を執筆!!

東進ハイスクール・東進衛星予備校では、そうそうたる講師陣が君を熱く指導する!

本気で実力をつけたいと思うなら、やはり根本から理解させてくれる一流講師の授業を受けることが大切です。東進の講師は、日本全国から選りすぐられた大学受験のプロフェッショナル。何万人もの受験生を志望校合格へ導いてきたエキスパート達です。

英語

本物の英語力をとことん楽しく!日本の英語教育をリードするMr.4Skills.

安河内 哲也先生
[英語]

100万人を魅了した予備校界のカリスマ。抱腹絶倒の名講義を見逃すな!

今井 宏先生
[英語]

爆笑と感動の世界へようこそ。「スーパー速読法」で難解な長文も速読即解!

渡辺 勝彦先生
[英語]

雑誌『TIME』やベストセラーの翻訳も手掛け、英語界でその名を馳せる実力講師。

宮崎 尊先生
[英語]

いつのまにか英語を得意科目にしてしまう、情熱あふれる絶品授業!

大岩 秀樹先生
[英語]

全世界の上位5%(PassA)に輝く、世界基準のスーパー実力講師!

武藤 一也先生
[英語]

関西の実力講師が、全国の東進生に「わかる」感動を伝授。

慎 一之 先生
[英語]

数学

数学を本質から理解し、あらゆる問題に対応できる力を与える珠玉の名講義!

志田 晶先生
[数学]

論理力と思考力を鍛え、問題解決力を養成。多数の東大合格者を輩出!

青木 純二先生
[数学]

「ワカル」を「デキル」に変える新しい数学は、君の思考力を刺激し、数学のイメージを覆す!

松田 聡平先生
[数学]

予備校界を代表する講師による魔法のような感動講義を東進で!

河合 正人先生
[数学]

国語

「脱・字面読み」トレーニングで、「読む力」を根本から改革する！

輿水 淳一先生
[現代文]

明快な構造板書と豊富な具体例で必ず君を納得させる！「本物」を伝える現代文の新説。

西原 剛先生
[現代文]

東大・難関大志望者から絶大なる信頼を得る本質の指導を追究。

栗原 隆先生
[古文]

ビジュアル解説で古文を簡単明快に解き明かす実力講師。

富井 健二先生
[古文]

縦横無尽な知識に裏打ちされた立体的な授業に、グングン引き込まれる！

三羽 邦美先生
[古文・漢文]

幅広い教養と明解な具体例を駆使した緩急自在の講義。漢文が身近になる！

寺師 貴憲先生
[漢文]

文章で自分を表現できれば、受験も人生も成功できますよ。「笑顔と努力」で合格を！

石関 直子先生
[小論文]

理科

正しい道具の使い方で、難問が驚くほどシンプルに見えてくる！

宮内 舞子先生
[物理]

化学現象を疑い化学全体を見通す"伝説の講義"は東大理三合格者も絶賛。

鎌田 真彰先生
[化学]

「なぜ」をとことん追究し「規則性」「法則性」が見えてくる大人気の授業。

立脇 香奈先生
[化学]

「いきもの」をこよなく愛する心が君の探究心を引き出す！生物の達人。

飯田 高明先生
[生物]

地歴公民

歴史の本質に迫る授業と、入試頻出の「表解板書」で圧倒的な信頼を得る！

金谷 俊一郎先生
[日本史]

つねに生徒と同じ目線に立って、入試問題に対する的確な思考法を教えてくれる。

井之上 勇先生
[日本史]

"受験世界史に荒巻あり"と言われる超実力人気講師！世界史の醍醐味を。

荒巻 豊志先生
[世界史]

世界史を「暗記」科目だなんて言わせない。正しく理解すれば必ず伸びることを一緒に体感しよう。

加藤 和樹先生
[世界史]

どんな複雑な歴史も難問も、シンプルな解説で本質から徹底理解できる。

清水 裕子先生
[世界史]

わかりやすい図解と統計の説明に定評。

山岡 信幸先生
[地理]

政治と経済のメカニズムを論理的に解明しながら、入試頻出ポイントを明確に示す。

清水 雅博先生
[公民]

「今」を知ることは「未来」の扉を開くこと。受験に留まらず、目標を高く、そして強く持て！

執行 康弘先生
[公民]

合格の秘訣 2 基礎から志望校対策まで 合格に必要なすべてを網羅した 学習システム

映像による IT 授業を駆使した最先端の勉強法

高速学習

一人ひとりの レベル・目標にぴったりの授業

東進はすべての授業を映像化しています。その数およそ1万種類。これらの授業を個別に受講できるので、一人ひとりのレベル・目標に合った学習が可能です。1.5倍速受講ができるほか自宅からも受講できるので、今までにない効率的な学習が実現します。

1年分の授業を 最短2週間から1カ月で受講

従来の予備校は、毎週1回の授業。一方、東進の高速学習なら毎日受講することができます。だから、1年分の授業も最短2週間から1カ月程度で修了可能。先取り学習や苦手科目の克服、勉強と部活との両立も実現できます。

現役合格者の声

東京大学 文科一類
早坂 美玖さん
東京都 私立 女子学院高校卒

私は基礎に不安があり、自分に合ったレベルから対策ができる東進を選びました。東進では、担任の先生との面談が頻繁にあり、その都度、学習計画について相談できるので、目標が立てやすかったです。

先取りカリキュラム

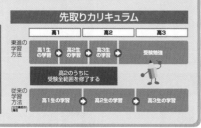

目標まで一歩ずつ確実に

スモールステップ・ パーフェクトマスター

自分にぴったりのレベルから学べる 習ったことを確実に身につける

高校入門から最難関大までの12段階から自分に合ったレベルを選ぶことが可能です。「簡単すぎる」「難しすぎる」といったことがなく、志望校へ最短距離で進みます。

授業後すぐに確認テストを行い内容が身についたかを確認し、合格したら次の授業に進むので、わからない部分を残すことはありません。短期集中で徹底理解をくり返し、学力を高めます。

現役合格者の声

東北大学 工学部
関 響希くん
千葉県立 船橋高校卒

受験勉強において一番大切なことは、基礎を大切にすることだと学びました。「確認テスト」や「講座修了判定テスト」といった東進のシステムは基礎を定着させるうえでとても役立ちました。

パーフェクトマスターのしくみ

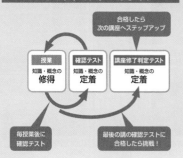

徹底的に学力の土台を固める

高速マスター 基礎力養成講座

東進公式スマートフォンアプリ

東進式マスター登場！
（英単語／英熟語／英文法／基本例文）

スマートフォンアプリでスキマ時間も徹底活用！

　高速マスター基礎力養成講座は「知識」と「トレーニング」の両面から、効率的に短期間で基礎学力を徹底的に身につけるための講座です。英単語をはじめとして、数学や国語の基礎項目も効率よく学習できます。オンラインで利用できるため、校舎だけでなく、スマートフォンアプリで学習することも可能です。

1）スモールステップ・パーフェクトマスター！
頻出度（重要度）の高い英単語から始め、1つのSTAGE（計100語）を完全修得すると次のSTAGEに進めるようになります。

2）自分の英単語力が一目でわかる！
トップ画面に「修得語数・修得率」をメーター表示。自分が今何語修得しているのか、どこを優先的に学習すべきなのか一目でわかります！

3）「覚えていない単語」だけを集中攻略できる！
未修得の単語、または「My単語（自分でチェック登録した単語）」だけをテストする出題設定が可能です。
すでに覚えている単語を何度も学習するような無駄を省き、効率良く単語力を高めることができます。

現役合格者の声

早稲田大学 基幹理工学部
曽根原 和奏さん
東京都立 立川国際中等教育学校卒

　演劇部の部長と両立させながら受験勉強をスタートさせました。「高速マスター基礎力養成講座」はおススメです。特に英単語は、高3になる春までに完成させたことで、その後の英語力の自信になりました。

共通テスト対応 **英単語1800**
共通テスト対応 **英熟語750**
英文法 750
英語基本 例文300

「共通テスト対応英単語1800」2023年共通テストカバー率99.8%！

君の合格力を徹底的に高める

志望校対策

大学受験に必須の演習

過去問演習講座

1. 最大10年分の徹底演習
2. 厳正な採点、添削指導
3. 5日以内のスピード返却
4. 再添削指導で着実に得点力強化
5. 実力講師陣による解説授業

　第一志望校突破のために、志望校対策にどこよりもこだわり、合格力を徹底的に極める質・量ともに抜群の学習システムを提供します。従来からの「過去問演習講座」に加え、AIを活用した「志望校別単元ジャンル演習講座」、「第一志望校対策演習講座」で合格力を飛躍的に高めます。東進が持つ大学受験に関するビッグデータをもとに、個別対応の演習プログラムを実現しました。限られた時間の中で、君の得点力を最大化します。

東進×AIでかつてない志望校対策

志望校別単元ジャンル演習講座

過去問演習講座の実施状況や、東進模試の結果など、東進で活用したすべての学習履歴をAIが総合的に分析。学習の優先順位をつけ、志望校別に「必勝必達演習セット」として十分な演習問題を提供します。問題は東進が分析した、大学入試問題の膨大なデータベースから提供されます。苦手を克服し、一人ひとりに適切な志望校対策を実現する日本初の学習システムです。

現役合格者の声

京都大学 法学部
山田 悠雅くん
神奈川県 私立 浅野高校卒

　「過去問演習講座」には解説授業や添削指導があるので、とても復習がしやすかったです。「志望校別単元ジャンル演習講座」では、志望校の類似問題をたくさん演習できるので、これで力がついたと感じています。

志望校合格に向けた最後の切り札

第一志望校対策演習講座

第一志望校の総合演習に特化して、大学が求める解答力を身につけていきます。対応大学は校舎にお問い合わせください。

合格の秘訣3 東進模試

学力を伸ばす模試

本番を想定した「厳正実施」
統一実施日の「厳正実施」で、実際の入試と同じレベル・形式・試験範囲の「本番レベル」模試。
相対評価に加え、絶対評価で学力の伸びを具体的な点数で把握できます。

12大学のべ42回の「大学別模試」の実施
予備校界随一のラインアップで志望校に特化した"学力の精密検査"として活用できます(同日・直近日体験受験を含む)。

単元・ジャンル別の学力分析
対策すべき単元・ジャンルを一覧で明示。学習の優先順位がつけられます。

最短中5日で成績表返却 WEBでは最短中3日で成績を確認できます。※マーク型の模試のみ

合格指導解説授業 模試受験後に合格指導解説授業を実施。重要ポイントが手に取るようにわかります。

2023年度
東進模試 ラインアップ

共通テスト対策
- 共通テスト本番レベル模試 **全4回**
- 全国統一高校生テスト (全学年統一部門)(高2生部門)(高1生部門) **全2回**

同日体験受験
- 共通テスト同日体験受験 **全1回**

記述・難関大対策
- 早慶上理・難関国公立大模試 **全5回**
- 全国有名国公私大模試 **全5回**
- 医学部82大学判定テスト **全2回**

基礎学力チェック
- 高校レベル記述模試 (高2)(高1) **全2回**
- 大学合格基礎力判定テスト **全4回**
- 全国統一中学生テスト (全学年統一部門)(中2生部門)(中1生部門) **全2回**
- 中学学力判定テスト (中2生)(中1生) **全4回**

※ 2023年度に実施予定の模試は、今後の状況により変更する場合があります。
最新の情報はホームページでご確認ください。

大学別対策
- 東大本番レベル模試 **全4回**
- 高2東大本番レベル模試 **全4回**
- 京大本番レベル模試 **全4回**
- 北大本番レベル模試 **全2回**
- 東北大本番レベル模試 **全2回**
- 名大本番レベル模試 **全3回**
- 阪大本番レベル模試 **全3回**
- 九大本番レベル模試 **全3回**
- 東工大本番レベル模試 **全2回**
- 一橋大本番レベル模試 **全2回**
- 神戸大本番レベル模試 **全2回**
- 千葉大本番レベル模試 **全1回**
- 広島大本番レベル模試 **全1回**

同日体験受験
- 東大入試同日体験受験 **全1回**
- 東北大入試同日体験受験 **全1回**
- 名大入試同日体験受験 **全1回**

直近日体験受験 **各1回**

京大入試 直近日体験受験	北大入試 直近日体験受験	阪大入試 直近日体験受験
九大入試 直近日体験受験	東工大入試 直近日体験受験	一橋大入試 直近日体験受験

2023年 東進現役合格実績
難関大グループ現役合格史上最高続出!

東大現役合格実績日本一 ※1 5年連続800名超!

現役生のみ! 講習生を含みます!

※1 2022年の東大現役合格実績を公表している予備校の中で東進の853名が最大(2022年 JDnet調べ)。

東大845名

文科一類 121名		理科一類 311名	
文科二類 111名		理科二類 126名	
文科三類 107名		理科三類 38名	
		学校推薦 31名	

現役合格者の36.9%が東進生!

東進生 現役 占有率 845 / 2,284

36.9%

全現役合格者(前期・推薦)に占める東進生の割合

2023年の東大全体の現役合格者は2,284名。東進の現役合格者は845名。東進生の占有率は36.9%。現役合格者の2.8人に1人が東進生です。

学校推薦型選抜も東進!

東進生 現役占有率 36.4%

東大31名

現役推薦合格者の36.4%が東進生!

法学部 5名		薬学部 1名	
経済学部 3名		医学部医学科の 75.0%が東進生!	
文学部 1名			
教養学部 2名		医学部医学科 3名	
工学部 10名		健康総合科学科 1名	
理学部 3名			
農学部 2名			

東京大学 現役合格おめでとう!!

医学部も東進 日本一 ※2 の実績を更新!!

※2 2022年の国公立医・医現役合格実績を公表している予備校の中で東進の1,032名が最大(2022年 JDnet調べ)。

国公立医・医
1,064名 昨対 +32名

2023年の国公立医学部医学科全体の現役合格者は未公表のため、仮に昨年の現役合格者数(推定)を分母として東進生占有率を算出すると、東進生の占有率は29.4%。現役合格者の3.4人に1人が東進生です。

東進生 現役占有率 **29.4%**

史上最高! '21 '22 '23 987名 1,032名 1,064名 現役生のみ!講習生を含みます!

早慶 5,741名 昨対+63名
早稲田大 3,523名 慶應義塾大 2,218名

史上最高! '21 '22 '23 5,741名 現役生のみ!講習生を含みます!

上理4,687名
昨対 +394名
上智大 1,739名
東京理科大 2,948名

4,687名 史上最高! '21 '22 '23 現役生のみ!講習生を含みます!

明青立法中 17,520名
昨対 +492名
明治大 5,294名 中央大 2,905名
青山学院大 2,216名
立教大 2,912名
法政大 4,193名

17,520名 '21 '22 '23 現役生のみ!講習生を含みます!

関関同立 13,655名 昨対+1,022名
関西学院大 2,861名
関西大 2,918名
同志社大 3,178名
立命館大 4,698名

13,655名 '21 '22 '23 現役生のみ!講習生を含みます!

私立医・医 727名
昨対+101名

'21 '22 '23 604名 626名 727名 史上最高! 現役生のみ!講習生を含みます!

日東駒専 10,945名
史上最高!

産近甲龍 6,217名 昨対+132名
史上最高!

国公立大 17,154名
昨対+652名

'21 '22 '23 17,154名 史上最高! 現役生のみ!講習生を含みます!

旧七帝大 東工大・一橋大・神戸大
4,703名 昨対+91名

東京大	845名		
京都大	695名		
北海道大	468名		
東北大	417名		
名古屋大	436名		
大阪大	617名		
九州大	507名		
東京工業大	198名		
一橋大	195名		
神戸大	548名		

4,703名 史上最高! '21 '22 '23 4,366名 4,612名 現役生のみ!講習生を含みます!

国公立 総合・学校推薦型選抜も東進!

国公立医・医 318名 昨対+16名

318名 史上最高! '21 '22 '23 現役生のみ!講習生を含みます!

旧七帝大 +東工大・一橋大・神戸大 446名 昨対+31名

東京大	31名		
京都大	16名		
北海道大	13名		
東北大	120名		
名古屋大	92名		
大阪大	59名		
九州大	41名		
東京工業大	25名		
一橋大	7名		
神戸大	42名		

446名 史上最高! '21 '22 '23 415名 356名 現役生のみ!講習生を含みます!

ウェブサイトでもっと詳しく
東進 🔍検索

※2023年4月現在

棒 グラフ

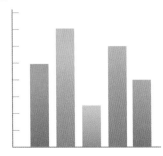

- 数量の大小の比較
➡ 数量変化の原因に着目
- 国や世代などの社会集団の特徴を比較

折 れ線グラフ

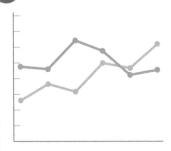

- 時系列の変化や推移
➡ 大きな変化のポイントと、その原因に着目
➡ 2つの折れ線グラフが、同じ方向に動いているか、逆方向（トレード＝オフ）に動いているか、両者の関係性に着目

円 グラフ・帯グラフ

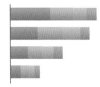

- 全体に占める割合の比較
➡ データの構成内容や、全体における構成比をわかりやすく表示

レ ーダーチャート

- 複数の指標の総合評価
➡ 複数の項目の長所と短所、能力の高低、バランスなどを表示
【例】「ジェンダーギャップ指数」（経済・教育・医療へのアクセス・政治参加の4つの分野で男女の格差を数値化し、総合評価する）